普及类古籍整理图书专项资助项目

甲骨文读本

曹方向 编著

凤凰出版社

图书在版编目（CIP）数据

甲骨文读本 / 曹方向编著. -- 南京 : 凤凰出版社, 2017.6 （2019.12重印）
ISBN 978-7-5506-2603-4

Ⅰ. ①甲… Ⅱ. ①曹… Ⅲ. ①甲骨文—基本知识 Ⅳ. ①K877.1

中国版本图书馆CIP数据核字(2017)第107943号

书　　　名	甲骨文读本
编　　　著	曹方向
策 划 编 辑	李艳丽
责 任 编 辑	张永堃
出 版 发 行	凤凰出版社(原江苏古籍出版社) 发行部电话025-83223462
出版社地址	南京市中央路165号,邮编:210009
出版社网址	http://www.fhcbs.com
照　　　排	江苏凤凰制版有限公司
印　　　刷	江苏凤凰新华印务集团有限公司 中国江苏南京经济技术开发区尧新大道399号,邮编:210038
开　　　本	652×960毫米　1/16
印　　　张	18.5
字　　　数	275千字
版　　　次	2017年6月第1版　2019年12月第3次印刷
标 准 书 号	ISBN 978-7-5506-2603-4
定　　　价	88.00元

(本书凡印装错误可向承印厂调换,电话:025-68037410)

弁　言

汉字乃中华文化之载体，《古文字读本》(四册)则是了解和学习中国古代汉字的入门佳作。该书提纲挈领，深入浅出，最适合初学者循序渐进，步入佳境。读者倘能藉此以为治学之阶梯，便可登堂入室，进而窥探中华文化之堂奥，收到事半功倍的效果。值此全书付梓之际，爰缀数语志贺。

丙申孟冬

曾宪通

目　录

凡　例

1. 全书文字为简体，必要时用六角括号括注繁体。甲骨文释文部分还会出现现在已经很少使用的隶定字形，例如“羊”、“弜”等。

2. 正文包括图版、著录、释文、注释、延展阅读等部分。

3. 本书所引甲骨文拓片中，有一些拓片文字数量多或文辞残缺不全，可能只引用其中的一部分，相应地，如引用拓片“(1)”的部分内容，相应部分的释文编号则编为“(1 局部)”。必要的情况下，附带摹本。摹本一般取自《甲骨文合集》等工具书或其他甲骨学者论著。

4. 释文部分，用剪贴的图片表示无法摹写和释读的文字；甲骨残缺但可以确定缺失的字数，每个“□”代表一个文字；根据文意补充的文字，写在“[ ]”中；无法补充之处，用“……”表示。

5. 本书“注释”引用各家意见力求简单，不具学者姓名及意见出处。注释不涉及字形字源等问题的探讨，一般情况下只注明某字词在该条甲骨文中的意思。少数情况下，也引用一些古文字字形以资参考，甲骨文字形全部取自《新甲骨文编》，西周、春秋金文取自《金文编》和《新金文编》，战国文字则取自《战国文字编》，行文中不另注释。

6. 在“延展阅读”部分称引学者意见，一般写出学者姓名，必要时且写明论著题目。各家论著列入参考书目，行文中不注释；所引图片资料，一般用页脚注标明出处，但不列入参考书目(参考书目主要列甲骨学方面的著作)。

前　言

一

公元 1899 年(己亥,清光绪二十五年)秋,国子监祭酒兼京师团练大臣王懿荣先生,在北京为山东潍县的古董商范维清鉴定出甲骨文字,并委托古董商人给他多多收购甲骨。王懿荣年轻时就喜欢收集研究文物古董。大概在二十五岁左右,就整理过家乡的全部出土文物。从政以后,所到之处他也特别留意寻访收集。做京官时,下班后常去古董市场。所著《天壤阁杂记》,大多是和文物古董有关的记载。由于学识渊博,经验丰富,加之地位比较高,文物古董界很看重他的鉴定和研究,当时称“得公一言,引为定论”。

至于当时具体怎么鉴定甲骨,鉴定了什么,结论是什么,从未见过明确记录。各种甲骨学读本说法也很不一样。可以查到的史料,以《铁云藏龟》刘鹗自序为最早。查该序文,仅说王懿荣在北京见到古董商手中的甲骨,“见之狂喜,以厚值留之”云云,跟写小说似的,史料价值实在有限。仔细读来,不免还有些自称是甲骨文真正发现者的意思。

坊间又传闻,王懿荣患疟疾,在家人购买的龙骨上发现文字云云。这大概是一个关于甲骨是药材的故事和王懿荣购买甲骨文的故事,以晚清流行疟疾的历史为背景,成功合体。王懿荣应该是从古董商处接触到甲骨。至于药店卖的龙骨,基本不可能有字迹。因为当时人觉得药材上有刀刻痕迹甚是讨厌,药店的龙骨事先已被刮削打磨。字迹刻得大而深,不易刮削的,就“填枯井”(扔掉)。有的甲骨药店是用来制作刀创药的,原则上是研粉使用,更不可能有文字笔画保留。

甲骨虽然故弄玄虚称“龙骨”,价钱并不夸张。董作宾先生到安阳调查的结论是6文钱一斤。但作为古董，特别是那些比较大的甲骨和字迹较为清晰美观者，价格浮动较大。根据收购过甲骨的端方先生说，“每字银二两五钱”（一个字两千多文）。当然不排除端大人被坑了，但价格一定不菲。因为早期购藏甲骨文的王襄、孟定生等先生，也一再感慨“力有不逮”、“皆困于力”（想买但是买不起），只能买点“零碎殷契”。利益驱使，造成当地村民哄抢，一度引发械斗。事情闹到县政府出面调解，并下令禁止挖掘。当然，局面很难得到控制（参看第二章“妇好”条）。

1900年（庚子）7月，以“解救”驻华人员为名，八国联军攻破北京城。国家毫无还手之力，慈禧太后及光绪皇帝等“西狩”（逃亡西安），负责北京城防的王懿荣自杀殉国。① 之后，遗属为了还债（先生生前购买古董，有时也要“典衣以求之”），不得不变卖家产。王府的甲骨也在变卖之列。

刘鹗先生购买了王府的大部分甲骨，同时也委托商人收购。1903年，在罗振玉先生（曾在刘府做家庭教师，后来又与刘鹗结为儿女亲家）等人协助下，从个人收藏的5 000多片甲骨中，“精拓千片”，编辑出版史上第一部甲骨文资料书《铁云藏龟》。1904年，孙诒让先生根据这本资料，撰写了第一部甲骨文研究专著《契文举例》。

1909年，正当刘鹗等人打算继续编辑出版研究甲骨文时，灾难从天而降。原来，当初北京城破，京城百姓遭遇饥荒。在京任职的刘鹗曾想办法购买太仓存米（据说当时太仓被俄军占领，刘是从俄国人手上买粮），然后卖给百姓。如今政府缓过劲来，不知听信何人怂恿，要算这笔旧账。结果，刘鹗被判充军伊犁，次年在乌鲁木齐去世。刘府所藏甲骨，和王府的甲骨一样，四处流散。早期甲骨学家叶玉森、商承祚等先生都观摩、收购或编辑出版过其中的一部分。

1911年，辛亥革命爆发，时代进入民国。当时已经是清政府学部参

① 王氏遗书“主忧臣辱，主辱臣死，于止知其所止，此为近之。京师团练大臣国子监祭酒南书房翰林王懿荣等字”。妻王谢氏，媳王张氏随之投井。十天之后，都察院都御使张英麟、国子监学正王伯恭率南学诸生王社松等从井中打捞三人遗体并就地敛葬。九月二十四日行在赐谥文敏。次年二月移柩归葬福山原籍。为纪念王先生在甲骨学史上的贡献，目前国内设立了“王懿荣甲骨学研究奖”。2009年首届获奖者为曹定云先生（中国社会科学研究院）、陈剑先生（复旦大学）、刘一曼先生（中国社会科学研究院）、赵平安先生（清华大学）。

事的罗振玉先生(早期学者称为“罗参事”),和他的儿女亲家兼学部同事王国维先生,担心会成为“被革命”的对象,携家眷出逃日本。同年11月,端方在四川被新军所杀,次年1月传首武汉。当时远在日本的王国维曾赋长诗一首,有“对案辍食惨不欢”、“更将何地堪娱老”等句。侨居日本期间,罗、王两先生致力于学术研究。罗振玉先后编辑出版《殷虚书契》前编、后编、《殷虚书契菁华》,并写成《殷虚书契考释》。这期间,王国维出力很多。坊间甚至流传过王国维代笔写《考释》的故事。

1917年,王国维在上海完成《殷卜辞中所见先公先王考》、《殷卜辞中所见先公先王续考》和《殷周制度论》(学界简称“二考一论”),至今被认为是甲骨学领域难以逾越的高峰。

1923年4月,王国维到北京觐见逊帝溥仪,入值南书房。1925年3月,搬入清华园,担任国学院导师(此事也是由于逊帝催促)。1927年,国民大革命进入尾声。同年2月,湖南省为打击反革命,杀了叶德辉先生。从清末到民国,叶德辉一辈子以学术和反对革命为两大爱好,在革命中被杀,本不奇怪。但他毕竟是一代名家,余波所及,让一些有“反革命”或者“遗老”身份的学者感到难以自保。同年6月,王国维于颐和园自沉。遗书有“五十之年,只欠一死。经此世变,义无再辱”之句。

1928年,受教育部长蔡元培先生委托,傅斯年先生等筹建中央研究院历史语言研究所(学界简称“史语所”)。傅先生委托同事董作宾先生到安阳调研。10月,董作宾主持进行第一次殷墟考古发掘。同年,因为“四一二政变”而沦为通缉犯的郭沫若先生逃亡日本。在那里,郭沫若完成《卜辞通纂》等甲骨学著作。

1937年,史语所主持的殷墟发掘已进行十五次,先后收获有字甲骨24 918片。不幸的是,同年7月,日军大举侵华。不久国内正面战线溃败。甲骨文的命运,又和在王府、刘府时一样风雨飘摇。为躲避战火,史语所先后迁到湖南长沙、广西桂林、云南昆明、四川南溪李庄等地,董作宾随行并主持工作。在战乱中,他完成《殷历谱》(参看第一章)。另外,又把第1～9和第13～15次发掘所得甲骨编辑为《殷虚文字甲编》和《乙编》。[①]《甲编》的

① 第10、11、12三次发掘侯家庄西北岗王陵,梁思成先生主持。王陵发掘未出土甲骨。

稿子，已于1938年交上海商务印书馆。不久上海沦陷，未能正式出版。1940年书稿邮寄到香港，由香港商务印书馆出版。但其时史语所已迁到昆明，见不到这部新书。不久香港又沦陷，书全部化为灰烬。1947年，董作宾先生为再次出版的《甲编》写序，感慨万千。《乙编》上册、中册也拖延到1948、1949年才正式出版。下册于1953年在台湾出版。

新中国成立后，国家终于迎来人们期待已久的和平安定。1950年，由郭宝钧先生主持展开新中国第一次殷墟发掘。此后，获得甲骨数量较多的主要是：1973年发现小屯南地甲骨（有字胛骨4 829片），1991在花园庄东地发现整坑埋藏的甲骨（有字龟甲689片），而且保存较为完好。这两次发掘和史语所第13次发掘所得YH127号坑甲骨（17 096片），①并列为甲骨发掘史上的三大发现。②

以上是商代甲骨。1954年，山西省洪赵县坊堆村周代遗址出土了有字卜骨。随后，李学勤先生考证其为周初占卜遗物，揭开了西周甲骨研究的大幕。此后，考古工作者陆续在陕西省、北京市、河北省等地发掘到西周有字甲骨。1984年出版的《西周甲骨探论》一书中，王宇信先生汇集了

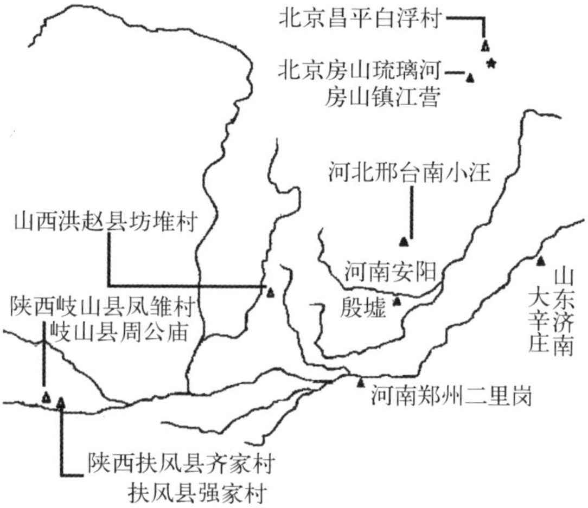

商周甲骨文字资料出土地点略图

① 第13、14、15三次发掘由石璋如先生主持。YH127所出甲骨最先是收入《殷墟文字乙编》，董作宾先生作序，第一个章节题目是“请注意这里面一坑所出的一万七千零九十六版甲骨文字”。

② 关于迄今为止出土的甲骨总数，没有确切数字。已汇集出版的甲骨，以《甲骨文合集》和《甲骨文合集补编》合计，共有55516个编号。

当时已发表的西周甲骨，其第六节“西周甲骨摹录”，共摹写甲骨 303 片。最近报道的情况，陕西岐山周公庙遗址又出土了大量甲骨，①且其中有“周公”之称，和以往公布的西周甲骨所见“太保”（指召公）、“毕公”等合观，周初最显赫的政治家族渐渐浮出水面。

二

用动物骨骼占卜的风俗，由来已久。我国境内考古发现的占卜用动物骨骼，龙山文化时期分布已经很广，到二里头文化时期，已扩展到整个黄河流域和辽西地区。

本书所涉及的材料，是商代晚期王室占卜留下的龟甲和胛骨。当时的习惯是，在龟甲、胛骨内面钻孔后加热，使外面产生裂纹，根据裂纹判断吉凶。占卜者和卜问的内容等都契刻在裂纹旁边。② 这些文字，学者或称“契文”、“刻辞”（根据书写方法）、“龟甲兽骨文字”（根据书写材料）、“卜辞”（根据文字内容性质）、“殷契刻辞”（明确时代）、“殷虚卜辞”（明确地理）等等。现在一般称为“甲骨文”。以下是早期出版物的扉页，③其中“殷虚”指商朝灭亡之后的都城废墟，也称“殷墟”，“墟”和“虚”是通假字。“殷栔”的“栔”，是“契”的通假字。

---

① 《中国社会科学报》2011 年 12 月 15 日第 1 版《周公庙出土甲骨万余片　可辨识文字 2600 个》有简要介绍。另请参看本书“国族二”之“周”条延伸阅读。

② 龟甲上刻字，起源很早。上世纪 80 年代，在河南漯河市舞阳县城北 24 公里北舞渡乡贾湖村东侧沙河故道旁发掘的裴李岗文化聚落遗址，出土有龟甲、胛骨，龟甲上刻有符号，个别符号已经和甲骨文字形存在相似之处。考古年代上限距今约 8 000 年。

③ 分别是孙诒让《契文举例》、王国维《戬寿堂藏殷虚文字》、郭沫若《殷契萃编》、容庚《殷栔卜辞附释文及文编》、唐兰《天壤阁甲骨文存并考释》、日本林泰辅《龟甲兽骨文字》。
书影六例，图（A）取自《甲骨文文献集成》第七册，第 164 页。
图（B）取自《甲骨文献集成》第一册，第 1 页。
图（C）取自《甲骨文献集成》第二册，第 184 页。
图（D）取自《甲骨文献集成》第一册，第 286 页。
图（E）取自《甲骨文献集成》第二册，第 447 页。
图（F）取自《甲骨文献集成》第一册，第 65 页。

(A)

(B)

(C)

(D)

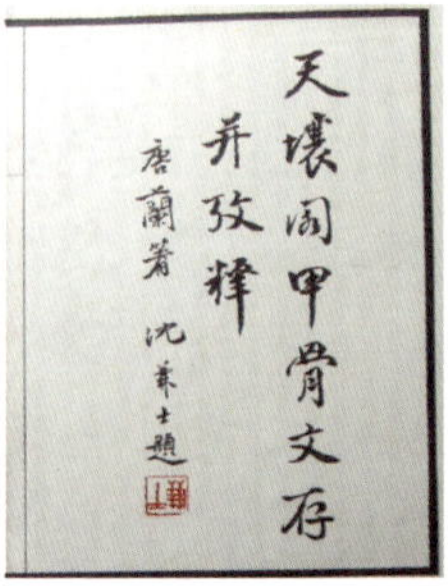

(E)

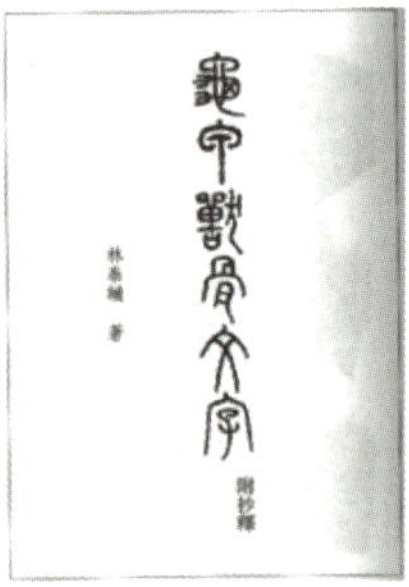

(F)

河南安阳殷墟以外，山东济南大辛庄也有商代甲骨文出土，时代都是商代晚期，但字数并不多。郑州二里岗文化遗址发现的甲骨文，①有学者认为是早商时代习字的遗物。

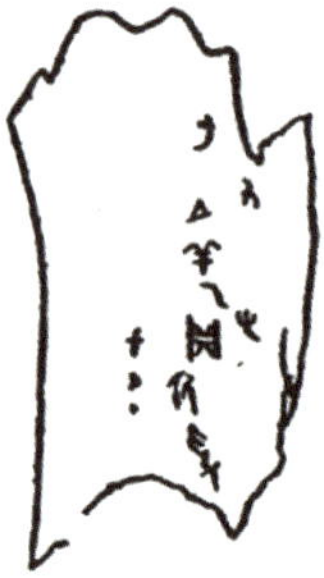
(G)

1973 年小屯南地甲骨出土之前，发现的甲骨文材料绝大部分是龟

① 图见河南省文化局文物工作队：《郑州二里岗》，插图十二，第 38 页。

甲，早期学者探讨占卜方法，一般也是谈龟甲占卜。小屯南地发现的甲骨几乎都是牛的肩胛骨，提供了研究胛骨占卜方法的大宗材料。下图(H)(I)是完整龟腹甲的大致形状：①

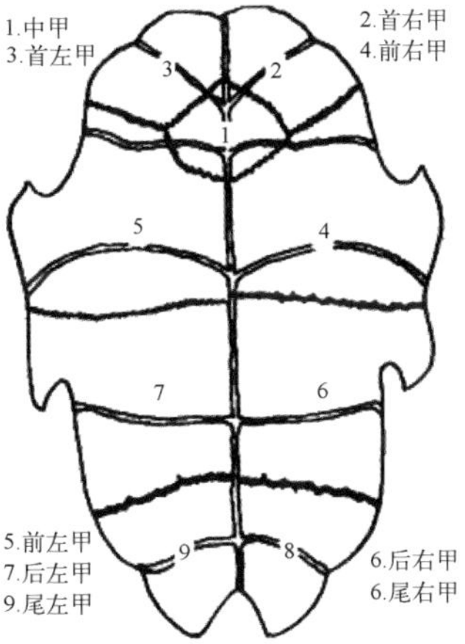

(H)

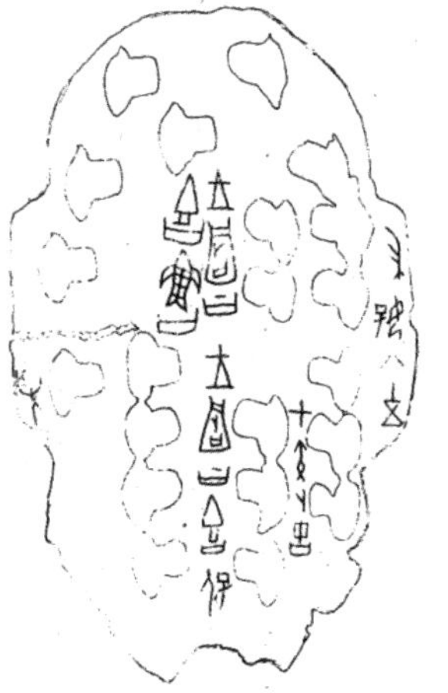

(I)

如果有人问怎么做红烧肉，被问的人回答说，第一步养猪，第二步杀猪，大家可能觉得有点好笑。约定俗成的答案，第一步都是“把肉洗净，切好”之类。但要问怎么用龟甲占卜，学者的回答都是，第一步找乌龟，第二步杀乌龟。董作宾先生作《商代龟卜之推测》，第一条是“取用”，并介绍“举网得龟”的捕捞办法。陈梦家先生作《殷墟卜辞综述》讲卜法，第一条是“入龟”。《周礼・春官・龟人》：“凡取龟用秋时，攻龟用春时。”秋季抓，春季杀。杀乌龟的技巧，则可以参看电影《霸王别姬》，此不详述。杀龟一定要挑日子，也就是要“择吉”，不然占卜的准确率会降低。

殷墟所见，占卜常用的主要是用腹甲。腹背两片甲壳连成一体，因此事先要锯开。腹甲表皮有胶质鳞片，刮平鳞片后还要进一步磋磨刮削，使之平滑光润。董作宾说，殷墟出土的龟甲，版面都很薄，两面都经过磋磨，以便书写。连接部分有时附带在腹甲上，是为“甲桥”。有时在甲桥上刻写乌龟的来源，类似于“谁进贡的”、“一次进贡了多少”之类，是为“甲桥刻

① 图(H)见王宇信：《中国甲骨学》，第734页，上海人民出版社，2009年。
图(I)见王宇信、杨升南、聂玉海：《甲骨文精粹选读》，第184页，语文出版社，1989年。

辞”。龟背甲、尾甲也有类似刻辞。例如以上两图，左右突出的部位是甲桥，右图右边“妇好入十五”（或“妇好入五十”），就是甲桥刻辞。胛骨上，这种内容常写在骨臼部位，是为“骨臼刻辞”，骨面上也有。甲桥、背甲、尾甲、骨臼、骨面上这些不属于占卜的刻辞，胡厚宣先生称之为“记事刻辞”（或“五种记事刻辞”）。可见这片龟甲是妇好进献。至少在汉代，地方还要向中央进献占卜用的龟甲。《史记·龟策列传》：“庐江郡常岁时贡生龟。”也可以说是自古相传的惯例。

预先制作的龟甲，为神圣其事，还有一些例行仪式。例如《礼记·月令》，孟冬之月“太史衅祠龟策”，孔颖达正义：“龟策所以卜筮，于岁首衅之，神之也。”可能还有其他各种跳神、念咒的仪式，因时代久远，很难弄清楚。用于占卜的龟甲，内面有“钻凿”开孔。先用凿子开椭圆形孔，但两端为尖状；然后用钻贴着椭圆形孔中部一侧开圆形孔。椭圆形孔底部为直线，上下相邻的各孔底部直线断续相接，如下图中龟甲左侧纵向直线所示。①

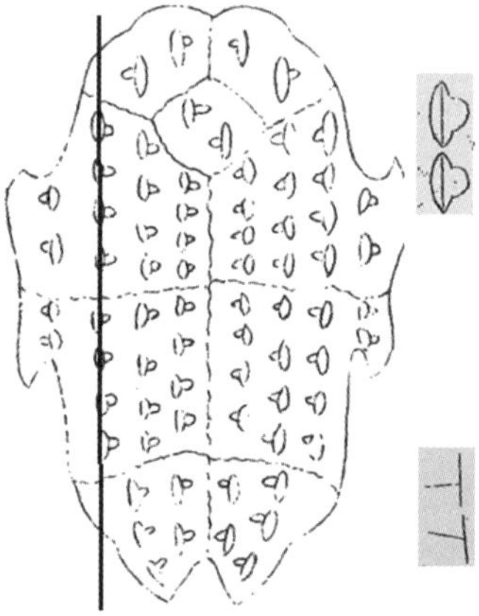

（J）

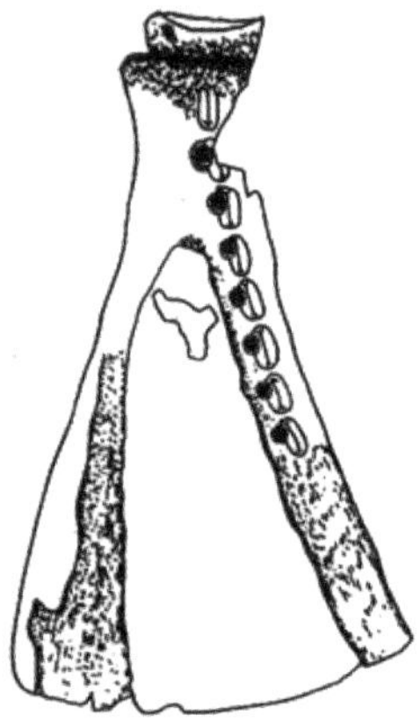

（K）

占卜时，用带火星的小木棒探入孔中加热。这种用来加热的木棍，《周礼·春官·菙氏》称为“焌契”。焌契探入钻凿的空洞，龟甲因受热不均，和内面椭圆形孔相应的外面产生纵向裂痕，和内面圆形孔相应的外面

① 龟甲钻凿痕迹、内面钻凿和外面裂痕的图片，图（J）、（K）均引自董作宾《商代龟卜之推测》。

形成横向裂痕（如上左图右下所示），根据裂纹判断吉凶。① 具体怎么判断吉凶，目前无从知晓。可能跟现代看手相一般，是根据裂纹的走向、长短、粗细等外观特征综合判断。在此过程中要念咒。《史记·龟策列传》记载了一种西汉占卜师使用的咒语：“假之玉灵夫子。夫子玉灵，荆灼而心，令而先知。而上行于天，下行于渊，诸灵数箣，莫如汝信。今日良日，行一良贞。某欲卜某，即得而喜，不得而悔。即得，发乡我身长大，首足收人皆上偶。不得，发乡我身挫折，中外不相应，首足灭去。”

龟甲产生的裂纹是判断吉凶的主要依据。②《周礼·春官·卜人》有“体、色、墨、坼”四项，郑玄注：“体，兆象也；色，兆气也；墨，兆广也；坼，兆璺也。”和占卜有关的字词，好几个都和这种裂纹有关。例如“”、“”，是龟甲上的裂纹；加热时龟甲爆裂的声音，也和“bo”“pu”接近，就是后来的“卜”字。又如“”、“”、“”，表示用于占卜的肩胛骨（是“肩”字初文，肩胛骨形状见后文图例）上有“卜”形裂纹，是后来的“兆”字。又如“”、“”、“”，把“占”字写在占卜用的肩胛骨上；黄组卜辞全部写作“”，“占”旁已省略，是后来的“占”字。③ 占卜行为又称“贞”。甲骨文写作“”、“”、“”、“”、“”，都是“鼎”的象形文字，因读音相近而假借为“贞”。商代卜辞也有少数“贞”字是在前引“鼎”字上添加表意偏旁“卜”，写作“”，为西周所继承。

现在人们推测“今天会下雨”、“今天不会下雨”，总是两面并存。下雨与否，各有一半机率。卜辞也“正反对贞”（看后文），在龟甲上左右对称书写。整体来看，一片完整的龟腹甲，以千里路为中轴，两边对称书写。例如董作宾先生所绘行款示意图，下图（L），以千里路左右为起点，往两边对称书写；

---

① 罗振玉先生说：“灼于里则坼见于表，先为直坼而后出歧坼。此即所谓兆矣。于此观吉凶，并刻辞于兆侧以记卜事焉。”见所著《殷虚书契考释》“卜法”条。现在所见殷墟甲骨文，裂纹附近常常另有“吉”、“大吉”、“小吉”、“引吉”、“不吉”、“兹用”、“不用”等字样，学者称为“兆辞”（也称为“兆语”、“兆记”）。兆辞和卜辞关系如何，目前似乎没有定论。本书誊录的甲骨释文，一般不录兆辞。

② 周原甲骨中的卜骨开圆孔，龟甲却开长方形孔“”。但烧灼之后产生的裂纹依然相同“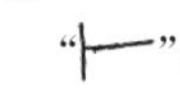”（参看《周原与周文化》第103—106页）。

③ 还有少量的“占”字作“”、“”，见于时代较早的卜辞。但裘锡圭先生认为这些字都和“占”字无关。

下图(M),则以千里路为终点,自两边往中央对称书写;下图(N),是前两者的组合。① 每一条卜辞,基本格式是从上向下书写(也就是“下行”),而不是现代常用的横向书写格式。有不少卜辞只有一行,但不足以代表一种独立的书写格式。董作宾说,商代通行的书写行款,只有下行之后左行一种(就是通常说的“竖排”)。其他都是由于书写材料等影响产生的变例。

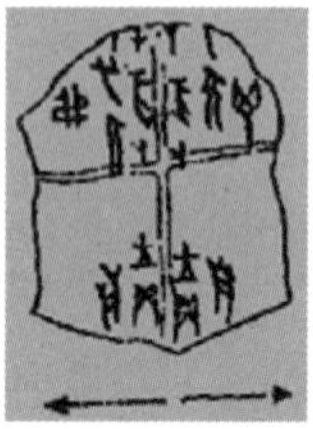
(L)

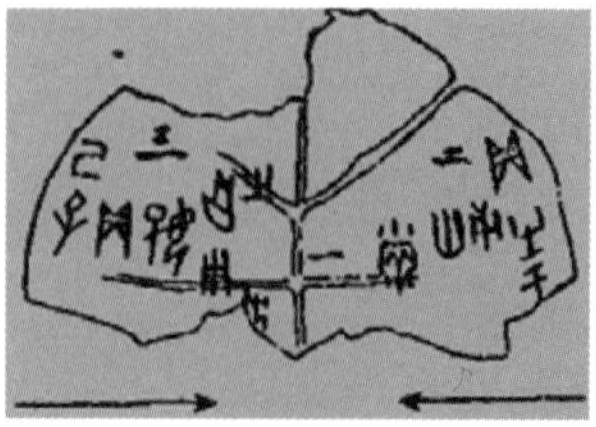
(M)

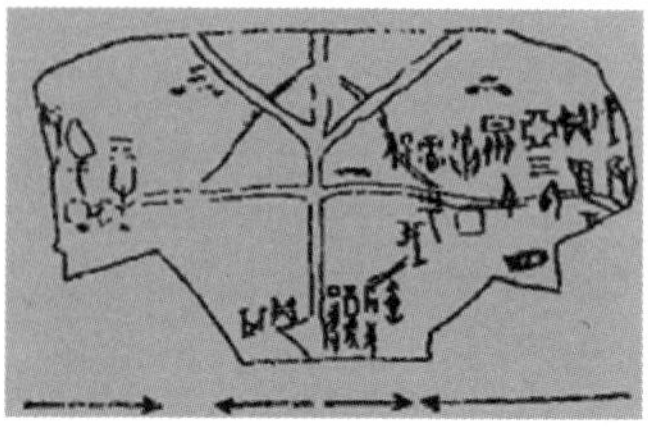
(N)

胛骨的使用,大致过程可以(也只能)参考上述龟甲的使用。占卜使用的甲骨,形状和甲骨文“兆”、“占”等字的外围偏旁“[illegible]”(就是后来肩胛骨的“肩”)很接近,占卜用胛骨的历史,或许早于用龟甲。

大概不管在何处占卜,用过的龟甲都必须带回王都集中保管或销毁。根据小屯村北及村中、村南的龟甲、胛骨界限看,当时的占卜师很可能有两个系统,他们用过的甲骨,也分两处保管或销毁。作为“2014 年度全国十大考古发现”之一的郑州东赵遗址,新发现一座二里头夏文化城址。其中发现一处“卜骨坑”,密集摆放着数十片有卜兆的卜骨。考古学者认为,后来商代集中埋藏甲骨的习惯或与此有关。

三

《诗经·大雅·绵》:“爰始爰谋,爰契我龟。”

诗中的“契”,就包括占卜之后在龟甲上刻字。商代所刻的文字,基本格式包括前辞、命辞、占辞和验辞。大多数卜辞都缺少至少一种“辞”,有的甚至只有“命辞”。

“前辞”也称“叙辞”,主要是记占卜时间、执行占卜的人名。也有记录占

① 图(L)、(M)、(N)又见《中国甲骨学》,第 740 页。三份摹本的拓片分别著录为《合集》10374、《合集》13865、《合集》43。

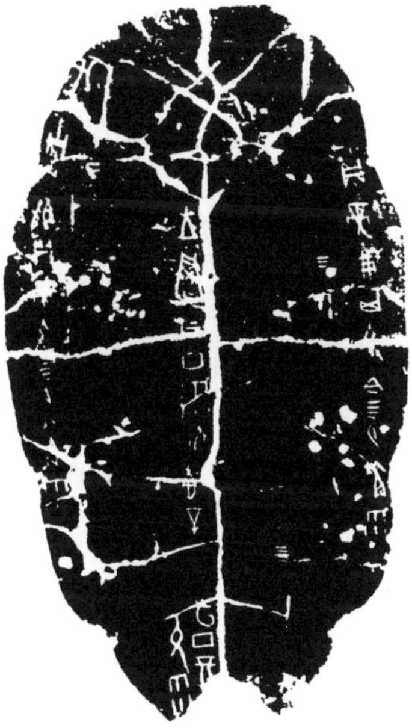

(O)

卜地点的。前辞格式最常见的是“干支卜，某人贞”和“干支王卜贞”，记录地名则写成“干支卜，在某地贞”或“干支卜，在某地”。增加、简省，总括起来不下十种格式。“命辞”说的是希望通过占卜解决的事项，接在“前辞”之后。如果前辞有“贞”字，命辞就是“贞”字后面的那句话。命辞常常是两面贞问，有否定词的称为反面贞问，与之相对的是正面贞问，合称为“正反对贞”。[①] 根据龟甲上产生的裂纹即所谓卜兆作出判断，判断的内容就是“占辞”。看卜兆的时候应该还有参考书。“验辞”是检验、验证后追记的内容。

例如图(O)(《合集》14138)，是比较完整的卜雨卜辞(为方便解释，在释文中加了序号)：

(1) 戊子卜，㱿贞(前辞)，帝及四月令雨(命辞正)。

(2) (戊子卜，㱿)贞：帝弗其及今四月令雨(命辞反)。

(3) 王占曰：丁雨，不惠辛(占辞)。

(4) 旬丁酉，允雨(验辞)。

在图版中，上述卜辞都是从上到下竖行书写：(1)(2) 分别写在龟甲左、右侧，右侧前辞有省略；(3)(4) 连续写在正中间。卜辞说，戊子这天占卜四月的雨情。商王根据卜兆判断说，四月的丁日(天干为丁的日子)一定下雨，辛日不一定。戊子日后第十天丁酉日，真的下雨了。“㱿”这位贞人主要活跃于商王武丁时期。

验辞没有固定格式，多则数字，少则 字，或者不写。仍以卜雨卜辞为例。《合集》32171 的验辞有“庚子夕雨”、“庚子允雨”，不但说庚子日确

---

① 以往，学者多认为“命辞”是问句，所以释文也打问号。与此相对，坚决主张命辞不是问句的学者，中外也有不少。本书誊录的命辞，都打句号，不打问号。

实下雨了，而且写明下雨的时间“夕”（黄昏）。又如《合集》12909 验辞写着“允雨，小”的字样，下雨了，但比较小。又如《合集》33874，在庚辰这天占卜第二天会不会下雨，验辞“不”，即没有下雨。

占卜下雨的验辞，一般不超过十天。相比之下，占卜生育、疾病，记载验辞的时间显然更为久远。例如《合集》14002 正占卜妇好生育，验辞是三十多天之后再写的（参看第一章“妇好”条）。而《合集》13753 占卜有人生病，病重并去世，至少有“百日又七旬”（170 天）的间隔。

如前所述，一个甲骨一般都是多次占卜。而且在各次钻凿烧灼出的裂纹附近，会注明序数词“一、二、三、亖（四）……”，写到“十”之后重新写“一、二……”而不是写“十一、十二……”，还有写“一告、二告”的。是为“兆序”。如果卜辞的“前辞”已经残缺或省略，没有时间参照时，兆序对卜辞释读的作用就特别重要。本书不录兆序。

刻写卜辞，当时也担心有行款问题。为避免彼此相邻的卜辞发生混淆，刻写者会在相邻卜辞之间划线作区分，学者或称为“界划”。这种线条目的明确，但标准不一。例如以下分别是《合集》137、9572、10939 上画的线：①

137	9572	10939
	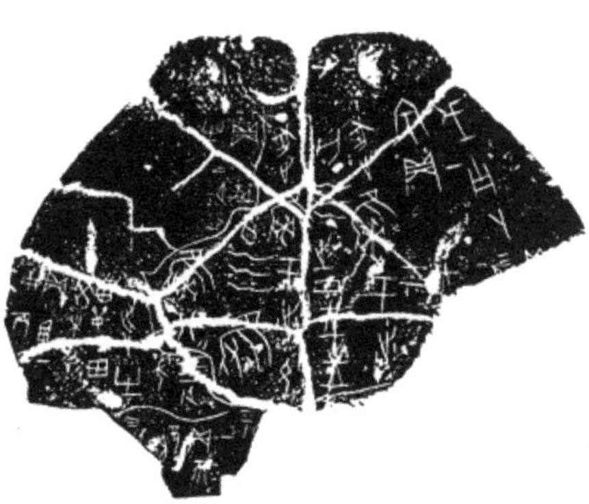	

① 表格中下栏对比图取自《甲骨文精粹选读》。

续　表

137	9572	10939
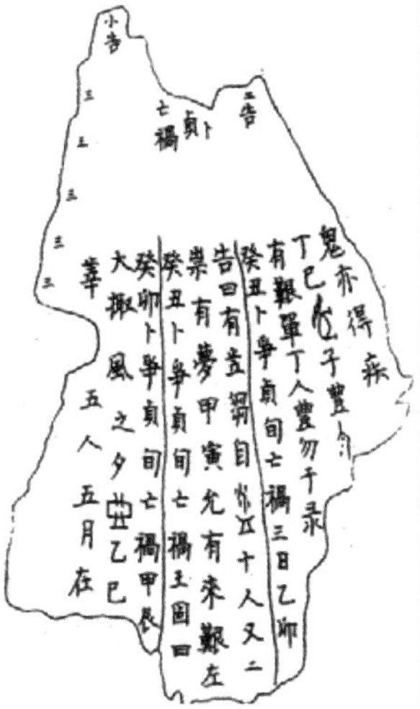	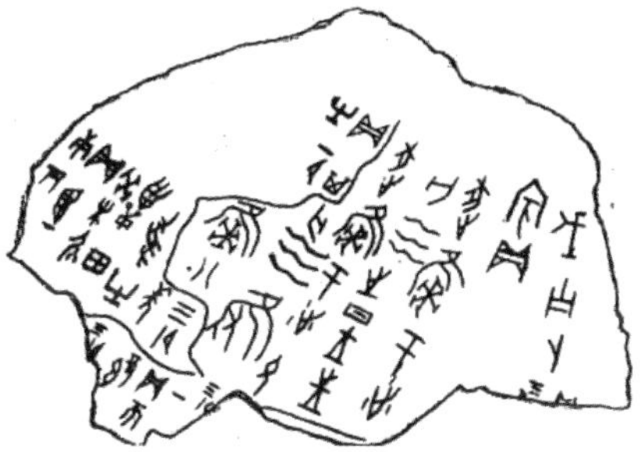	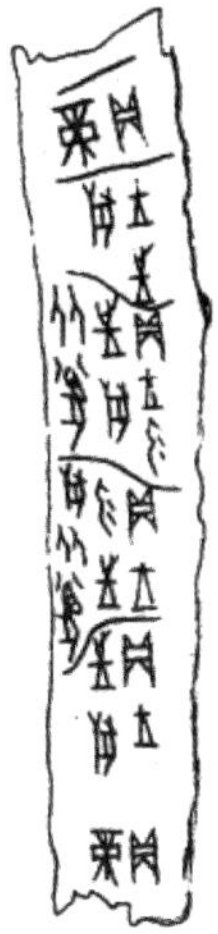

绝大部分占卜是为商王的事而举行，常常是商王亲自贞问（标志性短语例如“占辞”中的“王占曰”），因此这些卜辞统称为“王卜辞”。与之相对有“非王卜辞”，提出占卜事项的不是商王而是“子”，有“子卜贞”字样。这两个概念由李学勤先生于 1957 年提出。在那之前，和“非王卜辞”相当的甲骨文资料，也被称为“子卜辞”或“子组卜辞”，殷墟花园庄东地甲骨便是典型材料。

卜辞研究逐步深入，既要分“组”又要分“类”，虽然让人有眼花缭乱之感，但却是把甲骨学向纵深推进必不可少的研究。粗略而言，所谓“某组”卜辞，“某”是一个贞人名（贞人，参看第一章第四节），例如𠂤组（通行字写作“师组”）、宾组、何组、历组、黄组等。所谓“某类”卜辞，主要是按字体区分，例如在“宾组”有大字类、小字类、典宾（典型宾组）类。①

林沄先生曾指出：“𠂤组大字的书体很像毛笔字，应该是在甲骨上刻字的最原始形态。”商代人本来是用毛笔写字，由于龟骨书写材料特殊，改用刀刻。师组年代最早，因此保留的毛笔字笔画特征也最多。殷墟出的甲骨，从时代上看，以师组最早，黄组最晚。师组以后，很可能形成过两个

---

① 本书举字形例证时出现的“组类”，都是依据《新甲骨文编》。

贞人系统，以师组为共同来源，以黄组为共同归宿。小屯南地《发掘报告》又指出，小屯村的甲骨分别，似乎表明占卜机构有过迁移。其结果之一，就是发掘的甲和骨分别不均衡。简单举例说：小屯村南的甲骨文从来不见宾组，而村北的甲骨文也没有历组；村北、村中用龟甲，而村南几乎只用胛骨。

值得一提的是，商代甲骨文主要出自殷墟，在今天已成常识。但是甲骨文发现之初，学者并不知道确切的出土地。无论是村民还是古董商人，都要掩盖这个真相以便垄断利益，因此早期学者误以为甲骨是出于“汤阴”（汤阴也有个小屯村）、“羑里”、“卫辉”、“淇县”等等，不一而足。罗振玉等人数年间多次走访，才确定当时的甲骨其实全部来自安阳殷墟。现在，如火如荼的战国秦汉简牍研究领域，不少简牍的出土地点也依然不明。比起甲骨文出土地在安阳地区及附近，近些年古董市场流散的战国秦汉简，传说中的出土地点，分散于全国各地，基本上是糊涂账。以此参照，便知道罗振玉调查确定安阳为甲骨文出土之地，具有多大的学术价值。

选读

第一章 世系类

先商

1. 岳、河、夒

【图版】

(1)

(2)

（3）

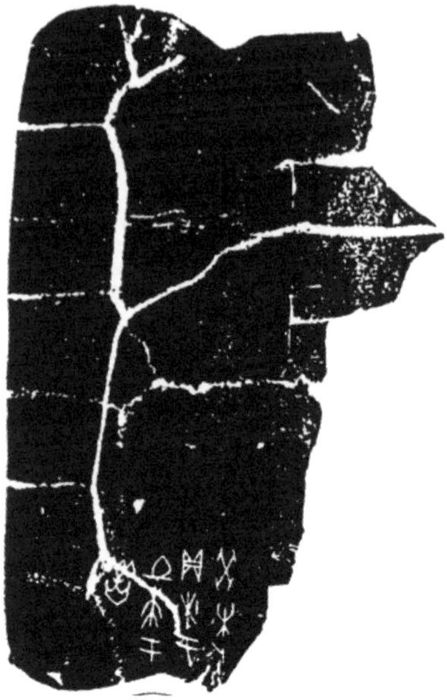

（4）

【释文】

（1）戊午卜，宾贞：酒①桒（祷）年于岳[1]、河[2]、夒[3]。

乙卯卜，宾贞：鬳（献）龟，翌日。十三月[4]。

（2）贞：告，既出（侑）[5]于夒、于上甲。

（3）乙亥卜，高祖夒燎[6]廿牛。

（4）癸未卜，贞：燎于土[7]，桒（祷）于岳。

【著录】

（1）＝《合集》10076　　（2）＝《合集》1205　　（3）＝《屯南》4528

（4）＝《合集》14399

---

① 甲骨文的“[illegible]”、“[illegible]”、“[illegible]”、“[illegible]”、“[illegible]”，本文都释为“酒”。但甲骨文字能够确定的“水”字旁和这个字的“彡”写法不同。其词义可能是用酒类祭祀。具体是后来的哪个词，学者尚无定论。

【注释】

［1］岳：卜辞常见祭祀对象。一说是自然神。一说是祖先神。所指不明。

［2］河：卜辞常见祭祀对象。一说是自然神，即后世的河神。一说是商人的祖先神，卜辞有“高祖河”。高祖即远祖。但有学者认为“高祖河”应该理解为“高祖”和“河”。

［3］夒：甲骨文又写作“”、“”等，学者以为指商先祖少皞（也写作少昊）氏蓐收。“蓐”的声母与“收”的韵母，古音相拼为“夒”。《国语》描述其形象“人面白毛，虎爪执钺”，和甲骨文字相合度较高。在五行系统中，少皞氏蓐收得金德，以继黄帝土德，故又称金天氏，或认为指商的另一位先祖帝喾。在《史记》中，蓐收和帝喾都是少昊氏玄嚣的子孙，黄帝苗裔。

［4］甗：容器甗的象形文字，在此读为“献”。龟，乌龟的象形文字。翌日，除表示第二天，也指举行周祭的翌祭（参看本章“三报二示”条）。十三月，商代的闰月。①

［5］侑：甲骨文写作“”、“”、“”、“”，是一种为祈求福佑而举行的祭祀。《诗经·小雅·楚茨》：“以为酒食，以享以祀，以妥以侑，以介景福。”表示劝慰神明享用供奉的食物（所谓“劝食之祭”）。甲骨文“受㞢又”和“受又又”都是“受有祐”的意思（例如第二章“髳”字条“受㞢又”例和第五章“狗”字条“受又又”例）。但据学者分析，为了求得好年成举行的“侑”祭，只写作“又”，不写作“㞢”。

［6］燎：甲骨文写作“”或“”、“”、“”，表示正在燃烧的树木。堆积柴薪焚烧祭天，是为“尞”，后作“燎”。《说文》：“尞，柴祭天也。”学者指出，殷墟小屯村东北建筑遗址丙组中发现的灰坑，有柴灰和焚烧过的牺牲骨骼，应该是当时举行“燎”祭或“实柴”之祭的遗迹。

［7］土：卜辞接受祭祀的“土”，指商人先祖“相土”。《诗·商颂·长发》：“相土烈烈，海外有截。”是先商时代开疆拓土的重要首领。相传相土作乘马，《荀子·解蔽》又称之为“乘杜”。“乘”指作乘马，“杜”是“土”的通假字。

① 据研究，早期卜辞中，闰月放在年终十二月之后，称“十三月”，是为“年终置闰”。晚期卜辞的闰月，放在应置闰那个月，如闰五月，那年当中就有两个五月，是为“年中置闰”。

【延展阅读】

孔子曰:“夏礼,吾能言之,杞不足征也。殷礼,吾能言之,宋不足征也。文献不足故也。足,则吾能征之矣!”孔子生活的时代,汉魏以来说是“去古未远”——距离上古并不遥远。可是,享有这种天时地利的“天纵之圣”,还是感叹文献不足,讲夏、商事实,很难做到信而有征。

商代甲骨文大部分内容是“占卜”。占卜祭祀祖宗神明之事留下的记录中,保留了商代君王的信息。有些仪式上同时祭祀某一类商王(例如说直系诸王、旁系诸王、几代之内的先王),从第几代到第几代。综合这些资料,可复原商王世系。这个世系和《史记·殷本纪》记载的商王世系,大同小异。长期面对那些认为《殷本纪》商代世系为伪造的质疑,想要辩解却苦于拿不出证据的学者,终于也能“拿证据来”了。

商人建立王朝之前的那些领袖,学者又习惯合称为“先公”。综合《史记》的《五帝本纪》和《殷本纪》,商人族源大致如下(从黄帝到商汤):

黄帝→少昊氏玄嚣→蟜极→帝喾→契→昭明→相土→昌若→曹圉→冥→振→微→报丁→报乙→报丙→主壬→主癸→大乙(汤)
　　　　　　　　└→蓐收等

从甲骨文看,传世《殷本纪》有错字。例如“振”就是王亥之名“亥”的错字(参看本章“王亥王恒”条)。

《殷本纪》的先公“契”,在商先公先祖系统中有正统第一的地位。《殷本纪》司马贞索隐:“契是殷家始祖。”甲骨文有“”、“”,和商人先公“上甲”等一起接受祭祀,有学者认为是指“契”。而最近蔡哲茂先生认为例(1)注3提到的“”才是“契”。在东周古史系统中,“契”是夏禹的“司徒”。从契到汤,和夏朝历时大致相当。此外,裘锡圭先生指出,战国竹简《子羔》说,契出生时“生而呼曰金”。正是五行系统中商得“金德”的传统说法。

此外还有不见于《殷本纪》,但出现在甲骨文中的祖宗神明。例如“岳”。甲骨文写法很多,如“”、“”、“”、“”、“”、“”等等。孙诒让先生释为“岳”,罗振玉先生改释为“羔”。董作宾先生把前述字形分两类,部分释为“岳”,部分释为“羔”。关于这个字所指的商人祖先,丁山先生等认为是“帝喾”,金祖同先生认为是“昭明”,容庚、于省吾先生认为是“冥”。赤塚忠先生等认为这类字上从“羊”下从“山”,表示羊族的族神。近年出

版的《新甲骨文编》，把这类字形列在“𦮃”字条下。

又如作为祭祀对象的“河”，陈梦家先生认为，“河”古文字从“丂”声，和帝喾的“喾”是通假字，“帝喾”是从河神转变而成的祖先神。杨升南先生则认为是商人先祖“冥”。冥为夏王朝治理黄河，担任“水官”，最后以身殉职，死于黄河，成为水神。散见于《国语·鲁语上》、《礼记·祭法》、《今本竹书纪年》等文献。在先秦文献中，“冥”确实是商人格外重视的先祖，可以和帝喾、契、汤并列。

除了前文提及的“先公”，《殷本纪》和甲骨文所见商王大致有如下这些：①

	《殷本纪》	甲骨文商王	甲骨文直系商王及配偶
1	天乙(汤)	大乙(唐)	大乙(妣丙)
2	[太丁]、外丙(中壬)	大丁	大丁(妣戊)
3	太甲	大甲、外丙	大甲(妣辛)
4	(沃丁)太庚	大庚	大庚(妣壬)
5	小甲、雍己，大戊	小甲、大戊、雍己	大戊(妣壬)
6	中丁、外壬、河亶甲	中丁、外壬、戋甲	中丁(妣己、癸)
7	祖乙	祖乙	祖乙(妣己、庚)
8	祖辛、沃甲	祖辛、芍甲	祖辛(妣甲、庚、壬)
9	祖丁、南庚	祖丁、南庚	祖丁(妣甲、己、庚)
10	阳甲、盘庚、小辛、小乙	鲁甲、盘庚、小辛、小乙	小乙(妣庚)
11	武丁	武丁	武丁(妣戊、辛、癸)
12	[祖己]、祖庚、祖甲	祖乙、祖庚、祖甲	祖甲(妣戊)
13	(廪辛)庚丁	庚丁	庚丁(妣辛)
14	武乙	武乙	武乙(妣戊)
15	太丁	文武丁	文丁(妣癸)
16	帝乙	(帝乙)	(帝乙)
17	帝辛	(帝辛)	(帝辛)

① 表中太丁、祖己加方框，表示《殷本纪》记其未即位。中壬、沃丁、廪辛加括号，表示其不见于甲骨文。甲骨文将大丁、孝己纳入直系先王系统进行祭祀，也可能是因太子身份而纳入，不一定是《殷本纪》记错了。另外值得注意的是，《孟子》说从汤至周文王，五百有余岁，和《汲冢纪年》所记 496 年相近，但《左传》宣公三年却说商代约有六百年。因为甲骨文各王在位年数均不详，现在还很难判断总年数。学者也有分歧，有的认为《左传》可信，有的认为《汲冢纪年》可信。

计其数，甲骨文有27位，加上帝乙、帝辛（纣王）合计29位。《殷本纪》32位，但明确说太丁、祖己并未即位。《史记集解》引《汲冢纪年》说，商自汤至纣，合计“二十九王”，总数合于甲骨文。

2. 王亥、王恒

【图版】

(1)

(1 局部)

(2)

(2 局部)

（3）

（3 局部）

（4 局部）

（4）

（5）

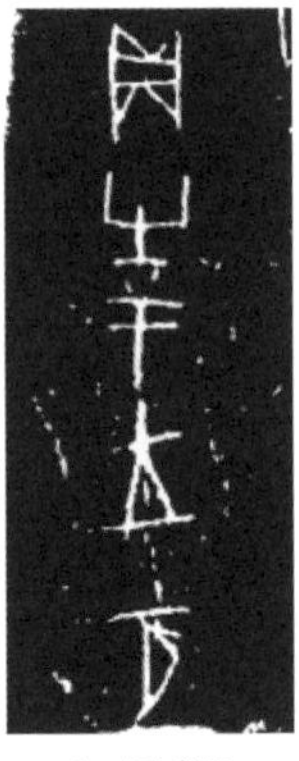

（5 局部）

【释文】

（1 局部）燎于河、王亥[1]、上甲十羊、卯十牢，五月。

（2 局部）辛巳卜，来[2]辛卯酒河十牛、卯十牢，王夒(亥)燎十牛、卯十牢，上甲燎十牛、卯十牢。

（3 局部）其告于高祖王夒(亥)[3]，三牛。

（4 局部）贞：燎于王亥母[4]，豖。

弜(勿)燎于王亥母。

(5局部) 贞:㞢(侑)于王亙(恒)[5]。

【著录】

(1)=《合集》1182 (2)=《合集》30447 (3)=《屯南》1116

(4)=《合集》685正 (5)=《合集》14767正

【注释】

[1] 王亥:商先公之一。上甲微之父。

[2] 来:下一个。甲骨文"生月"即下个月。来辛卯,就是下个辛卯。

[3] 高祖:远祖。卜辞除"高祖王亥",也有"高祖亥",是商人心目中的先祖。卜辞中有"上甲父亥"(《合集》24975),有学者据此认为"王亥"为"上甲微"之父。

[4] 王亥母:王亥的配偶。反面贞问第一字"**弜**",甲骨文写作""、"",表示箭发出之后弓弦在颤动,是发射之"发〔發〕"的表意字,此读为"勿"。甲骨文另有""、""、""、""字,表示用"刀"割物,刃部有血滴,是"刎"的表意字,用作否定词时也读为"勿"。这两个字表否定,都是对必要性的否定,可理解为"不要"、"不应该"。甲骨文还有一个用法和"勿"很接近的否定词"弜",请参看本章"盘庚"条注释;与此相区别的否定词"弗",请参看"商汤"条。

[5] 王亙:即《楚辞·天问》所见商人先祖"王恒"。

【延展阅读】

王国维先生指出:卜辞有王亥,祭祀多用辛亥日,用牲数目有五、三十、四十以至三百牛,祭祀规格较高,必定是商之先公先王。

《史记》的《殷本纪》及《三代世表》,冥之子为"振",司马贞《索隐》云,《世本》作"核"。《汉书·古今人表》相应人名作"垓",《楚辞·天问》作"该",《吕氏春秋·勿躬》作"氷",《世本·作》作"胲",《太平御览》引《世本》文作"鲧"。凡作"核"、"该"、"垓"、"胲",都可以看成"亥"的通假字。

作“振”、“氷”、“鲧”，只能认为是误字。《山海经·大荒东经》及郭璞注引《竹书纪年》，上甲之父曰“王亥”，与卜辞同。另外，顾颉刚先生认为《周易》大壮卦象传“丧羊于易”、旅卦象传“丧牛于易”，指的都是王亥与有易一族的故事。陈梦家先生认为，《左传·昭公二十九年》云少皞氏有四叔，其一曰“该”，《淮南子·地形训》等所见“竖该”，也都是王亥。此外，《山海经·海内北经》有“王子夜”被杀，“两股、两手、胸、首、齿，各断异处”。有学者认为“王子夜”也是“王子亥”，“夜”是错字。

卜辞中的“王亥”之名，常在“亥”字上加一个和禽鸟有关的偏旁，写作如下诸形：

A：（《合集》34294）

B：（《合集》34295）

C：（《合集》30447）

有的加“隹”旁，有的加“鸟”旁。胡厚宣、白川静先生等认为这和商代以鸟为图腾之事有关。《诗经》云：“天命玄鸟，降而生商。”是也。《大荒东经》说：“有人曰王亥，两手操鸟，方食其头。”其中“两手操鸟”，正可能是王亥握持玄鸟之动态。王亥为什么要作出吃玄鸟的动作？或许是为了获得玄鸟的神性。

汉画像石有驾牛车出行图（如下示[1]），画面中走在前方的就是牛车，上方有飞鸟，后方有羊车，王亥故事的元素已经基本齐全。

王恒之名，传世典籍仅《楚辞·天问》提及，汉魏以来，学者多不晓其

① 图见《中国画像石全集》第2卷，第196页。

义。如朱子作《楚辞集注》，于《天问》中涉及王亥、王恒之处，一曰“不可考也”，一曰“未知其果然否”，一曰“未详其说”，一曰“盖本文已不可考，而说者又妄解也”，一曰“迂曲难解”，小结处总括曰“皆不足论也”。以朱子之博学多识，读《天问》本段，尚且有雾里看花的困惑，其他好奇之士，虽迭为新论，皆不足信。晚清学者王闿运在《湘绮楼日记》中始提出，《天问》此处“该秉季德”、“恒秉季德”的“该”和“恒”都是人名。但直到王国维先生从卜辞中找到这两人，才真正还他们应有的历史地位，而不再是后人虚构象形的神人。

《世本·作》说，相土作乘马、王亥作服牛。《周易》经文说的“服牛乘马”，本来也应包括王亥事迹。但《系辞》把乘马、服牛全归为黄帝、尧、舜时代的创作。汉魏三国以后便把“王亥”说成黄帝时人。顾颉刚先生曾风趣地说：“倘使静安先生不作这番爬梳抉剔的工夫（指王国维先生《殷卜辞中所见先公先王考》中“王亥”条的考证），‘胲’是做定黄帝时的人了！”商人的先公，在周代以后几乎全部被遗忘。其名字写法多样，而且显然有些是错字，却无从校勘；其生平事迹也极端简化进而被张冠李戴。应该说这都是记忆失真之后，传承与追忆过程中常见的问题。

王先生考证王亥、王恒，学者传为美谈。郭沫若先生著《卜辞通纂》注释“王亥”，全部引述王先生的论文。胡厚宣先生评价说王先生这一成果“有功马（指司马迁）纪（指《史记·殷本纪》）”，杨树达先生为《战后京津新获甲骨集》作序，也写到：“昔王静安以《楚辞》、《山海经》证王恒、王亥，举世莫不惊其创获。”包括王先生自己也说：

> 恒之一人，并为诸书所未载。卜辞之王恒与王亥，同以王称，其时代自当相接。而《天问》之“该”与“恒”，适与之相当。前后所陈，又皆商家故事，则中间十二韵自系述王亥、王恒、上甲微三世之事。然则王亥与上甲微之间，又当有王恒一世。以《世本》、《史记》所未载，《山经》、《竹书》所不详，而今于卜辞得之。《天问》之辞，千古不能通其说者，而今由卜辞通之。此治史学与文学者所当同声称快者也！

喜悦之情，溢于言表。做学问能有这种收获，确实是美事。

3. 上甲

【图版】

(1)

(2)

(2 局部)

【释文】

(1) 用六羌,卯牢。

贞:**弜**(勿)御自上甲[1]。

[贞:]御[自]上甲。

(2 局部) 癸卯卜,贞:酒𠦪(祷)乙巳自上甲廿示[2]一牛,二示[3]羊,土燎牢、四戈彘、四巫豕。

【著录】

(1) =《合集》362　　(2) =《合集》34120

【注释】

［1］上甲：甲骨文写作“”(《合集》19804)或者“”(《合集》22630)、“”(《合集》22642)。相传上甲名微，是夏代中期商族的首领。《史记·殷本纪》提及其名，谓王亥之子。今本《竹书纪年》载，夏帝泄十六年，“殷侯微以河伯之师伐有易，杀其君绵臣”。郭璞注《山海经·大荒东经》云：“殷王子亥宾于有易而淫焉，有易之君绵臣杀而放之，是故殷主甲微假师于河伯，以伐有易，克之，遂杀其君绵臣也。”《楚辞·天问》有“昏微”，王国维等先生主张即上甲微。

［2］自上甲廿示：指从上甲开始到祖乙的二十位先王。按《史记·殷本纪》的世系，依次是：上甲、匚乙、匚丙、匚丁、示壬、示癸、大乙、大丁、卜丙、中壬、大甲、沃丁、大庚、小甲、雍己、大戊、中丁、卜壬、河亶甲、祖乙。

［3］二示：旁系先王。甲骨文有“大示”(如《合集》14847 等)，指上甲和大乙以后的五代直系先王。又有“元示”(如《合集》25025 等)，指上甲以后二十位先王。与之相对，按兄终弟及方式继承王位者，则是所谓“它示”，也叫做“二示”。此外，示壬、示癸两位先王和匚乙、匚丙、匚丁并列接受祭祀时，也分别合称为“二示”、“三匚”。卜辞说，癸卯这天占卜，第三天乙巳日用“酒”的方式祈祷，用牛祭祀二十位直系先王，用羊祭祀旁系先王。“乙巳”是举行“酒祷”的时间。

【延展阅读】

1917 年 2 月，王国维先生著《殷卜辞中所见先公先王考》，首先提出为“甲”字而为“上甲”合文，又从卜辞文例、祭祀原则等方面论证其人就是上甲微。

2 月 28 日，王国维致信罗振玉，提到该文当天已誊写完毕，即将寄出。3 月 10 日罗先生复信，表示对王说的赞许和敬佩，以为“精确不可移易”。回信中还说，他自己最近读甲骨文也颇有心得，而且感觉甲骨文中的疑难问题，“寥寥天地间，亦但有望之公与弟两人耳”。此后，罗先生接连于 4 月 6 日、11 日给王氏复信，提出个人见解，主要从字形上分析了

“”、“”、“”这类字形，特别是后两种写法为什么是“上甲”。4 月 18 日，在给罗先生的复信中，王先生坦言自己误以为字顶上一短横是甲骨裂纹。

从两位先生的论文及信件中，我们不难感受到他们研究学术问题时的自信、认真，以及问题解决之后的欢欣。罗先生甚至说，从前一年冬天开始的胃痛，因为读了王先生这篇论文而忽然痊愈了。王先生看到罗先生在复信中对己见的补充论证时，也有“狂喜”之感。

上甲微处在商代史的分水岭位置。王国维先生已经注意到，甲骨文中的合并祭告先公先王，常以上甲为首。傅斯年先生也说：“殷人祭其先世，自上甲至于多后为一系，而以上诸世与之绝不同。”郭沫若先生认为：“殷之先世，大抵自上甲以下，入于有史时代，自上甲以上，则为神话传说时代。”最近有学者进一步肯定说，商代人心目中的有文字记载的商族历史，是从上甲开始计算。于省吾先生则提出，根据卜辞来看，商先公先妣的庙号，在商汤时有文献可查者，以示壬、示癸及其配偶为最早，早于这两代的庙号如上甲等，则是后来追尊，所以我国的成文历史该从示壬、示癸时代开始计算。

上甲微父子与有易一族的事迹，古人多以《竹书纪年》所述为信史。胡应麟云：“《山海经》附会王亥有易事，极可笑。非《竹书》此文，后世莫能觉其伪也。”但今本《竹书纪年》所述实际并不清晰。郭璞注《大荒东经》时引述的正是《竹书纪年》，似乎比今本详细。王国维先生说，郭璞引述的是“真本”，可惜郭璞所引只是概况式的引用。

上甲微与有易之事，亦见于前两年公布的清华简《保训》篇。简文写到：

> 昔微叚（假?）中于河，以复有易，有易服厥罪，微亡害，迺追（归?）中于河。微志弗忘，传贻子孙，至于成康（唐），祇备不解，用受大命。

大致意思是说，以前上甲微假“中”于“河”，以报复有易。有易服罪。上甲微没有赶尽杀绝，把“中”还给“河”。上甲微没有忘记此事，并让此事在商族代代相传，直到成汤，终于统一天下。这和郭璞所引述的《竹书纪年》似乎没有冲突。可见，上甲微为父报仇、灭有易一族的事迹，战国时人似乎还比较熟悉。《小屯南地甲骨》2272“惠上甲即宗于河”，整理这批材料的姚孝遂、赵诚等先生指出,《殷契佚文》888 有“辛巳卜贞,王亥、上甲即于河”,这些材料足以证明传世文献中关于王亥、上甲父子和“河”的“故事”中,有相当多的“史实”,只是在流传过程中有变异。

根据商代先王先妣周祭次序看,《殷本纪》所记中壬、沃丁可能并不是商王。如此,卜辞中的“自上甲廿示”,按早年郭沫若先生提出的,从上甲往下数到武乙的二十位直系先公先王,正好够数。因为只数直系先王,中壬、沃丁的缺失可以忽略。如按曹定云先生等提出的,卜辞中“自上甲……至下乙”这些先王构成一个祭祀群,“上甲廿示”是从上甲数到下乙(即祖乙)。但根据卜辞中的先公先王来算,排除中壬、沃丁之后,就得把祖辛、羌甲计入才够数。数到下乙,不够二十人。此外,卜辞还有“自上甲六示”(《合集》32031 等),指上甲、匚乙、匚丙、匚丁、示壬、示癸六位先公。“自上甲十示”(《合集》34125 等),就在六示之后继续数大乙、大丁、大甲、卜丙。还有“自上甲十示又三”(《屯南》4331 等),一说是指上甲加上大乙、大丁、大甲、大庚、大戊、中丁、祖乙、祖辛、祖丁、小乙、武丁和祖甲,共计十三位直系先王。

4. 三报二示

【图版】

(1)

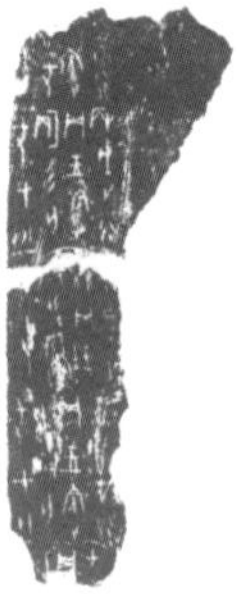

(2)

(2 局部)

(3)

(3 局部)

(4)

(5)

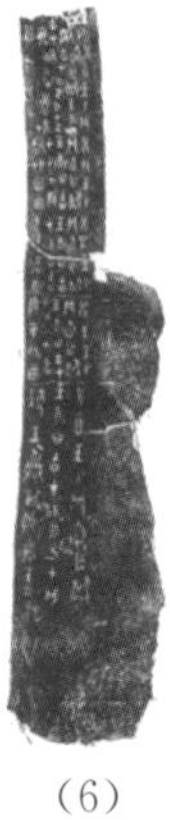

(6)

(6A)

(6B)

(6C)

【释文】

(1) 乙丑卜，旅贞：王宾匚乙[1]彡，亡拇(吝)[2]。在七月。

丁卯卜，旅贞：王宾匚丁[3]彡，亡拇(吝)。在七月。

(2局部) 丙戌卜，行贞：王宾匚丙[4]彡，亡拇(吝)。在十一月。

(3局部) 丙申卜，又(侑)三匚、二示[5]。

(4) …卜，贞：其又(侑)三匚母[6]，豕。

(5) 庚申卜，贞：王宾示壬[7]奭[8]妣庚[9]壴[10]，亡拇(吝)。

甲子卜，贞：王宾示癸[11]奭妣甲[12]壴，亡拇(吝)。

(6A)癸酉，王卜贞：旬亡忧。王占曰：吉。在十月又一，甲戌妹工(贡)典其𦎫[13]，隹(唯)王三祀。

(6B)癸未，王卜贞：旬亡忧。王占曰：吉。在十月又二，甲申𦎫酒祭上甲。

癸巳，王卜贞：旬亡忧。王占曰：吉。在十月又二，甲午壴上甲。

(6C)癸卯，王卜贞：旬亡忧。王占曰：吉。在十月又二，甲辰祭大甲劦上甲。

癸丑，王卜贞：旬亡忧。王占曰：吉。在正月，甲寅祭小甲壴大甲。

【著录】

(1) =《合集》22688　(2) =《英藏》1928　(3) =《合集》32392

(4) =《合集》32393　(5) =《合集》36148　(6) =《合补》19043

【注释】

[1] 匚乙：即《史记·殷本纪》商先王“报乙”。《殷本纪》与《三代世表》及《汉书·古今人表》并有报乙，然而世系误记在报丙之后。“匚”，或

说是“匰主及郊宗石室之义”，也就是藏放神主的神龛。

［2］彡：五种祭祀之一。拇：拇指的表意字，在此读为“吝”。卜辞问，如期举行彡祭祭祀报乙，有没有不好的事。

［3］匚丁：即《史记·殷本纪》商先王“报丁”。

［4］匚丙：即《史记·殷本纪》商先王“报丙”。

［5］三匚：即匚乙、匚丙、匚丁。二示：示壬、示癸。有时也把“三”写在“匚”内（所谓“合文”）（《合集》27083）。

［6］三匚母：匚乙、匚丙、匚丁三代先王配偶的合称。

［7］示壬：《史记·殷本纪》以为报乙之子。据甲骨文，当是报丁之子、商汤之祖父。

［8］奭：或认为是《说文》的“奭”字，字音和“仇”字相近。《尔雅·释诂》：“仇，匹也。”即匹配、配对，因而又表示配偶。

［9］妣庚：示壬的配偶，和示壬一同接受周祭。

［10］壹：五种祭祀之一。

［11］示癸：见《史记·殷本纪》，示壬之子、商汤之父。

［12］妣甲：示癸的配偶，和示癸一同接受周祭。

［13］妹：词义不详，集中出现在周祭卜辞贡典的场合。：字不识，或以为是一种祭祀方式，集中出现在周祭卜辞贡典之后“祭”祭上甲的场合。

【延展阅读】

1933年，石破天惊的《甲骨文断代研究例》问世，继而董作宾先生又开始写《殷历谱》（1945年发表），要用“断代研究更进一步之方法”，把甲骨文“分期、分类、分派”。

在区分他心目中的“新派”、“旧派”时，作为一个重要的区别特征，董先生指出，“新派”祭祀祖先有按照“彡”、“翌”、“祭”、“壹”、“劦”五种祭祀典礼循环祭祀的现象，“由彡至劦，以次举行……周而复始”，五祭的重点或者说特征，“彡”祭时用鼓奏乐（或以为是《书·高宗肜日》之“肜”。孔传：“祭之明日又祭，殷曰肜，周曰绎。”）、“翌”祭时有拿着羽毛等装饰品的舞蹈、“祭”祭时进献牲肉、“壹”祭时进献黍稷等、“劦”祭是合祭，规模最大。是为“五种祀典”。陈梦家先生取“周而复始”之意，把这些祭祀命名为“周祭”。

如前所引，董先生排列五种祀典顺序，以“彡”为首。许进雄先生在《殷卜辞中五种祭祀的研究》中把“翌”祭摆在第一位，调整为“翌—祭—壹—酉—彡”的次序。

现代人习惯按7天一周计时，商代当时以10天一旬来计时。周祭的时间安排也是以“旬”为单位。一般来说，五种祭祀开始之前的一旬都会举行“贡典”仪式，也就是把和祭祀有关的一份文书供奉起来。文书的格式和具体内容无法确定，揣想应该包括将要祭祀的祖先名称。从贡典的下一旬开始，依次举行祭祀。每旬有天干十日，按照祖先名和天干对应的原则择定祭祀之日。下表是接受周祭的先王和天干对应关系：

	甲	乙	丙	丁	戊	己	庚	辛	壬	癸
1	上甲	报乙	报丙	报丁					示壬	示癸
2		大乙		大丁						
3	太甲		外丙							
4	小甲				大戊	雍己				
5				中丁					外壬	
6	戋甲	祖乙						祖辛		
7	羌甲			祖丁			南庚			
8	阳甲						盘庚	小辛		
9		小乙		武丁		祖己	祖庚			
10	祖甲			康丁						
11		武乙		文丁						
12		帝乙								

“翌”和“彡”分别单独举行，“祭”、“壹”、“酉”叠加组合，分成三组。甲骨文中有“翌日”、“彡日”和“酉日”，代指这五种三组祭祀。根据上面的表格，以第一列“甲”名先王为例，利用周祭卜辞中的干支序列，可以推算出一次周祭的周期。

例如《合集》35398，八月甲申举行“翌”祭贡典，次旬“甲午翌上甲”，一轮周祭正式开始。又如《合集》35574，写着十二月甲午、甲辰分别“翌”祭大甲、小甲，正月甲子“翌”祭河亶甲。甲辰和甲子之间的甲寅旬空出，因为这中间没有“甲”名先王（看上表，小甲下一栏无甲名先王）。依此类推，到“翌”祭祖甲时，一轮“翌”祭结束。下一旬举行“劦（或劦日）”组祭祀。例如上揭（6）第一旬举行“祭”祭贡典，第二旬“祭”祭上甲又举行“壹”祭贡典，第三旬“祭”祭是空旬，但要“壹”祭上甲，并举行“劦”祭贡典。由此就出现第四旬“祭”祭大甲时“壹”祭上甲、第五旬“祭”祭小甲时“壹”祭大甲的情况。再往后数到第9旬就会出现“祭阳甲、壹羌甲、劦河亶甲”的情况（参看本章“河亶甲”条）。“彡”祭和“翌”祭一样执行。如果在“翌”贡典、“劦”组贡典仪式后都不空旬，“翌”祭一轮11旬，“劦”组三种13旬，“彡”祭11旬，合计35旬。一轮结束后按例休息一旬。从开始“翌”祭贡典到一轮结束，前后是36旬。这大概是一个基本流程。

周祭卜辞在黄组卜辞的时代执行严格，常玉芝先生举例介绍了黄组卜辞的三种格式。首先，是贡典之前占卜。一般是问，用周祭的某种祭祀，祭那些先王是否合适。例如《合集》37836：“癸未王卜，贞：酒彡日自上甲至于多毓，卒，亡（无）害自忧。在四月，惟王二祀。”其次，是贡典的上旬占卜，问下旬按天干名祭祀先王是否顺利，其标志短语是“旬无忧”（例如本章“祖甲”条例2）。最后是祭祀的前一天占卜，标志短语是“王宾”。这类卜辞本章引用很多，此处从略。

和甲骨学家使用的“周祭”概念不同，传统的礼学研究中，“周祭”是指周代九种“食祭”的第四种。贾公彦《周礼疏》：“周祭，四面为坐也。谓若祭百神，四面各自为坐。”相对于甲骨文“周祭”概念所取“周而复始”之意，礼学上的“周祭”是取“周遍”之意，前者是指对直系先王轮流祭祀，一遍完了继续来一遍，循环无穷；后者是指祭神时四面摆着神座，依次祭祀。

商代前期

1. 商汤

【图版】

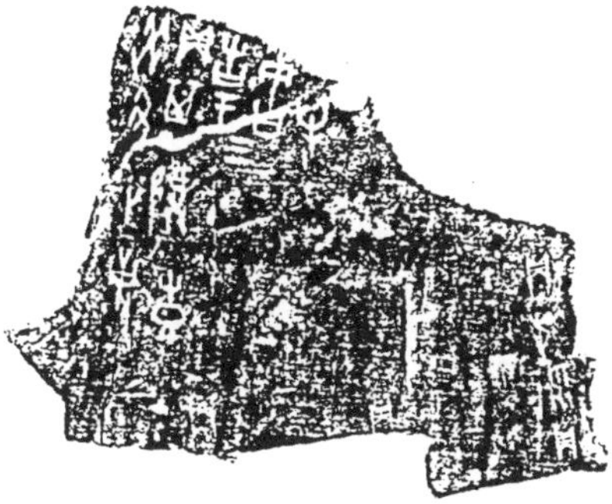

（1）

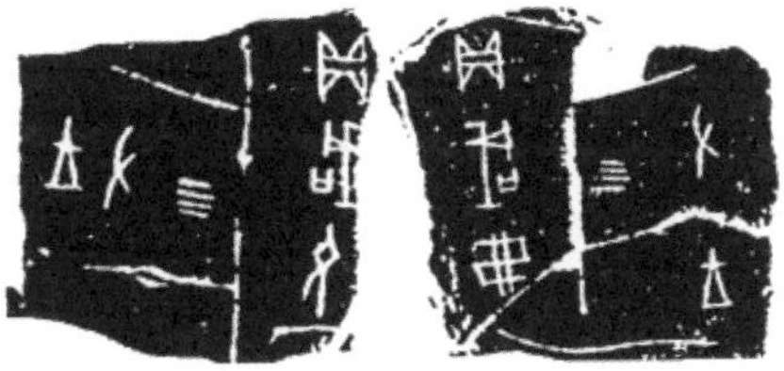

（2 局部）

（2）

（3）

【释文】

(1) 癸丑卜,史贞:其尊鼓告于唐(汤)[1],三牛。

(2 局部) 贞:成[2]允又(侑)王。

贞:成弗又(侑)王。

(3) 乙未,酒系品[3]上甲七、匚乙三、匚丙三、匚丁三、示壬三、示癸三、大乙[4]十、大丁[5]十、大甲[6]十、大庚[7]七、小甲[8]三、……三

【著录】

(1) =《合集》1291 (2) =《合集》248 正 (3) =《合集》32384

【注释】

[1] 唐:读为"汤",即商汤,也称太乙商汤(天乙商汤)。唐,学者或认为是谥号,或认为源于"庚"系。所谓"庚系",指甲骨文称谓中有"庚"字的商王(例如祖庚)。唐字从"庚"声。民间至今仍称"唐"是"庚口唐"。

[2] 成:即商汤。《书序》称:"成汤放桀于南巢。"孔传:"汤伐桀,武功成,故以为号。"学者或认为,这个名称是相对于"丁"系的王而得。所谓"丁系"指称谓中有"丁"字的商王(例如武丁)。"成"的古文字从"丁"声。反面贞问说"弗侑王","弗"和"不"用法接近,是对可能性的否定,相当于"不会"、"不能"(与此相对的"勿",参看本章"王亥、王恒"条)。

[3] 酒、系、品三字词义不明,结合其它祭祀先祖的卜辞看,这里应该是用某种方式祭祀的意思。学者以为,酒、系是祭祀名,品是祭祀时敬神的各种物品。如于省吾先生解释说是"以品物系属以交接于神也"。

[4] 大乙:即商汤。《史记·殷本纪》作"天乙",学者或以为"天"是"大"的错字。甲骨文中周祭卜辞只称"大乙",和干支日期对应,从不使用"唐"的称谓。

[5] 大丁:《史记·殷本纪》作"太丁",商汤之子、大甲之父。

[6] 大甲:《史记·殷本纪》作"太甲",商汤之孙。参看本章"大

甲”条。

[7] 大庚:《史记·殷本纪》作“太庚”,大甲之子。“大”和“太”一字分化,典籍常混用无别。正如“大丁”又称“太丁”,“大甲”又称“太甲”。《竹书纪年》作“小庚”,是误字。

[8] 小甲:大庚之子。《史记·殷本纪》称小甲是大庚之子,同书《三代世表》又称小甲为大庚之弟。此处小甲和直系先王并列,似乎也是直系先王。但另外有一条祭祀直系先王的卜辞,①大庚之后的直系先王是大戊。

【延展阅读】

汤是契的十四世孙,也是商王朝的建立者。

《书序》称:“自契至于成汤,八迁。汤始居亳,从先王居。”孔颖达正义:“《周语》曰:‘玄王勤商,十四世而兴。’玄王谓契也。勤殖功业,十四世至汤,而兴为天子也。”《尚书》有《汤誓》,是商汤伐夏桀的作战动员令。同书《泰誓中》云,夏桀无道,“天乃佑命成汤,降黜夏命”。孔传:“言天助汤命,使下退桀命。”同书《多方》又云:“天惟时求民主,乃大降显休命于成汤,使王天下,刑殄有夏。”又云成汤“代夏作民主”。则是周人言论中所存商汤灭夏、建立商朝的史料。《尚书·微子之命》:“乃祖成汤,克齐圣广渊,皇天眷佑,诞受厥命,抚民以宽,除其邪虐。功加于时,德垂后裔。”可以看成是周人对商汤的盖棺定论。

汤之称谓,典籍异名极多。古人有“汤有七名而九征”的说法。所谓“七名”,具体所指不详,《金楼子·兴王》落实为:姓生、履长、瘠肚、天成、天乙、地甲、成汤。但未详所本。王国维先生注意到,卜辞“唐”与“大丁、大甲”连文而居于首位,《史记·殷本纪》大丁、大甲前的商王,正是汤。且《说文》有古文“唐”字,写作“啺”,音符和“汤〔湯〕”字相同。则“唐”无疑可以读为“汤”。《太平御览》引《归藏》有“桀筮伐唐”(夏朝末代君主桀,为了讨伐商汤而进行卜筮),《博物志》云:“唐亦即汤也。”

成汤之“成”,含有功业成、德行盛的意思。他从夏桀之臣,最终“无敌

---

① 指《合集》32385=《殷契佚存》986,参看本章“祖乙”条。

于天下”(《孟子·滕文公下》),放逐夏桀,建立商朝,事迹散见于先秦古籍如《尚书》及诸子百家语,《竹书纪年》和《史记》中的记述尤为集中而有次序。

甲骨、金文所见,有“成”(如《合集》248 正)、“唐”(如《合集》300)、“成唐”(周原甲骨 H11、春秋齐侯镈钟铭文)、“大乙”(如《合集》27136)、“武唐”(如《合集》26770)等。另外,卜辞又有“高祖乙”(如《合集》32457、《屯南》77 等),一说即指商汤。还有“上乙”(如《合集》1270),据陈梦家先生的意见,也是指商汤。

春秋时代的齐侯镈钟铭文(较完整的镈铭摹本初见于宋薛尚功《历代钟鼎彝器款识法帖》卷八,今编为《集成》285。钟铭见于《历代钟鼎彝器款识法帖》卷七,今编为《集成》272～284),对商汤也有“虩虩(赫赫)成唐(汤)”等赞美之词。

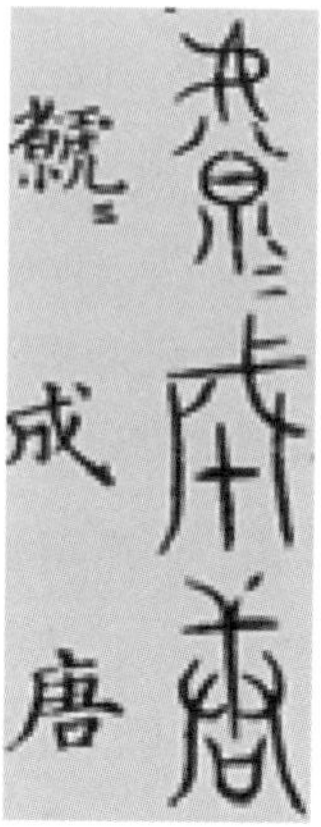

“虩虩成唐”镈铭及释文

上海博物馆藏战国简有《容成氏》,其中简 36～41 讲述商汤、夏桀之事。按整理者注释,第 36 号简:“汤乃博为征籍,以征关市。民乃宜怨,虐疾始生。”意思是,商汤替桀纣在国内设了很多关口,增加税收,民不聊生,怨声载道。或谓商汤乃三代圣主,不会做这种为害百姓的事,主张把简文的“汤”字改作“桀”。

诚然,这种有损商汤圣贤形象的解释,好像让人不易接受。但尊重商汤这位圣王的主观感受,并不能帮助我们判断商汤是否真有那种行为。

商汤最终伐桀，以孟子为代表的儒家学者努力为之开脱，才塑造了一个圣贤的形象。先秦秦汉古籍所见商汤形象，不但与敌为诈，且与民为诈。例如灭夏之前，他安排伊尹入夏作间谍，恐夏人不信，“汤乃亲自射伊尹”（事见清华简《赤鹄之集汤之屋》及《吕氏春秋・慎大》等）。灭夏之后，又恐务光妨碍他登王位，用计迫使务光自杀（事见《吕氏春秋・离俗》及《韩非子・说林上》）。相比儒家学者崇道德、务仁义，作为法家学者的韩非，一向不反对用诈。即便如此，他仍分辨说“不谓诈其民，诈其敌也”（《韩非子・难》）。意思是对待敌人，尽可使诈，但对自己的臣民百姓，还是不要这样。相较之下，商汤可能更为务实，为了离间夏桀君臣上下，而不惜替夏桀为非作歹；灭夏之后，为顺利登基，又不惜使诈杀务光。真是我国古人所谓“兵不厌诈”，又如古希腊史学家色诺芬所说，克敌之道，必多谋善诈，兼黠贼与剧盗之能。

再就《容成氏》简文来说，大致讲商汤替夏桀广设关口、增加税收。按《战国策・楚策三》苏子谓楚王章：“今王之大臣父兄……厚赋敛诸百姓，使王见疾于民，非忠臣也。”两相对比，商汤可谓是“厚赋敛诸百姓，使王见疾于民”的典型，显然“非忠臣”。王夫之曰：“君暴而天下尚有生也，君贪而天下尚有财也，有司违诏令以横征蠲免之税，而后民乃无可免之死。”横征暴敛，唯恐天下不乱。其用意，不外乎离间夏桀之君民。

《红楼梦》第七十四回写捡抄大观园时，贾探春对众人说，这样一个大家族，从外面杀进来，一时是杀不死的。必须从内部先自己杀自己，然后才会一败涂地。夏朝数百年基业，商汤初封之地不过七十里，一时之间要颠覆夏人政权，谈何容易。离间其君民，丑化夏桀在一般人心目中的形象，最终使之成为独夫，人人得而诛之。商汤用意，不妨可以说是帮着夏桀自己杀自己。

2. 大甲　河亶甲

【图版】

（1）

（3）

（2）

（2 局部）

(4)

(4 局部)

(5)

(6)

(7)

(7 局部)

【释文】

(1) □卯……易……

己卯卜,㞢(侑)大丁[1]二牛,大甲[2]□牛。

(2 局部) 甲戌翌上甲,乙亥翌匚乙,丙子翌匚丙,[丁丑翌]匚丁,壬午翌示壬,癸未翌示癸,[乙丑翌人乙,丁亥]翌大丁,甲午翌[大甲,丙申翌外丙,庚子翌]大庚。

(3) 甲申卜，贞：王宾大甲祼[3]，亡[𡆥(吝)]。

乙酉卜，贞：王宾卜丙彡夕[4]，亡𡆥(吝)。

(4 局部) 㞢(侑)于咸[5]、大丁、大甲、大庚[6]、大戊[7]、中丁[8]、祖乙[9]……

(5) 戊辰[卜，贞：]王宾[大戊劦]日，亡𡆥(吝)。

己巳卜，贞：王宾雍己[10]劦日，亡[𡆥(吝)]。

(6) 壬午卜，贞：王宾卜壬[11]翌日，亡𡆥(吝)。

……贞：戋甲[12]……丁亡𡆥(吝)。

(7 局部) 癸未王卜，贞：旬亡忧。王占曰：大吉。在十月。甲申，祭鲁(阳)甲[13]、壹羌甲[14]，劦戋甲。

【著录】

(1) =《合集》19285　(2) =《合集》35406　(3) =《合集》35552　(4) =《合集》1403　(5) =《合集》35618　(6) =《合集》35636　(7) =《合集》35700

【注释】

[1] 大丁：即《史记·殷本纪》之“太丁”，商汤之子。已见“商汤”条。

[2] 大甲：即《史记·殷本纪》之“太甲”。卜辞又作“夫甲”(如《合集》00027，《屯南》2241 等)。太甲乃商汤之孙，故又称“汤孙”。《诗·商颂·那》“汤孙奏假”，郑玄笺：“汤孙，太甲也。”

[3] 祼(guàn)：从示从果，《说文》：“祼，灌祭也。”甲骨文作“”、“”、“”、“”，第一个字形就是用来灌注液体(常常用鬯酒)的器具，第二例是双手拿着这个器具，后两例表示其中有液体流出。

[4] 卜丙：即《史记·殷本纪》之“外丙”。据史书记载，太甲在外丙之后为王。但甲骨文祭祀顺序，大甲在先，外丙在后。《殷本纪》外丙传位于“中壬”，卜辞未见。夕：和“日”相对的时间段。甲骨文“日”指白天，“夕”指天黑以后至天亮以前的黑夜(参看第三章“日”条)。

[5] 咸：指商汤。

[6] 大庚：即《史记·殷本纪》之“太庚”，太甲之子、沃丁之弟。根据《史记》，大戊的叔父沃丁也曾继位为王。但卜辞中没有沃丁，例(2)、(4)也可证明这一点。

[7] 大戊：即《史记·殷本纪》之“太戊”，大庚（太庚）之子、大甲（太甲）之孙。史称大戊在位时，“诸侯归之，故称中宗”。也有学者认为，甲骨文的“中宗”是祖乙，而非大戊。

[8] 中丁：即《史记·殷本纪》之“仲丁”，大戊之子，祖乙之父。《屯南》4517 有“丁中”，姚孝遂、肖丁先生认为是“中丁”的倒文。史称仲丁迁都于“隞”，通假字也写作“嚣”。1990 年以来发掘的郑州小双桥遗址，中心区域有多处宫殿基址，规模宏大，或以为是隞都。

[9] 祖乙：大戊之孙，中丁之子。参考本章“祖乙”条。

[10] 雍己：据《史记·殷本纪》，为大庚之子，与小甲、大戊为兄弟辈。卜辞中通常写成合文形式，作“”、“”等。

[11] 卜壬：即《史记·殷本纪》之“外壬”，大戊之子，中丁之弟，河亶甲之兄。

[12] 戔甲：即《史记·殷本纪》之“河亶甲”。《殷本纪》以为河亶甲是祖乙之父。根据卜辞，祖乙是中丁之后的直系先王，应该是河亶甲之兄、中丁之子。

[13] 鲁甲：即《史记·殷本纪》之“阳甲”。鲁，学者或释为“鲁”，也读为“阳”。

[14] 羌甲：与《史记·殷本纪》之“沃甲”相当。关于此处周祭的祭祀情况，请参看本章“三报二示”延展阅读。

【延展阅读】

河亶甲之名，在商代先王中别具一格。除了按惯例使用天干字“甲”，前面的两个字不知如何理解。甲骨文作“戔甲”，一般写作“”、“”，“戔”字罗振玉先生分析为两“戈”相向，会战斗之“战”的意思，隶定作“戋”。郭沫若先生说，“河亶”是“戋”的缓音，也就是说“戋”这个字慢慢念，就念成“河亶”两个字。于省吾先生认为，字形中其实是从二“弋”而非二“戈”，古音“弋”和“特”接近，“特”和“亶”接近。至于“河”字，于先生也认为是“缓

言之”而形成的。吴其昌先生则认为，河亶甲本来只称“亶甲”，因为他曾经迁居“西河”，所以添加“河”字。《吕氏春秋·音初》：“般整甲徙宅西河，犹思故处。实始作为西音。”一般的解释，“整甲”就是河亶甲。吴先生说，“整”字是错字。

前引《音初》在“西音”之后还写道：“长公继是音以处西山，秦谬公取风焉，实始作为秦音。”“长公”指的是西周名臣辛余靡，他接收、改进了河亶甲的“西音”，之后秦穆公到这里采风，最终改造形成秦地的特有音乐。

笔者从教于安阳师范学院，住处比邻韩魏公祠（纪念宋代名臣韩琦）。祠在市文明大道与乔家巷交叉路口西北约一百米，一进院落。院子北边一栋古建，匾额书“韩王庙”。院落西侧另有小院及若干新旧建筑，尚未修缮完毕。据介绍，是韩琦所造昼锦书院故址。小院内有一南北向的小型古建，匾额题曰“商王庙”。这样一个院落，同时供奉两位“王”。可谓小庙容大佛。

查《书序》称“河亶甲居相”。具体地望，古今说法略有不同，大致不出今河南安阳地区的范围。《尚书》孔传：“相，地名，在河北。”《括地志》落实到“内黄县东南三十里”。《史记·殷本纪》张守节《正义》采纳此说。王应麟《通鉴地理通释》论述最详。王夫之《尚书稗疏》说在彰德，彰德也是安阳旧称。近现代著作，如谭其骧先生主编的《中国历史地图集》，胡厚宣先生等所著《殷商史》，都把“相”标注在今河南内黄县一带。内黄县今属安阳地区。

清人所编《河南通志·祠祀》，卷四十八彰德府下有“河亶甲庙”，注释云：“有二。一在府治东南，一在临漳县。昔殷王河亶甲建都于相，故立庙祀之。”显然，清代安阳有河亶甲的庙。

明代文学家归有光则见过宋开宝年间在内黄县所立河亶甲的庙碑。他还撰写《跋商中宗庙碑》，收在《震川集》中。文章前半部分说：

> 右商中宗庙碑。宋左拾遗梁周翰奉诏撰，翰林待诏司徒俨奉诏书。在今内黄亳城镇，有中宗陵焉。朝廷岁遣大臣祀之。按商自成汤至太戊，皆居西亳，今河南偃师也。太戊子仲丁，始迁隞。而河亶甲乃居相。故相有殷城，即今内黄也。而子祖乙又迁於邢。则殷诸帝独河亶甲在内黄。疑崩而葬此。而中宗自居偃师。后世特误以河亶甲为大戊耳。

这里不但介绍了南北朝的河亶甲庙碑，而且也相信河亶甲的都城在今内黄县。这很可能是接受了《括地志》的说法。另外，归有光还特别提醒说，殷商的中宗是大戊。内黄县当地称河亶甲的陵墓为中宗墓，是不对的。关于商代的中宗问题，参看下文“祖乙”条“延展阅读”。

时代在归有光之前，现在和商王作邻居一起接受人间香火的韩琦先生，文集中有一篇《侄孙亶奴墓志》，开篇说：“余第五侄，司门员外郎通判赵州方彦，年四十余，始有一子。以其生子相州，取河亶甲居相之义，遂名之曰亶奴。”

3. 祖乙

【图版】

(1)

(1局部)

(2)

【释文】

(1局部) ……未卜,桒(祷)上甲、大乙、大丁、大甲、大庚、大戊、中丁、祖乙[1]、祖辛[2]、祖丁[3]十示,率靯。

(2) 己丑卜,大贞:于五示告,丁[4]、祖乙、祖丁、羌甲、祖辛。

【著录】

(1) =《合集》32385　　(2) =《合集》22911

【注释】

[1] 祖乙,《史记·殷本纪》以为河亶甲之子。《晏子春秋》记晏子对齐景公语:"夫汤、太甲、武丁、祖乙,天下之盛君也。"据《竹书纪年》等,祖

乙为商朝“中宗”。祖乙迁都于“邢”。上世纪50年代曾在河北邢台西南曹演庄发现商代文化遗存，1998年以来在邢台西南石门乡东先贤村发掘了商代中期遗址，规模较大，或认为祖乙都城遗迹。

[2] 祖辛：《史记·殷本纪》为祖乙之子。

[3] 祖丁：《史记·殷本纪》为祖辛之子。

[4] 丁：这里指武丁。

【延展阅读】

古人云，祖有功，宗有德。汉有高祖皇帝（“汉高祖”），有太宗文皇帝（“汉文帝”或“孝文皇帝”），中宗武皇帝（“汉武帝”或“孝武皇帝”）。以后多数统一王朝，都有这样的尊贵称号。在商代，也有“高祖”、“高宗”、“中宗”等。

《史记·殷本纪》以大戊为商朝的中宗。而《太平御览》引《竹书纪年》，则以祖乙为中宗。有学者指出，卜辞有“中宗祖乙”（写有“中宗祖乙”的残辞，约有十条，如《合集》36933等），显然祖乙是中宗。

但是也有学者认为，所谓“中宗祖乙”，是相对于前后两位以“乙”为称谓的王来说的。在祖乙之前有“大乙”，之后有“小乙”。所以“中宗祖乙”实际上是“中祖乙”。当然这也不尽可信。卜辞并没有“中祖乙”。真要对应成“大、中、小”，恐怕还要找出“大宗祖乙”、“小宗祖乙”来对应“中宗祖乙”，才算完满。

卜辞“祖乙”极多。所谓“祖乙”，字面意思是：祖上一位以“乙”为名号的先王。这样的先王，从“大乙”开始，还有中丁之子“祖乙”、祖丁之子“小乙”、康丁之子“武乙”。从逻辑上说，他们都有可能被稍后的商王称为“祖乙”或“父乙”。除单独的“祖乙”外，还有上面曾提到的“高祖乙”、“毓祖乙”、“小祖乙”、“中宗祖乙”，以及“武祖乙”（指商王武乙）。

古人云：“《易》之帝乙为成汤，《书》之帝乙六世王。”（《礼记·檀弓下》及孔颖达正义）大意是说，《易》泰卦六五爻辞“帝乙归妹”的“帝乙”，是“大乙”，而《尚书·酒诰》里边说的“帝乙”，那是“祖乙”（即卜辞中中丁之子，《史记》中河亶甲之子）。读书时若不区分辨别，就要闹笑话。今天我们读卜辞，没有相当熟练的世系、分期知识，也觉得有这样的麻烦。

王国维先生曾举例说，对武丁而言，“小乙”是“父乙”，而对武丁之子祖庚祖甲这一代人来说，“小乙”又是“祖乙”。所以祖甲时代卜辞中的“祖乙”，不是中丁之子，而是祖丁之子。又如，武丁称盘庚为“父庚”，因为盘庚是他叔父。然而在康丁时代的卜辞中，“父庚”就只能是武丁之子祖庚。又如，祖庚、祖甲称武丁为“父丁”，而对于武乙来说，“父丁”就只能是康丁。对我们初学甲骨文的人而言，要避免这种错误，显得尤其困难。

宋代薛尚功研究金文中的“父乙”时，也有过这样的疑惑。他在《历代钟鼎彝器款识法帖》的《父乙鼎》条写到：“乙之号，在商也，有天乙、有祖乙、有小乙、有武乙，而惟太丁之子止曰乙。① 盖不知其（引按，指鼎上写的“父乙”）为何乙也。”《祖乙爵》又写到：“父乙，盖谓报乙、天乙、小乙、武乙之君也。”总之是不能确指。

下面是董作宾先生制作的“卜辞五期称谓表”。另外，本章“三报二示”的“延展阅读”列了接受周祭的先王简表，可以参看。

---

① 所谓“太丁之子止曰乙”，指的是文丁（卜辞“文武丁”、《史记》“太丁”）之子、商纣王之父“帝乙”。

<table>
<tr><th rowspan="2">称谓 / 时王 / 受祭者</th><th>第一期</th><th colspan="2">第二期</th><th colspan="2">第三期</th><th colspan="2">第四期</th><th colspan="2">第五期</th></tr>
<tr><th>武丁</th><th>祖庚</th><th>祖甲</th><th>廪辛</th><th>康丁</th><th>武乙</th><th>文武丁</th><th>帝乙</th><th>帝辛</th></tr>
<tr><td>虎甲（十世）</td><td>父甲</td><td></td><td>虎甲</td><td colspan="2"></td><td colspan="2">虎甲</td><td colspan="2">虎甲</td></tr>
<tr><td>般庚</td><td>父庚</td><td></td><td>般庚</td><td colspan="2"></td><td colspan="2"></td><td colspan="2">般庚</td></tr>
<tr><td>小辛</td><td>父辛</td><td></td><td>小辛</td><td colspan="2"></td><td colspan="2"></td><td colspan="2">小辛</td></tr>
<tr><td>小乙</td><td>父乙</td><td></td><td>小乙
小祖乙
后祖乙</td><td colspan="2">小乙</td><td colspan="2">小乙
后祖乙</td><td colspan="2">小乙</td></tr>
<tr><td>妣庚</td><td>母庚</td><td></td><td>妣庚</td><td colspan="2">妣庚</td><td colspan="2"></td><td colspan="2">妣庚</td></tr>
<tr><td>兄丁（十一世）</td><td>兄丁</td><td></td><td></td><td colspan="2"></td><td colspan="2"></td><td colspan="2"></td></tr>
<tr><td>兄戊</td><td>兄戊</td><td></td><td>父戊</td><td colspan="2">祖戊</td><td colspan="2"></td><td colspan="2"></td></tr>
<tr><td>武丁</td><td>（武丁至此）</td><td>父丁</td><td>父丁</td><td colspan="2">后祖丁</td><td colspan="2">后祖丁</td><td colspan="2">武丁</td></tr>
<tr><td>妣辛</td><td></td><td></td><td>母辛</td><td colspan="2">妣辛
后妣辛</td><td colspan="2"></td><td colspan="2">妣辛</td></tr>
<tr><td>妣癸</td><td></td><td></td><td></td><td colspan="2"></td><td colspan="2"></td><td colspan="2">妣癸</td></tr>
<tr><td>妣戊</td><td></td><td></td><td></td><td colspan="2"></td><td colspan="2"></td><td colspan="2">妣戊</td></tr>
<tr><td>祖己（十二世）</td><td></td><td>兄己小王兄己</td><td>兄己小王兄己</td><td colspan="2">父己小王父己</td><td colspan="2">祖己</td><td colspan="2">祖己</td></tr>
<tr><td>祖庚</td><td></td><td>（祖庚至此）</td><td>兄庚</td><td colspan="2">父庚</td><td colspan="2">祖庚</td><td colspan="2">祖庚</td></tr>
<tr><td>祖甲</td><td></td><td colspan="2">（祖甲至此）</td><td colspan="2">父甲</td><td colspan="2">祖甲</td><td colspan="2">祖甲</td></tr>
<tr><td>妣戊</td><td></td><td></td><td></td><td colspan="2">母戊</td><td colspan="2"></td><td>妣戊</td><td></td></tr>
<tr><td>廪辛（十三世）</td><td></td><td></td><td></td><td>（廪辛至此）</td><td>兄辛</td><td>父辛</td><td></td><td></td><td></td></tr>
<tr><td>康丁</td><td></td><td></td><td></td><td></td><td></td><td>父丁</td><td></td><td>康丁</td><td>康丁
康祖丁</td></tr>
<tr><td>妣辛</td><td></td><td></td><td></td><td></td><td></td><td>母辛</td><td></td><td>妣辛</td><td></td></tr>
<tr><td>子癸（康丁之子）</td><td></td><td></td><td></td><td></td><td>子癸（康丁至此）</td><td>兄癸</td><td>父癸</td><td></td><td></td></tr>
<tr><td>武乙（十四世）</td><td></td><td></td><td></td><td></td><td></td><td>（武乙至此）</td><td>父乙</td><td>武乙</td><td>武乙
武祖乙</td></tr>
<tr><td>文武丁（十五世）</td><td></td><td></td><td></td><td></td><td></td><td></td><td>（文武丁至此）</td><td>父丁</td><td>文武丁
文武帝
文武宗</td></tr>
<tr><td>妣癸</td><td></td><td></td><td></td><td></td><td></td><td></td><td></td><td>母癸（帝乙至此）</td><td>妣癸（帝辛时）</td></tr>
</table>

卜辞五期称谓表

商代后期

1. 盘庚

【图版】

(1)

(2)

(2局部)

(3)

【释文】

(1) 庚辰卜,王宾南庚[1]𣋡[日,亡]拇(吝)。

甲申卜,王宾𪞅(阳)甲[2]𣋡日,亡拇(吝)。

庚寅卜,王宾盘庚𣋡日,亡拇(吝)。

乙卯卜,王宾小乙[3]𣋡日,亡[拇(吝)]。

(2 局部) 阳甲史事[4],其延盘庚[5]、小辛[6],王受又(祐)。

弜(勿)延[7]。

(3) 父甲牡。父庚牡。父辛牡[8]。

【著录】

(1) =《合集》35726　(2) =《屯南》738　(3) =《合集》2132

【注释】

[1] 南庚:见《史记·殷本纪》,祖乙之孙、沃甲之子。与祖丁为堂兄弟。上世纪 80 年代小屯一号建筑基址被认定为武丁早期举行祭祀的宗庙性建筑,遗址出土一件有"武父乙"三字铭文的铜盉(考古编号 F1:1),当是武丁祭祀其父小乙时用的礼器。

[2] 𪞅甲:即《史记·殷本纪》之"阳甲",祖丁之子、盘庚之兄。

[3] 小乙:见《史记·殷本纪》,祖丁之子、武丁之父。卜辞中又称"小祖乙"(如《合集》23171)、"毓祖乙"(如《合集》23170)。卜辞说,商王亲临祭祀现场,为小乙举行"𣋡"祭。"𣋡"祭说成"𣋡日",犹如"翌"祭说成"翌日"(例见本章"岳、河、夒"条)。

[4] 事:商代文字写作""、"",表示手拿某种工具(狩猎用具或者文具之类),表示有事、从事。后世分化为"史"、"吏"、"事"、"使"等数个词。这里可能是指祭祀活动。《周礼·春官·大宗伯》"以吉礼事邦国之鬼神示"郑玄注:"事,谓祀之、祭之、享之。"

[5] 盘庚:《史记·殷本纪》以为祖丁之子、阳甲之弟、小乙之兄。盘庚把都城迁到今河南安阳市殷都区洹河北岸(学者认为即考古发现的洹

北商城)。《尚书》有《盘庚》三篇,述迁都之事。《汉书·翼奉传》称赞说:“昔者盘庚改邑,以兴殷道,圣人美之。”从中丁开始,历经外壬、河亶甲、祖乙、祖辛、沃甲、南庚、阳甲,前后九位商王。《史记·殷本纪》云:“自中丁以来,废嫡而更立诸弟子。弟子或争相代立,比九世乱。于是诸侯莫朝。”这个乱局前后持续约一个半世纪之久,史称“九世之乱”。

[6] 小辛:《史记·殷本纪》以为祖丁之子、盘庚之弟、小乙之兄。

[7] 此句占卜问,准备祭祀阳甲,顺便祭祀盘庚、小辛,商王会不会受福佑。反面贞卜时,省略为“弜延”,是“不宜顺便祭祀盘庚、小辛”的意思。其中“弜”字甲骨文写作“”、“”、“”、“”,这个“弜”字传世古籍作“柲”,也称为“弓檠”,用来固定、保护弓身。用作否定词读为“勿”(参看本章“王亥、王恒”条),是对必要性的否定,相当于现代汉语说“不要”、“不该”、“不宜”。

[8] 父甲、父庚、父辛:这里是武丁称阳甲、盘庚、小辛三位伯父。羊:指祭祀时用公羊作牺牲。

【延展阅读】

卜辞有“三祖庚”(如《合集》22188),商先王以“庚”为号,依次有大庚、南庚、盘庚、祖庚。按次序数,“三祖庚”是盘庚。类似词组又如:

二祖丁,例见《屯南》2364。三祖丁,例见《合集》27180。四祖丁,例见《合集》35714。关于“二祖丁”,一说指沃丁,一说指大丁。“上甲六示”中有“匚丁”,是第一个以“丁”为号的先公先王。此后依次有大丁、中丁、祖丁、武丁、康丁、文丁,共计7位“丁”名先公先王。因此,计入匚丁,二祖丁是大丁;不计入,二祖丁就是中丁。关于“三祖丁”和“四祖丁”,或说是“中丁”和“祖丁”,或说是“祖丁”和“中丁”。王国维先生按“大丁、沃丁、中丁、祖丁”的次序计算,吴俊德先生按“匚丁、大丁、中丁、祖丁”的次序计算。算法不同但结论相同。郑慧生先生认为,这种序数其实是从后代商王向前数。所以他按照“康丁、武丁、祖丁、中丁”的次序计算,和王、吴两先生的结论相反。

又如:二祖辛,例见《合集》27340。三祖辛,如《合集》32658。关于前者,陈梦家先生指出是“祖辛”之子“小辛”。关于后者,郭沫若先生认为是

“廪辛”，在“祖辛”、“小辛”之后。

卜辞自“上甲”开始，商王称号一例使用天干名。为什么会这样，说法已有十多种。但还没有哪一种解释得到普遍认同。汉代学者有“生日说”。可以理解为，大乙是“乙丑”日生，大甲是“甲子”日生。近代以来，董作宾先生有“死日说”，仿前例，也就是说大乙在“乙丑”日去世，大甲在“甲子”日去世。后来李学勤先生提出“卜选说”。李先生缀合了《库方二氏所藏甲骨集》985 和 1106 两个摹写的肋骨片。刻辞内容是为商王选择天干。在商王死后为他选择天干名作称号，目前来看或许是最有理有据的解释。

通过占卜的方式选择，结果是选用的天干字使用频率大不相同。自上甲以下，到帝乙结束，“甲”、“乙”、“丁”三个天干使用最多，分别为 7、6、7 次。“癸”只使用 1 次。“庚”、“辛”分别 4、3 次，“丙”、“己”、“壬”各 2 次。不过，使用频率最高的“甲”，没有出现“三祖甲”、“四祖甲”、“五祖甲”等称谓。使用了 7 次的“丁”，实际也没有“五祖丁”、“六祖丁”。因而，什么场合下加序数，以及加序数字的真正用意，似乎都还不清楚。不过，回过头再看“生日”、“死日”两种说法，就觉得不太可信。在甲、乙、丁三个日子出生或去世的如此多，似乎有点离奇。如果是卜选，理解起来要容易一些。

2. 武丁

【图版】

【释文】

丁丑卜，贞：王宾武丁[1]，伐十人、卯二牢、鬯。［亡拇（吝）。］
庚辰卜，贞：王宾祖庚，伐二……卯牢、鬯。亡拇（吝）。
……卜，贞：……庚祖丁[2]，伐……人、卯二牛、鬯一卣。亡拇(吝)。

丁酉卜,贞:王宾文武丁[3],伐十人、卯六牢、鬯六卣。亡拇(吝)。

……拇(吝)。

【著录】

《合集》35355

【注释】

[1] 武丁:见《史记·殷本纪》等,小乙之子。学者据卜辞天文定年,推算武丁在位年代约为公元前1250年至公元前1192年。《书序》:"高宗梦得说。"孔传:"(高宗,)盘庚弟、小乙子。名武丁。德高可尊,故号高宗。"《礼记·丧服四制》:"《书》曰:'高宗谅暗,三年不言。'善之也。王者莫不行此礼,何以独善之也?"曰:"高宗者,武丁。武丁者,殷之贤王也。……当此之时,殷衰而复兴,礼废而复起。故善之。……故谓之'高宗'。"典籍所见殷高宗的主要战功是"伐鬼方"。周代金文也有"鬼方",是军事实力强劲的西北古族。但甲骨文的"鬼方"从未和商王为敌,尚未出现"伐鬼方"的支撑材料。传世文献对殷高宗伐鬼方的描述,也许是受周代文献影响而然。至于甲骨文所见"鬼方",学者以为可能和《殷本纪》位列"三公"的"九侯"同族(九侯,或作鬼侯)。武丁即位后,把都城迁移到今河南安阳市殷都区洹河南岸小屯村一带。①

[2] 庚祖丁:即"康祖丁",亦即武丁之孙康丁。见后文"武乙"条注。

[3] 文武丁:即《史记·殷本纪》之"太丁",康丁之孙,商纣王之祖父。

【延展阅读】

自古以来,有明君必有贤臣。武丁在商周时代享有盛名,相得益彰的名臣,也有甘盘、傅说等人。

---

① 今天通称的"殷墟",狭义上只指武丁以后的殷商都城遗址,广义上则包括洹北商城(盘庚、小辛、小乙三位商王建在洹河北岸的都城)。

董作宾先生认为，武丁卜辞中的“**𠂤**般”就是“甘盘”。他认为后世所说的“甘盘”，“甘”是“**𠂤**”的错字，“盘”是“般”的通假字。《尚书·说命》及孔安国传说，武丁即位之前曾“旧学于甘盘”。具体学了什么，学文还是学武，已不可知。卜辞中“**𠂤**般”的材料不算少，但内容较单一，主要是带兵出征。下图为《合集》4213，写着“令**𠂤**般比东”。“比”为联合，“比东”是联合东地的力量作战。

如按《尚书》之说，甘盘实是帝师。可惜从现有的甲骨文资料看不出“**𠂤**般”的地位有什么特别。

另一名臣傅说，在卜辞中也还没有找到。自古相传，武丁梦见自己得到一位圣人，协助治国。于是按照梦中所见圣贤模样，画成图像，四处寻访。后来在傅岩这地方，找到一个“胥靡”（服劳役的奴隶），和画中人相似。武丁接见了他并与之论道，深信他就是梦中的圣贤。于是安排他辅助治国。商朝的发展随之步入全盛。典籍如《尚书》、《国语》、《孟子》等都讲过武丁寻访傅说的故事。其它古书的零星记载就更多，不过大多是彼此重复的。韩江苏先生等认为，傅说可能是九世之乱时，在政治斗争中失利或落难的贵族。所以他有较高的文化水平。武丁求贤，恢复一些旧贵族的权力，以期获得支持。此说至少从逻辑上看是有道理的——例如说，在那个时代，真正的草民目不识丁，通灵跳神还有可能，治国治民是无论如何都不可能的。可惜时代久远，史料缺乏，无从深究。

出土文献中，清华简第三册公布了一种战国古本《说命》，举世轰动。清华简本《说命》有上、中、下三篇，核心内容是记载武丁寻访傅说以及君臣对话。不少句子能和先秦古书所引《说命》佚文对应，少量也可以和今传所谓“伪古文”《尚书·说命》对应。[①] 例如第 2、3 两枚简的文句，武丁如是说：“说，听戒朕言，渐之于乃心。若金，用汝作砺。……敬之哉！启乃心，沃朕心。若药，不瞑眩，越疾罔瘳。”今本《尚书》有大致相似的语句。大概在周代已经是很古老的格言。

① 参看李学勤主编：《清华大学藏战国竹简》（叁），中西书局，2012 年。

3. 祖甲

【图版】

（1）

（2）

（2 局部）

【释文】

（1）己巳卜，贞：王宾祖己[1]壴，亡拇（吝）。

庚午卜，贞：王宾祖庚[2]壴，亡拇（吝）。

（2 局部）癸未卜，贞：王旬亡忧，甲申翌日祖甲[3]。

【著录】

（1）＝《合集》35866　　（2）＝《合集》35745

【注释】

［1］祖己：这里指《史记·殷本纪》武丁的嫡长子，史称“孝己”，未继承王位。甲骨卜辞有“小王父己”，所谓“小王”，或许正是未即位的体现。

［2］祖庚：见《史记·殷本纪》，武丁之子、孝己之弟。

［3］祖甲：见《史记·殷本纪》，武丁之子、祖庚之弟。古人又称之为“帝甲”。《尚书·无逸》：“自殷王中宗、及高宗、及祖甲、及我周文王，兹四人迪哲。”马融、郑玄等汉代学者认为，其中“祖甲”就是指武丁之子祖甲。

翌日，等同于五种祭祀中的“翌”祭（参看本章“三报二示”条）。

【延展阅读】

武丁太子曰孝己，在历史上以孝行闻名。《战国策・秦策一》：“孝己爱其亲，天下欲以为子。”《荀子》在《性恶》中将曾参、闵子骞和孝己并列为古代著名的孝子，又在《大略》中说：“虞舜、孝己，孝而亲不爱。”

可是这样一个有孝行的人，当时却得不到他父亲的好感。自古相传，武丁信后妻之谗，放逐孝己。孝己流放，未能继位而死。

王国维先生曾经说，卜辞所见“祖己”，有的就是指孝己。如《合集》35865，属于黄组卜辞。黄组卜辞的时代范围，早到武乙之子文丁，晚到商纣王之父帝辛的时代。辞中的“祖己”，很符合“孝己”的身份——他是武乙的祖父、文丁的曾祖父。王先生还指出，祖庚、祖甲的卜辞中有“兄己”，也是指乃兄孝己。此外，康丁时代的卜辞中有“小王父己”（《合集》28278），于省吾先生等认为，也是指孝己。

不过，雍己等商王因为不是直系先王，所以不能享受周祭。古书众口一词，都说孝己还没有继位就已去世。他为什么可以和其他直系先王一起接受周祭？按学术界的习惯，都说是古书记录有误。

古书中有些说法明显是后起的。如《尸子》说，孝己侍奉武丁就寝，“一夜五起，视衣之厚薄、枕之高下也”。晨省昏定，夏扇枕、冬温被，后世流传的“二十四孝”就有类似故事（所谓“扇枕温衾”）。很难说殷商时已经有这种观念。《尸子》这样写孝己，或许是受儒家孝道思想的启发。

孝己的兄弟，后来即位的“祖甲”，是商朝有影响的君主，直到周朝，还有政治家称赞他的作为。例如注中所引《尚书》，他被称为四位“哲”王之一。祖甲在位时曾推行改革，涉及历法、祭祀典礼、占卜方式等数个方面。

史书又称，祖甲“乱汤之法”。《左传・昭公六年》：“商有乱政而作汤刑。”惠栋注：“盖自祖甲以后，刑始颇①矣。”祖甲作汤刑，依据主要是《竹书纪年》。推想当时的改革可能招来一些人反对。《左传・昭公六年》述郑子产铸刑书，晋国叔向特地致信表示批评，说子产不该“弃礼而征于

---

① 颇：不正、不平。刑颇，即今“执法不公”。

书”。以今天的立场看，铸刑书很可能是颁布成文法典，很有进步性。但是在保守的一方看来，正是不可容忍之事。以叔向之明智，也看不懂其中的进步意义。而这种改革，自然会被看成是对固有办法的破坏。祖甲的改革之所以是“乱汤之法”，或许也是保守一方给予的评价。

相传“汤刑”有三百，根据甲骨文字所见“刑”的种类看，死刑之外，主要是肉刑和徒刑。以肉刑为例：

甲骨文“”，会以刀去势之意，即后世所说的“宫刑”。这种刑罚虽然不直接取人性命，但给人造成的身体伤害和精神伤害极其严酷。传世文献提及宫刑，例见《尚书·吕刑》，古人认为是淫罪的专用刑罚。甲骨文资料残缺，看不出这个意思。

又有“”，会以锯去足之意，即后世所说的“刖刑”。甲骨文记录的“刖刑”常常针对一群人，而非个人。如《合集》580 正面的卜辞刖“八十人”，《合集》1043 则是刖“百人”。又如以下为《合集》861，其局部卜辞为：

□□（干支）卜，争贞：刖𡴂，不……

其中被处“刖”刑的人是“𡴂”，以往胡厚宣先生认为此字是“往”的异体，在此读为亡命之徒的“亡”。现在多认为是甲骨文“逃逸”之“逸”的异体、甲骨文“逸”写作“”，会摆脱桎梏逃走之意。“刖逸”指逸者被抓而后施以刖刑。

德国科伦东亚美术博物馆收藏的一片武丁时代卜甲刻辞残文，李学勤先生介绍说有“劓”、“刵”、“刖”三字。“劓”是割鼻，“刵”是割耳，和“刖”以类相从。传世文献中，《尚书·康诰》也有“劓刵”连用之例。李先生分析认为，劓、刵的刑罚等级相当，文献中常常只用“劓”作代表，“刵”刑逐渐被后世遗忘。清代学者因此怀疑《康诰》的“刵”是“刖”之误。据科伦东亚美术博物馆这片卜甲，就可以确定商代以来确实有“刵”刑，和“刖”同属肉刑，级别略轻。

4. 武乙

【图版】

（1）

（2）

（3）

【释文】

（1）丙子卜，贞：康祖丁[1]其牢羊。

惠羊。

甲戌卜，贞：武祖乙[2]宗丁，其牢羊。

（2）丁酉卜，贞：王宾执[3]自上甲至于武乙，卒[4]，亡拇（吝）。

（3）甲子卜，贞：武乙宗[5]□[6]其牢。

……其……用

丙寅卜，贞：武丁□其牢。

【著录】

（1）=《合集》36080　（2）=《合集》35439　（3）=《合集》36076

【注释】

[1] 康祖丁：即康丁（《合集》36290），《史记·殷本纪》之"庚丁"，武丁之孙。"庚"是"康"的音符。卜辞又作"庚祖丁"，已见前"武丁"条。据《史记·殷本纪》，康丁之兄"廪辛"先继承王位，传位给康丁。廪辛非直系先王，不受周祭。卜辞未见"廪辛"，《合集》32658有"三祖辛"，或说即廪辛。《合集》36281又称"康"，是"康丁"的省略。

[2] 武祖乙：即《史记·殷本纪》之"武乙"，武丁之孙。文武丁（即《史记》"太丁"，已见"武丁"条注释）之父、帝乙之祖父、商纣王之曾祖父。

[3] 执：或认为甲骨文"执"字常表示抓获猎物或俘虏，此处指用俘虏作祭祀的牺牲。王宾：商王亲临。

[4] 卒：结束。

[5] 武乙宗：指武乙的宗庙。

[6] □：写法和"丁"接近。或认为这个字在甲骨文中表示一种祭祀，字形为四面围墙的建筑，就是四方形的"方"字，用作祭祀名，读为传世文献中"祊"祭的"祊"。

【延展阅读】

古书记商王武乙之事，有"射天笞地"的神奇行为。

所谓"射天"，是张弓对天射箭。"笞地"，是鞭笞大地（也说成"击地”)。《史记·殷本纪》:“武乙无道,为偶人,谓之天神,与之搏,令人为行,天神不胜,乃僇辱之。为革囊盛血,仰而射之,命曰射天。”①大意是说,武乙这人很荒谬,他做了一个木偶,代表天神。天神由他安排的人操作,跟他搏击。天神战败之后,他又用皮袋装血,仍然代表天神。弯弓射箭,要把天神射死。《史记》写完这事之后,几乎有点幸灾乐祸地写到:“武乙猎于河渭之间,暴雷,武乙震死。”闹剧最终以悲剧收场。

商朝灭亡后,周朝人把商王室的一支分封到宋国。宋国又出了个喜剧色彩很浓的国主。《战国策·宋卫策》说:“今宋王射天、笞地,铸诸侯之象,使侍屏匽,展其臂弹其鼻。此天下之无道。”这大概是战国时代流行的故事。除了射天笞地,又有新内容。他铸造了当时其他诸侯国君的塑像,让他们侍奉自己,又把诸侯们的手臂舒展开,拿指头弹击他们的鼻子。比之武乙,可谓有过之而无不及。

武乙射天,或说有巫术色彩,属于一种厌胜的法术。还有学者进一步落实说,武乙射的天神,象征周人的信仰神。这当然不无道理。但也可能只是简单的发泄。史书记载这类事,可能只是为了体现他们性格的暴戾。

据史书记载,南朝时,萧齐东昏侯到乐游苑散心,忽然随从和车驾马匹发生骚乱,好像被什么东西吓到了。东昏侯向亲近的侍臣朱光尚咨询。朱氏深感这是进谏的好机会,对东昏侯说:“这是明帝②鬼魂显灵,要你减少游玩活动。”东昏侯大怒,“乃缚菰为明帝形,北向斩之,悬首苑门”。用茭笋草扎个草人,代表齐明帝,然后将其斩首示众。

仍是南朝,梁邵陵王萧纶任南徐州刺史,行事不端,被梁武帝严厉斥责并革职。萧纶深感不快,“乃取一老公短瘦类帝者,加以衮冕,置之高坐,朝以为君,自陈无罪。使就坐剥褫,捶之于庭”。竟然找了一个身体形貌和梁武帝相似的老翁,扮演武帝。自己先是按规矩觐见,在“武帝”面前自我辩解。然后命人上前脱了“武帝”的衣服,拉到庭院里边暴打一顿。木偶人已经满足不了他的要求,直接用活人上场。

东昏侯不听大臣劝谏,不顾道德伦理之情,为满足游乐,以至于“人挡

① 时代较晚的《金楼子》一书,把《史记》从“不胜”后分开,分别写成帝乙搏天、武乙射天两件事。

②《南史》作“明帝”,《资治通鉴·齐纪十》记此事,作“高宗”。“高宗”是齐明帝的庙号。东昏侯是明帝次子。

杀人、佛挡杀佛”。邵陵王所作所为,也近乎丧心病狂。但从他们的日常行事作风来看,这都只是发泄一时的不快,基本没有厌胜的意思。而且,从另一个侧面说,性格暴戾之人,未必瞧得上那些旁门左道之术。

第二章　军事政治类

商

1. 大邑商

【图版】

（1）

（2）

（2 局部）

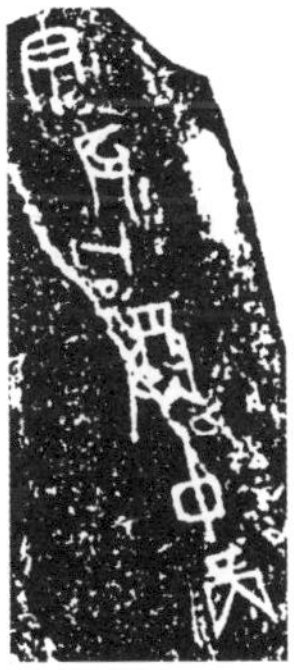

（3 局部）

(3)

(4)

(4 局部)

【释文】

(1) 辛卯卜,王入商[1]。

(2 局部) 丙午卜,在商贞:今日步于乐,无灾。

(3 局部) 庚辰卜,冎入中商[2]。

(4 局部) 辛卯卜,贞:在獄天邑商[3]公宫,卒兹夕亡忧[4]。宁。

辛酉卜,贞:在獄天邑商公宫,卒兹夕亡忧。宁。

【著录】

(1)《合集》= 20585 (2) =《合集》36501 (3) =《合集》20587 (4) =《合补》11248

【注释】

［1］入商：进入都城，或指进入王畿地区。

［2］《合集》20586 作“□”。字不识。

［3］天邑商：又称“大邑商”，见于黄组卜辞，即帝乙、帝辛时代的首都。

［4］卒：终，尽，完成。卒兹夕的意思是“尽今晚”，卜辞说整个晚上都没有不好的事。

【延展阅读】

史称商王朝建立前，“自契至成汤八迁”（《尚书序》），但具体迁徙地望不详。古人说话在数字上不追求精确，很难确定“八”是不是实数。加之现在考古发掘的先商文化遗址分布范围很广又缺少出土文字资料，要找到这些时期商人的政权中心，如同大海捞针。结合考古学、文献学的成绩，王朝建立后的情况要相对清晰一些。

建立王朝后的都城，文献称为“亳”，邹衡先生指出就是郑州商城，也称“郑亳”。该城址的城墙自 1986 年以来逐渐发掘，北墙长约 1 690 米，西墙长约 1 870 米，南墙和东墙长度均为 1 700 米。在目前发掘的商代城址中规模仅次于殷墟。在周长约 7000 米的城墙上，共发现 11 处缺口，学者推测为当时的城门。城内东北部为宫殿区。根据出土器物，分为四期，第一、二、三期为早商，第四期进入中商。以下是郑州商城夯土城垣及城垣发掘探沟平面图①：

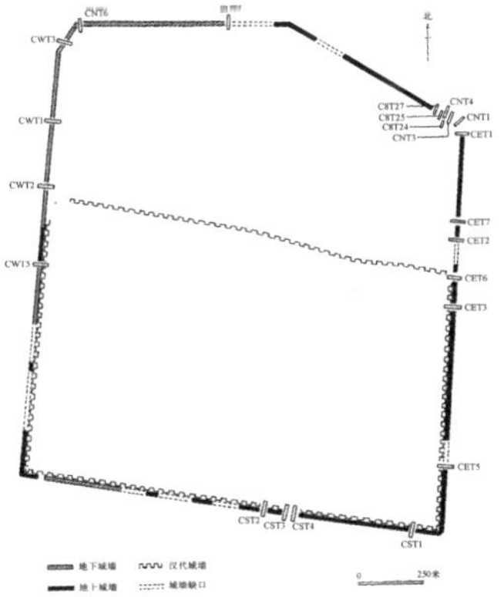

① 河南省文物考古研究所编著：《郑州商城：1953～1985 年考古发掘报告》，第 179 页，文物出版社，2001 年。

城内宫殿区分布有若干夯土基址，学者以为其中有一些是宫殿台基遗迹，并据以制作过宫殿区第一夯土基址小区黄委会科研所院内宫殿基址C8F15复原图：①

小双桥遗址，学者认为是中丁时的都城“隞”。有学者认为，小双桥和郑州商城距离太近（大约20公里），看不出迁都的必要性。这当然是一个值得探讨的问题。但小双桥遗址延续的时期并不长，从中丁迁都于此，不到二十年后，他的兄弟河亶甲即位，就迁都到“相”（传统说法在今安阳地区，至今尚未确认）。历史上说中丁以后商朝有“九世之乱”，很可能是围绕王位继承权问题发生宫廷纠纷（参看第一章“阳甲”条）。从郑州商城迁到此处，在当时或许就带有临时性。

1983年以来在偃师尸乡沟发掘的商代早期城址，除南面城墙被洛水冲毁，其它三面分别有1 240米（北）、1 710米（西）、1 640米（东）的城墙，共有城门遗迹7处。学者或认为是文献所记“西亳”，或认为是商王太甲被伊尹流放后所居的“桐宫”。

最近公布的清华简《汤处于汤丘》，②讲商汤灭夏之前和伊尹的故事。整理者认为“汤丘”的“汤”读为“唐”，指陶唐氏的旧地，今山西南部。到目前为止，商代文字资料中并没有“汤”字。甲骨文商汤的“汤”都是写成“唐”（参看第一章“商汤”条）。西周的“唐”出现了音符“昜”，但从字形上分析是“觞”的异体字，并不是“汤”字（例如本章“周”条提到的文王玉环，及下文提到的晋公盆铭文）。战国简文字才有从水从昜的“汤〔湯〕”。

在“崇侯”条会提到“文王玉环”。上面写着周文王和“唐人”联手攻打崇国的事。“唐”这个诸侯国，后来也被西周消灭，土地封赐给周人的王

① 河南省文物考古研究所编著：《郑州商城：1953～1985年考古发掘报告》，第249页，文物出版社，2001年。

② 李学勤主编：《清华大学藏战国竹书》第五册，中西书局，2015年。

子，这就是后来东周时代盛极一时的霸主晋国。《史记·晋世家》：

晋唐叔虞者，周武王子而成王弟。初，武王与叔虞母会时，梦天谓武王曰："余命女生子，名虞，余与之唐。"及生子，文在其手曰"虞"，故遂因命之曰"虞"。武王崩，成王立，唐有乱，周公诛灭唐。成王与叔虞戏，削桐叶为圭以与叔虞，曰："以此封若。"史佚因请择日立叔虞。成王曰："吾与之戏耳。"史佚曰："天子无戏言。言则史书之，礼成之，乐歌之。"于是遂封叔虞于唐。唐在河、汾之东，方百里，故曰唐叔虞。

其中梦见天神说话的部分，见于《左传》，而削梧桐树叶的部分，见于《吕氏春秋》。天帝托梦，富有远古政治学说中常见的神话色彩，而"桐叶封弟"，像是脱胎于民间故事。只论故事情节，《史记》糅合这两者并不十分精彩，天帝托梦和成王分封，中间缺少必要的过渡环节。何况春秋时代的晋公盆铭文说"我皇祖唐公，左右武王"（《集成》10342），姬姓唐国的封建既不可能是儿戏之事，大概也不是武王死后才发生的。但两个故事都围绕着姬姓唐国的封建展开，他们共有的历史材料就是西周灭了古代的唐国，并把他们的土地封赐给姬姓贵族。

类似"某丘"的地名，在先秦时代十分常见，其中有一些往往和上古著名人物有关。例如黄帝居"轩辕之丘"（例见《史记》），也称"轩辕丘"（例见《山海经》和《淮南子》）；颛顼的故都被称为"帝丘"（例见《左传》杜预注）；少昊氏的出生地"穷桑"，也称"桑丘"（例见《拾遗记》）。"唐丘"之名和陶唐氏帝尧也是相应的。相传帝尧的政权中心在今山西南部，也算是"唐"人，故又称"唐尧"。郭店简《唐虞之道》"唐"写作"汤"。

可见，战国竹简所说的"汤处于汤丘"，按商代用字习惯，正应该写成"唐处于唐丘"。有学者根据山西南部考古发掘的二里岗商文化遗存，认为垣曲盆地早已有商人生活，垣曲商城（参看本章"四土、四方"条）是王朝建立以后为了加强对晋南控制而修建的城邑。至于商汤为什么到晋南，试按索隐派的方法分析：商汤名"唐"，灭夏之前在"唐丘"活动，或许有自命唐尧继承人、取代夏王朝的政治意图。

2. 四土、四方

【图版】

(1)

(1 局部下)

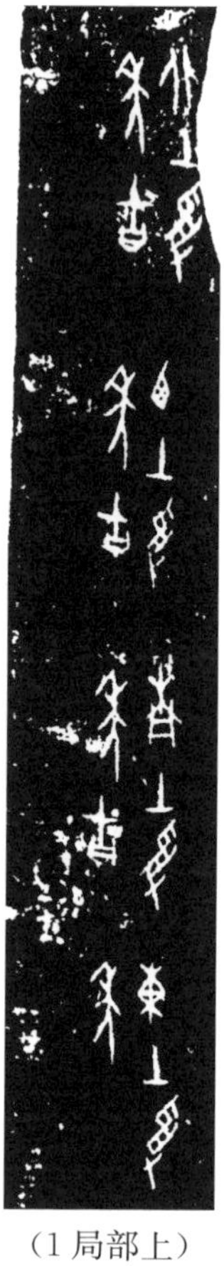
(1 局部上)

【释文】

(1 局部上):己巳王卜,贞:[今]岁商受[年]。王占曰:吉。

(1 局部下):东土[1]受年[2]。

南土受年。吉。
西土受年。吉。
北土受年。吉。

【著录】

（1）＝《合集》36975　　（2）＝《合集》36975

【注释】

［1］土，指疆土。《尚书·皋陶谟》：“达于上下，敬哉有土。”东土、南土、西土、北土，分别指东方、南方、西方、北方的国土。本片卜辞以四“土”和“商”的农业收成并列，由于都城中不存在作物丰收的问题，“商”应该理解为王都及周边，也就是周代以后所说的“畿内”或“王畿”地区。

［2］年，农作物收成。《说文》：“年，谷熟也。”甲骨文写作“”、“”、“”等，从禾、从人，人也作音符。卜辞是问，今年商地会不会有好年成，之后分别占卜东、南、西、北四方国土的收成情况。

【延展阅读】

商汤代夏以后，经营的重点是“有夏之居”，大致在山西南部和河南西部，以黄河中游平原地带特别是伊洛流域为中心。

王朝逐步稳定，疆土也逐步扩大，与之相应的是早商文化遍地开花，大大超过了二里头夏文化的分布范围。如后图所示，①早商文化西入关中，以陕西耀县北村、西安老牛坡遗址为代表；北达河北北部，以藁城台西遗址为代表；东方进入山东半岛，以济南大辛庄遗址为代表；东南进入巢湖以东，以安徽含山大城墩遗址为代表；南达长江中游，以湖北武汉盘龙城遗址为代表。长江以南的早商文化遗址，湖南岳阳铜鼓山遗址等为代表。

1985 年以来在山西南部发掘的垣曲商城，城址四面有城垣，北城墙保存最完整，长约 330 米，高 3—5 米；城内中部偏东有宫殿遗址，宫殿外

① 图据《中国考古学·夏商卷》第 189 页“早商文化示意图”简化而成。图中实心方框表示“都城”，空心方框表示“城址”，实心三角形表示“遗址”。

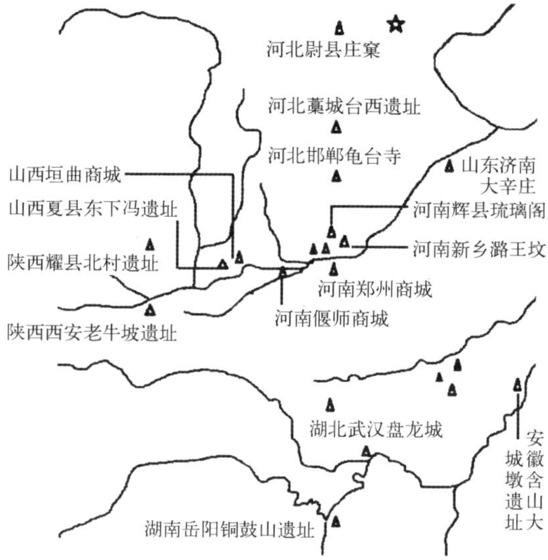

早商文化分布举例图

围有围墙。

商汤灭夏之前驻扎于晋南豫西的唐虞旧地，是为取代夏王朝寻找政治合法性。到中商时代，可能和九世之乱等事件有关，商朝中央的努力从当地退出。但属于晚商时代的殷墟甲骨文仍然可见唐的消息，如《英藏》1105 正还记载商王命人“作大邑于唐土”（到唐地建造一座规模较大的城邑）。这个“唐”具体地望不很清楚，有学者怀疑就在今山西南部。《合集》892 反“唐入十”，一般理解为从唐地进献的某种物品，可以理解为唐地对商王朝有进贡行为。此外，沈建华等先生认为，《英藏》186 的“侯唐”、《合集》973 的“唐子”等资料表明，唐地有商王朝封赐的爵位。那么，晚商时代和中央王朝关系密切的“唐”国，其国名或许正是“古已有之”，不但可以追溯到商汤所居的“唐丘”，再往前还和陶唐氏相关。

和商汤相隔差不多两千年后，又有一个源于山西的大“唐”。史称唐高祖的祖父生前为西魏柱国，受封为“唐国公”。《大唐创业起居注》说，高祖曾出任隋朝的太原留守，他说山西百姓是“陶唐旧民”，又对李世民说：“唐固吾国，太原即其地焉。今我来斯，是为天与。”照唐高祖这么理解，“唐”这个古老的国族名作为今天海外华人聚居地“唐人街”的标志词汇，也算是冥冥中的天意。

王朝诸臣

1. 多子

【图版】

(1)

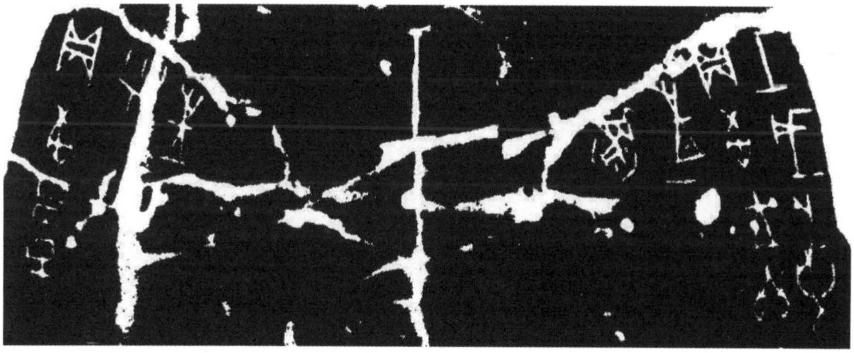

(2局部)

(2)

(3)

(4)

(4 局部)

【释文】

（1）贞：惠子渔[1]烝[2]于大示。

（2 局部）壬戌卜，争贞：惠王自往（坎麋）。①

贞：惠多子[3]呼往。

（3）丁亥卜，亘贞：子商妾[4]娩，嘉。

（4 局部）己卯卜，㱿贞：令多子族[5]比犬侯[6]扑[7]周，㞢王事[8]。五月。

【著录】

（1）＝《合集》14831　（2）＝《合集》787　（3）＝《合集》14036　（4）＝《合集》6812 正

【注释】

[1] 子：商代家族首脑通用的尊称。“子渔”是当时一位名“渔”的王族宗子（家族长）。卜辞说他可以祭祀“大示”，②可见地位非常高贵。甲骨文中，子渔牙疼、眼疼、身体不适，商王都为他举行过消灾祭祀（《英藏》123，《合集》13619、13722）。1977 年发掘的殷墟 M18 出土青铜器铭文有“子渔”（见延展阅读 D），或许是这位王子的墓葬。惠：商周古文字作“”、“”、“”，学者以为是纺砖的表意初文。在甲骨文中，“惠”作语气词用来提示整个句子的焦点，除此以外的句子成分常可以省略。其用法和后来的“唯”很接近，但甲骨文同时又用“隹”表示“唯”（例如本章“妇好”条）。本例是占卜由谁来给大示献祭，是商王，还是子渔。

[2] 烝：献祭。《尔雅·释诂》：“烝，进也。”《诗经·周颂·丰年》：“为酒为醴，烝畀祖妣。”又为祭祀名。《尔雅·释天》：“冬祭曰烝。”郭璞注：“进品物也。”（“品”是种类繁多的意思。）西周烝祭于每年十月举行。

[3] 多子：多名王子。卜辞说，是商王亲自去猎取麋鹿（方法是挖陷

① 参看第五章“麋”字条。

② 大示：直系先王，参看第一章“上甲”条注释。

阱),还是只安排几位王子前行。或认为,甲骨文“多子”之“子”,一般只能理解为王子贵族,不能理解为宗子。

[4] 妾:子商的妻妾之一。子商:名字为“商”的王子。卜辞占卜,子商的一名妾室即将分娩,会不会诞育男婴。①

[5] 多子族:多个“子”的族人。

[6] 犬侯:商王朝西北的古代国族。学者或以为是西周的犬戎,古籍也称犬夷。《后汉书·西羌传》说周穆王“西征犬戎,获其五王”。今陕西、甘肃一带都有地名“犬丘”,学者以为和夏商周时代的西北的犬戎有关。甲骨文中“犬”人和商王朝关系友善,而常常和周人作战。即使进入西周王朝后,犬戎仍然是周人的宿敌。周幽王十一年(公元前 771 年),犬戎攻破西周都城镐京。

[7] 扑:写作“”,学者或认为是表示人在山中采玉,释为璞玉的“璞”;又可表示攻打之意,读为“扑”。

[8] :学者或认为是“叶”字,读为协助的“协”。“事”字参看第一章“盘庚”条。

【延展阅读】

甲骨文的“子”,内容丰富,也比较复杂。

一般来说,“子”是相对商王而言的王子。但是朱凤瀚先生指出,甲骨文中“王族”和“子族”同时并存,明显是有区别的。“王族”是当时“在位的商王以及其诸亲子为骨干而结合其他近亲组合而成的族氏”。甲骨文的“子某”(例如上面举例的“子渔”),通常应该是时王之子,尚未形成独立于王族的家族。也有部分“子某”的“子”是女性称谓。例如《合集》14034 占卜“子目”生男生女,按照卜辞文例,只能是“子目”而不是“子目”的妻妾生育。

和“王族”中的“子某”不同,“子族”虽然也是王子,多数不是当时在位的商王之子,而且已经独立成家。用西周制度对比,王族是大宗,子族是小宗。用后世的习惯用语来说,不如说是“皇叔”。这时,“子”已经成为一种贵族身份,部分可能还和所谓五等爵位中的“子爵”有关。

① 参看本章“妇好”条。

和多子族地位相似的，还有“多子”、“多生”、“多尹”。例如：

(A局部) 惠多生飨。

惠多子[飨。]

(B)甲寅卜，彭贞：其飨多子。

(C局部) 弜(勿)①不飨。惠多尹飨。

(A)

(A局部)

(B)

(C)

(C局部)

(D)

上面(A)、(B)、(C)分别是《合集》27650、27649、27894。《诗经·小雅·彤弓》：“钟鼓既设，一朝飨之。”郑玄笺：“大饮宾曰飨。”商王朝飨多子、多生、多尹，相当于今天说的国宴招待。

所谓“多子”，是包括王族中的“子某”和“子族”而言的。朱凤瀚先生

① “弜”字参看第一章“盘庚”条。

认为，那些先王之子实际已经独立成大家族。即使这些家族已经定居在王都之外，家族之长仍然会在中央王朝任职，犹如西周时代的“卿士”。

关于“多生”，陈梦家先生曾读为“多甥”。直到东周，“甥舅”关系都是中央王朝和诸侯国的纽带之一。《诗经·小雅·伐木》：“既有肥牡，以速诸舅。”孔颖达正义：“天子谓同姓诸侯、诸侯谓同姓大夫皆为父，异姓则称舅。”按诸侯势力，还有“伯父”、“伯舅”、“叔父”、“叔舅”等称谓。例如《左传·僖公九年》周天子就曾称齐桓公为“伯舅”。所谓“多甥”，就是以商王为“舅”。仅仅从伦理学角度看，此说的价值就不容忽视。所谓“一损俱损，一荣俱荣”，商王诸位姐妹的孩子在朝任职而合称“多甥”，也在情理之中。

更常见的是把“多生”读为“多姓”，相当于文献中的“百姓”。《国语·周语中》：“官不易方，而财不匮竭；求无不至，动无不济；百姓兆民夫人奉利而归诸上，是利之内也。”这里“百姓”和“兆民”是并列出现的，在夏商周三代，“百姓”都是如此，传统解释为“百官”。现在不少学者认为，甲骨文的“多生”，是和商王不同姓氏（也就是“异族”）的大贵族，犹如魏晋的“门阀”。考虑到当时官员不可能是平民出身，“多姓”与“多甥”这两种说法并不矛盾。

所谓“尹”，就是“主事”的意思。“多尹”就是百官。李学勤先生则认为，甲骨文的“多尹”乃是指各方国首领，“尹”是“君”的意思。方国首领肯定是商王的异姓，商代的“多尹”，可能相当于西周时代周天子的“诸舅”。

2. 贞人

【图版】

（1）

（3）

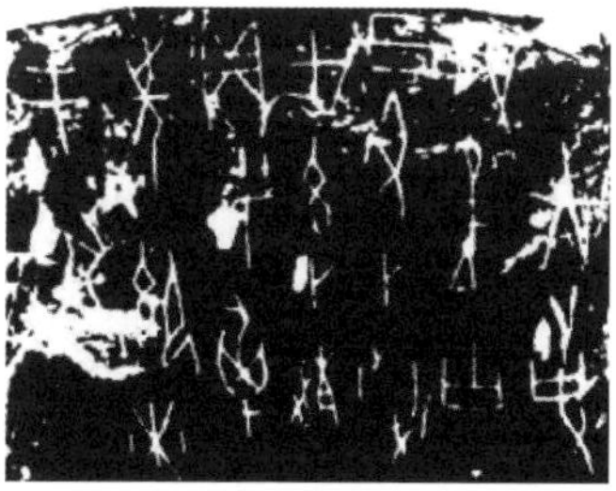

（3 局部）

（2）

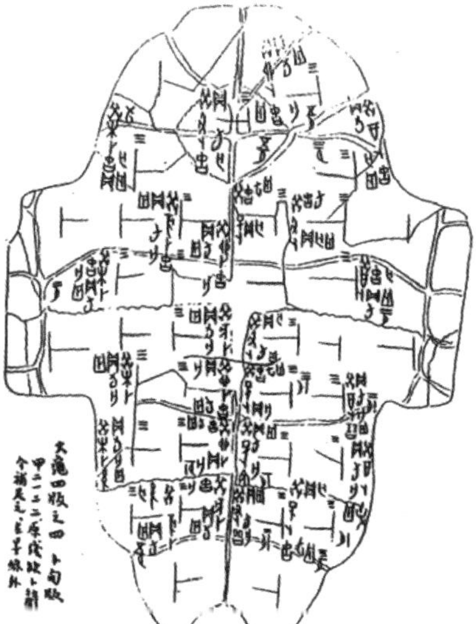

（2 摹本）

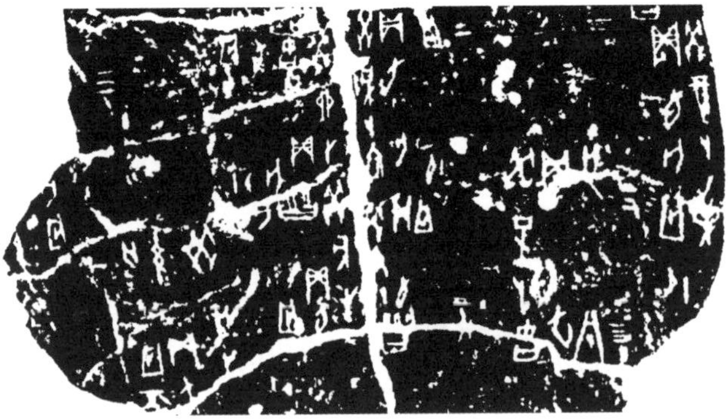

（2 局部）

（2 局部摹本①）

（4）

（4 局部）

（5）

① 见董作宾先生《大龟四版考释》，全版释文的次序，可参《安阳发掘报告》第三期，第 430 页，又郭沫若先生《卜辞通纂》，第 571 页。

（6）

（6 局部及摹本①）

【释文】

（1）[乙]亥卜，𠂤[1]贞：王曰：有孕[2]，嘉？[illegible][3]曰：嘉。

（2 局部）癸酉卜，争贞：旬亡忧。十月。

□□[卜]，[illegible]贞：[旬]亡忧。

癸巳卜，宊贞：旬亡忧。十一月。

癸卯卜，[illegible]贞：旬亡忧。十一月。

癸丑卜，[illegible]贞：旬亡忧。十二月。

癸亥卜，[illegible]贞：旬亡忧。

……

癸巳卜，[illegible]贞：旬亡忧。四月。

……

癸亥卜，[illegible]贞：旬亡忧[4]。五月。

（3 局部）己丑卜，争贞：[illegible]（？）[illegible]王事[5]。

甲午卜，[illegible][6]贞：乎（呼）𠦪先御燎于河[7]。

（4）丙戌卜，大[8]贞：告执于河，燎，沉三牛。

---

① 摹本文字取自《合集补编》41754，但按照《英藏》拓本调整行款。

(5) 丁西卜，[9]贞：王田，于西立，擒。吉。

□□卜，……擒。

(6局部) 癸巳卜，[10]贞：王旬亡忧。

【著录】

(1) =《合集》21071　(2) =《合集》11546　(3) =《合集》177

(4) =《合集》22594　(5) =《合集》28831

(6) =《英藏》2525=《合补》41754

【注释】

[1] 𠂤：古文字用作“师”。这里是武丁在位早期的代表贞人（一般归入“师组”）。在已知的殷墟甲骨文中，“师组”年代最早。

[2] 孕：写作“”，表示人腹中有婴儿，是身孕之“孕”的表意字。由于“身”字在古代也指有身孕，也有学者认为此字是“身”。

[3] ：或隶定为“”，或以为是“扶”的表意字。这里是武丁在位前期的代表贞人（一般归入“师组”）。本片卜辞大意是，某位妃嫔有身孕，商王占卜怀的是不是男婴。占卜的是“师”，根据兆象做判断的是“”（王卜辞中，这种判断通常都是商王亲自为之）。

[4] 争、、宀、、以及局部拓片未举的，是这块龟版上出现的六位“贞人”。第三字读为“宾”；第四字释为“古”，或认为是“古”字。第二、五、六分别释写为“亢”、“㕭”和“𠮷”，都是武丁在位中后期的代表贞人（一般归入“宾组”）。

[5] ：人名。文字不识。卜辞贞问，这个人会不会为商王的事情协力。①

[6] ：一般释为“㱿”，武丁在位中后期的代表贞人（一般归入“宾组”）。

[7] 㠯：人名。卜辞贞问，是否要命令此人“先御燎于河”。

① “协”参看本章“多子”条。

［8］大：祖庚、祖甲在位期间的代表贞人（一般归入“出组”）。

［9］：一般释为“狄”，康丁在位期间的代表贞人（一般归入“何组”）。本例属田猎卜辞，占卜说，某天商王行猎，在猎场西边动手，手到擒来。

［10］：学者以为是游泳之“泳”的表意字。这里是帝乙、帝辛时期的贞人（一般归入“黄组”）。本例卜辞是常规占卜，希望十天之内商王一切顺利。

【延展阅读】

1928年8月，董作宾先生以中央研究院历史语言研究所通信员身份，到河南安阳调查殷墟甲骨出土情况。同年10月，殷墟考古发掘正式开始，董先生是主持人。这次发掘所得甲骨约800片。1929年12月12日，第三次发掘宣布结束，当天下午即将收工时，考古队在“大连坑”（四个比较大而且相连的遗迹坑）南段长方形坑内约3.8米深处，发现四版龟甲叠在一处，保存基本完好，而且写满文字，是为“大龟四版”。①

1931年，董先生在《安阳发掘报告》第三期发表《大龟四版考释》，正式提出甲骨卜辞有记“贞人”之名的现象。甲骨卜辞前辞中（“前辞”简介已见序章），“干支卜×贞”的“×”字，以往有地名、事名、官名、族名等多种理解。董先生认为，应该是“卜问命龟之人”（也就是宫廷占卜师），可以统称为“贞人”。大龟版上共有6个“贞人”，他们同时出现，应是同时期在商王朝任职的史官。当时流亡日本的郭沫若先生读到《大龟四版考释》，盛赞“贞人”的发现“凿破鸿蒙”。②

发现“贞人”之后，董先生全面总结了甲骨断代的“十项标准”：世系、称谓、贞人、坑位、方国、人物、事类、文法、字形、书体。根据这十项标准，把殷墟甲骨文分为五期：一期：盘庚、小辛、小乙、武丁；二期：祖庚、祖甲；三期：廪辛、康丁；四期：武乙、文丁；五期：帝乙、帝辛。

① 十五次殷墟发掘，1936年第十二次发掘所得YH127甲骨坑，1934年4月第九次发掘所得“大龟七版”，都在甲骨学研究中享有特殊地位。大龟七版的发现，参看《石璋如先生访问记录》，第82—84页。

② 1942年，董、郭两先生在重庆实现甲骨学史上的历史性会晤，董先生的纪念文章中说自己同郭先生已有“十年神交”，算起来，缘分也是从大龟四版来的。至于卜辞拓片等引发的资料发表权限问题，在此就不多谈了。

研究材料有了比较明确的时代，使甲骨学和殷商史研究真正成为一门科学。唐兰先生评价董作宾先生最重要的甲骨学贡献就是“区其时代”，①十分得当。不过现在一般认为，殷墟甲骨并没有武丁以前的。其中，第四期的甲骨问题纷争尤其多。能力所限，本书不涉及第四期甲骨分期的研究。

各王在位期间的“贞人”及其文字类型，可参考如下表格：

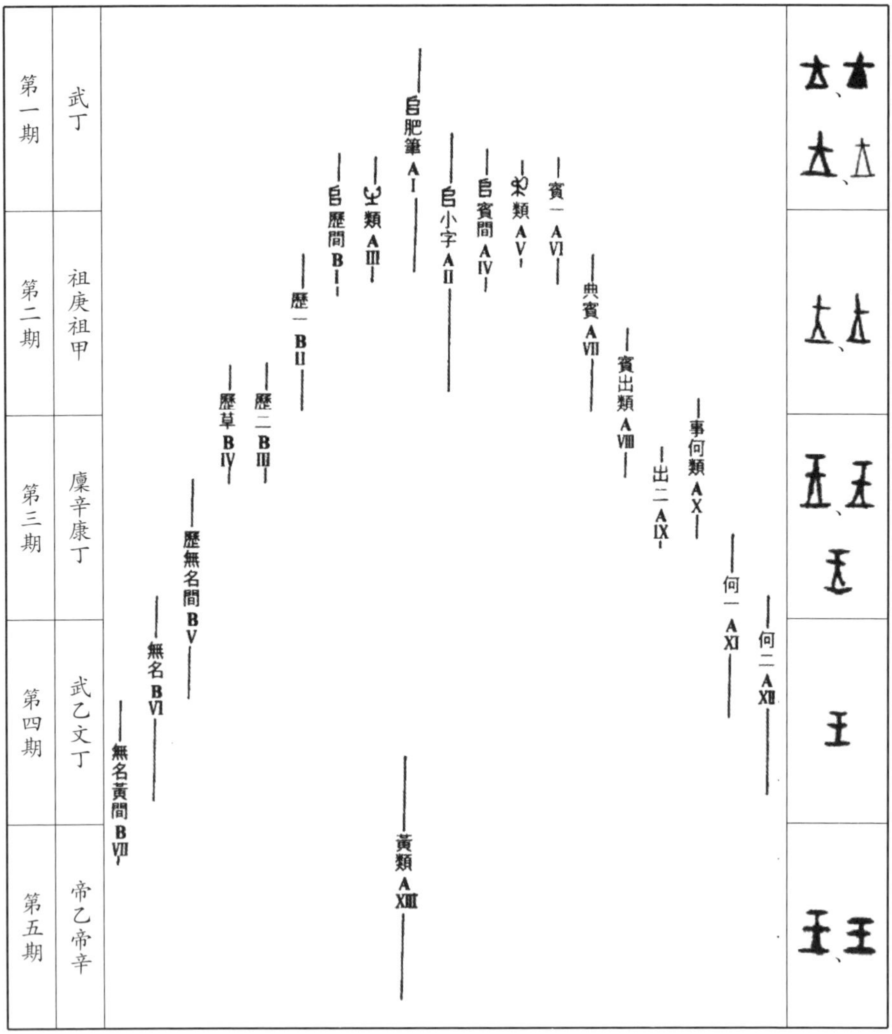

① 原话是：“雪堂（罗振玉先生）导夫先路，观堂（王国维先生）继以考史，彦堂（董作宾先生）区其时代，鼎堂（郭沫若先生）发其辞例，固已极一时之盛。”

上表取自黄天树先生《殷墟王卜辞的分类与断代》“前言”，增加的“王”字形参照《新甲骨文编》第19—20页。

根据《夏商周断代工程1996—2000年成果报告》简本表十三测定的各期甲骨年代，我们制作了如下简表：

商王	样品	著录	碳十四测年(BP)	拟合后日历年代(BC)
武丁	卜骨	《合集》2140 《合集》3089	3069±53 2989±42	1285～1255(0.75) 1255～1195
祖庚 祖甲	卜骨	《合集》1215 《合集》27616	3023±32 2985±32	1235～1210(0.51) 1180～1165(0.24)
廪辛 康丁	卜骨	《合集》27364 《合集》28278	2996±44 3005±32	1200～1185(0.18) 1145～1130(0.25)
武乙 文丁	卜骨	《屯南》2281 《屯南》3564	2961±34 2921±35	1170～1105(0.95) 1135～1085(0.78)
帝乙 帝辛	卜骨	花南H1：6 孝民屯南M1713	2956±38 2868±48	1100～1040(0.94) 960～920(0.94)

“贞人”是占卜事宜的实际操作者。用周代以后的职官系统作参照，“贞人”可理解为《周礼》的“占人”、“卜人”(上级有“卜师”，再上级为“大卜”或“卜正”，大卜的级别为下大夫)，而文书官是“史”(上级有“内史”，再上级为“大史”)。《周礼·春官·大史》也明确说，举行祭祀活动，大卜亲自占卜，大史参与。

自古以来，文书官员被称为“史”，职业是世系传承。他们要到专门的学校去学习，而一般人则禁止进去接受相同的专业教育。直到秦汉时代的法律中依然有明文规定。例如睡虎地秦简《内史杂》：“非史子也，毋敢学学室。犯令者有罪。”(如果不是“史”的孩子，不能进入“学室”学习书写。违反规定一律有罪。)

虽然在传世文献中并没有“学室”这个词，但从律文看，至少秦代曾经存在这样一个学习场所。在汉代，《说文解字》引用汉代的《尉律》也说：“学僮十七已上，始试，讽籀书九千字，乃得为史。”对于识字的数量有明文规定(当然9 000的数量似乎有点太高，不但日常生活中绝对不需要这么多单字，就是文学家也用不到这么多单字)，年龄则至少为17岁。睡虎地秦简的主人名“喜”，在他的《编年纪》上也写着，秦庄襄王三年（公元前279年）8月通过“史”的相关测试（时年19岁）。次年11月，他到安陆担任“令史”（安陆县的文书官员）。殷墟甲骨文的书写者，当时必定也受过相应的书写教育。他们在占卜师用过的甲骨上，把占卜时间、事项等记录下来。

3. 妇好

【图版】

（1）

（1 局部）

（2）

（4）

（3）

【著录】

（1）＝《合集》6480　（2）＝《合集》13714 正　（3）＝《合集》14002 正　（4）＝《合集》17380

【释文】

（1 局部）辛未卜，争贞：帚（妇）好[1]其比[2]沚瞂伐巴方。王自东宎伐。戎陷于帚（妇）好立（位）。

（2）贞：帚（妇）好有疾。

贞：帚（妇）好有疾。惠有害。

（3）甲申卜，㱿贞：帚（妇）好娩[3]，嘉[4]。王占曰，其隹（唯）

丁娩，嘉。其隹（唯）庚娩，引吉。三旬又一日，甲寅，娩，不嘉。隹（唯）女[5]。

甲申卜，㱿贞：帚（妇）好娩，不其嘉。三旬又一日，甲寅，娩，允不嘉。隹（唯）女。

（4）贞：王梦帚（妇）好，不隹（唯）孽[6]。

【注释】

[1] 好：从女、子声。妇好是"好"（"子"）国入嫁之女。或认为甲骨文的"好"国和"不"国很近，大概在今河南东部、山东西南部一带。"妇好"字也见于商代青铜器，如1976年代殷墟妇好墓出土的方尊等（铭文见延展阅读C）。

[2] 比：联盟协同作战。或将这种"比"训为"辅"，商王"比伐"，是商王率军为援助，同时有监视、督战之意。或解释为"比次"，"某甲比某乙"，是某甲为先锋打头阵，某乙作后援，督阵。卜辞说，妇好和"沚戠"这名将领联手征伐巴方，商王亲自从阵地东部"罙伐"（参看本章"工方"条），"戎"会不会陷入妇好布置的包围圈（"戎"字参看本章"土方"条）。此处"戎"是敌人的意思。《礼记·月令》："寇戎来征。"

[3] 娩：古又作"挽"，《说文》："挽，生子免身也。"现在习惯写作"娩"。

[4] 嘉：好，顺利。卜辞说，妇好即将分娩，顺利不顺利。当时所谓"嘉"，主要指生育男孩。

[5] 商王根据卜兆推测，如果是丁日分娩，会比较好，如果庚日分娩，就更好。过了三十一天，妇好于甲寅这天分娩（既不是丁日，也不是庚日），诞下一名婴儿。新生儿是位小公主，这对商王来说"不嘉"。

[6] 孽：不祥、灾害、灾难。

【延展阅读】

妇好之名，随着甲骨文研究的深入，已经扬名天下。殷墟博物苑入门左手边有妇好全身立像，英姿飒爽的形象给人留下很深的印象。

妇好是甲骨文中众多的"妇"之一。甲骨文的"妇"数量很多，学者统计的数据也很不一致，少则六十左右，多则一百六十左右，合称为“诸妇”或“多妇”。其中约有十来位，基本可以肯定是商王武丁的配偶。这和后代三宫六院的妃嫔比起来，数量并不多。

从甲骨文看，妇好在宫廷内主持祭祀，在外领导战争。她没有诞育王子，但至少生育了一位公主。丁山先生认为商王武丁“元妃”是“妇好”，“次妃”是“妇妌”。甲骨文的“妇妌”例如：

(A)贞：勿呼妇妌伐龙方。

(B)□□卜，争贞：妇妌娩，嘉。王占曰，其唯庚娩，嘉。旬辛……□妇妌娩，允嘉。二月。

妇妌在甲骨文也写作“妇井”。是当时诸侯国“井”入嫁之女。“井”是商代诸侯国，在今河北邢台一带。有学者认为，西周征服其地，并封建邢国。甲骨文另有“井方”，在西北，是商朝的敌对方国。例(A)(《合集》6585)“龙方”是当时的方国。岛邦男先生说卜辞有两个“龙”地，一个靠近羌方，在商王朝西部；一个在商王朝东北方。妇妌能够率军讨伐龙方，足见也是“女强人”。根据例(B)(《合集》14009 正)，她曾为商王诞育一位王子。

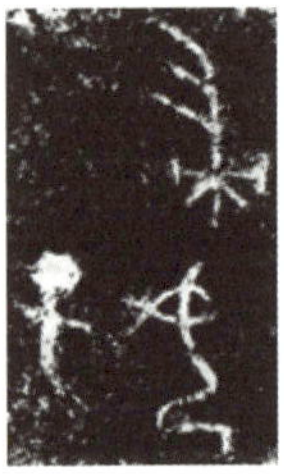
(C)

(D)

(E)

(F)

和甲骨文祭祀妇好称之为“妣辛”相似，甲骨文祭祀“妇妌”，称之为“妣戊妌”。李学勤先生认为，也就是“后母戊鼎”(或称为“司母戊鼎”)中的“后母戊”。

现在国家博物馆收藏的“司母戊鼎”(铭文照片即 E)，几乎可以说早已家喻户晓。据介绍，该鼎通高 113 厘米，鼎口长 112 厘米，宽 79.2 厘米，重 832.84 千克。经光谱定性分析与化学分析的沉淀法所进行的定量分析，鼎含铜84.77%、锡11.64%、铅2.79%，与战国时期成书的《考工记·筑氏》所记鼎的铜、锡比例基本相符。根据铸痕观察，鼎身与四足为整体铸造。鼎身共使用8块陶范，每个鼎足各使用3块陶范，器底及器内各使用4块陶范。鼎耳则是在鼎身铸成之后再装范浇铸而成。器腹部内壁铸有铭文。

鼎铭(E)的释读还存在不同看法。或释“司母戊”，中小学课本也一直称之为“司母戊鼎”(或“司母戊大方鼎”)。按古书通假例，“司”可读为“祠”，“司母戊鼎”的意思是“用来祠祀母戊的鼎”。1962年金祥恒先生在《释后》一文中，较早提出应把该鼎改名为“后母戊鼎”。“后母”不是“后妈”，勉强可以理解为“作为王后的女性”。朱凤瀚、裘锡圭先生则认为，铭文中的“司”和“女”是一字，所以铭文实际是“姛戊”二字，“姛”是对贵族配偶中身份比较尊贵的女性的尊称(裘先生把它读为“姒”)。妇好墓出土的铜器铭文(D)，以往释“司㝃母”或“后㝃母”，也相应要改读“姒㝃”。这至少把别扭的“母”字问题完全解决了。当然，现在学者并没有定论，即使按以前的习惯读“司母戊鼎”也无不可。

该鼎于1939年3月在河南省安阳市五官村北吴培文家的田中起获。① 吴先生掘得大鼎，新中国成立后数次受过表彰，是河南省文物保护特殊贡献奖获得者。从正面来介绍，吴家保护文物有功，有关报道并称其为保护大鼎，与日本侵略者周旋，三次转移大鼎。中央电视台也曾以较大篇幅进行报道。殷墟成功申报世界文化遗产进行揭牌仪式，以及大鼎返回安阳展出时，吴氏都是嘉宾。

凡事都有两面。从负面来说，此事似乎脱不了盗掘国家文物的嫌疑。1930年，国民政府《古物保存法》(民国十九年五月廿四日立法院制定)第一条规定：“本法所称古物，是指与考古学、历史学、古生物学及其他与文化有关之一切古物而言。”“采掘古物以中央或省市直辖之学术机关为限”，任何个人与没有办理执照的学术团体不得擅自发掘。即使通过某种方式得到了，根据国民政府的规定，文物也是国有。第七条规定：“埋藏地

---

① 这只是一种说法。参看李维明先生《司母戊鼎，还有多少待解之谜》，《中国文物报》2013年9月27日第五版。

下及由地下暴露地面之古物，概归国有。”可惜法令没有起到应有的作用。例如第一次殷墟发掘就配备了 11 名士兵和 2 名司法警察维持秩序。①

董作宾先生回忆说，20 世纪 30 年代最后那几年，殷墟的盗掘已经失控。1937 年“安阳盗掘古物之风……益盛”。当地住户公然攻击中央研究院的董作宾、梁思永先生等人，说考古队是“只许州官放火，不许百姓点灯”，并“公然贴标语”要“打倒摧残人民生计的董梁”。司母戊鼎的发掘，总算是“百姓点灯”。至于这盏灯该点不该点，值得思考。

据介绍，梁思永先生曾在西北冈东区吴家柏树坟下探测出商朝王陵，但不知何故，科学发掘迟迟未能开展。1935 年颁行的《采掘古物规则》（民国廿四年三月十二日行政院公布施行）：“采掘古物地方……如系私人所有，须会同当地官署酌给代价，或依据土地征收法办理之。”因此不排除当时是和村民协商未果。不久抗战全面爆发，殷墟发掘被迫终止。1939 年日军占领安阳。同年三月，吴家在距柏树坟不远处钻探，掘出这件大鼎（该墓被编为殷墟 M260）。据说挖掘出土时，大鼎两耳已缺其一，后因转移不便，遂将另一耳锯断。所以这件大鼎早期的照片两耳全无（图 F 系 1948 年司母戊鼎第一次展出时的历史照片，照片来源于《南方都市报》，据介绍拍摄于当时的南京博物院）。1959 年，司母戊鼎从南京博物院转运至北京，陈列在新建成的中国历史博物馆（今国家博物馆）。

鼎耳被锯断，器身被敲击，从保护文物的角度看实在不值得称道。国家风雨飘摇之际，为何要私自挖掘文物，恐怕也不是保护国家财产等说辞可以解释清楚。当然，众说纷纭，各有多少是真事，各方记述是否夹杂着个人成见，已经不易判断。再说如今太平时代、法治社会，盗墓也无法根绝，何况当年。

---

① 见董作宾：《民国十七年试掘安阳小屯报告书》，载《董作宾先生全集》甲编，第 988 页。又参看夏鼐《中国文明的起源》，第 83 页。

4. 伊尹

【图版】

（1）

（2）

（3）

（3 局部）

【释文】

（1）辛亥卜，至[1]伊尹[2]，用一牛。

（2）贞：其卯[3]羌，伊宾[4]。

[贞：]王其用[羌]于大乙，卯惠牛，王受又（祐）。

（3）癸巳卜，又（侑）于伊尹牛[五]。

癸巳卜，又（侑）于。

癸巳卜，又（侑）于河。

癸巳卜，又（侑）于王亥。

乙未卜，又（侑）、[5]、岁[6]于父乙，三牛。

【著录】

（1）=《合集》21575　（2）=《合集》26955　（3）=《合集》34342

【注释】

[1] 至：读为“致”，《周礼·地官·充人》“将致之”孙诒让正义：“谓告而致之于神。”

[2] 伊尹：夏代末年、商代初年著名的历史人物，先后辅佐商汤、太甲两代商王。根据《帝王世纪》的说法，伊尹去世后，商王“葬以天子之礼”。例（3）可知，伊尹可以和商代先公先王一同接受祭祀（但伊尹不受周祭）。青铜器铭文如《叔尸镈》称之为“伊小臣”。其事迹在《孙子·用间》、《墨子·尚贤》、《孟子·万章上》、《吕氏春秋·本味》等古籍中有所保留。郭店简《穷达以时》、上博简《容成氏》均有其事迹（参看“商汤”条）。

[3] 卯：祭祀动词，把进献给神明的牺牲对剖为二。

[4] 伊：即伊尹。宾：这里作祭祀动词，指祭祀上甲时，伊尹作为贵宾一起接受祭祀。即周代以后的“配享”（“享”字也写作“飨”）。宋代学者高承所著《事物纪原》：“功臣配飨之礼，由商人始也。”

[5] ：祭祀名。或疑是“升”字。《仪礼·士冠礼》郑玄注：“在鼎曰升（放置在鼎中供奉的牺牲）。”

［6］岁：祭祀名，读为“刿”，《广韵》：“割也。”《诗经·小雅·信南山》：“执其鸾刀，以启其毛，取其血膋。”（拿着刀柄上有铃铛的刀子，割开牺牲的皮毛，取其血和肠部脂肪来祭神。）

【延展阅读】

对于维持了殷商五百年基业的商代臣工，我们所知最详细的就是伊尹。近年刊布的清华简中，已经有数篇伊尹文献。

在《史记·殷本纪》中，司马迁记下了伊尹辅助商汤灭夏之事。司马迁写道：

伊尹名阿衡。阿衡欲干汤而无由，乃为有莘氏媵臣，负鼎俎、以滋味说汤，致于王道。或曰：伊尹，处士，汤使人迎聘之，五反，然后肯从汤，言素王及九主之事。汤举任以国政。伊尹去汤适夏。既丑有夏，复归于亳。

并列两说的处理方式，表明当时对伊尹的事迹，已经不太清楚。相传伊尹生于空桑，耕于有莘之野，“空桑”和“有莘之野”在今天何处，现在尚有疑问。今山东莘县莘亭镇大里王村西，有清康熙五十五年东昌知府程光珠手书“莘亭伊尹耕处”文字，题曰：“尧舜之道，畎亩之中，圣作物睹，龙云虎风。”县令刘萧勒石立碑，亭东侧建有伊尹庙。现为当地名胜。另，今河南伊川县大莘店平等乡也有伊尹庙。此外被认为是“伊尹故里”的地方还有不少，如《括地志》、《元和郡县志》认为在河南陈留，《孟子正义》即采纳其说。《太平寰宇记》认为在雍丘，即今河南杞县。各地也都有伊尹祠庙。当今社会，名人故里争夺战屡见不鲜，伊尹作为一代名相，已然成为各地争夺的对象。

根据孟子的说法，伊尹本来“耕于有莘之野，而乐尧舜之道焉”。后来商汤“三使往聘之”，伊尹反复考虑，觉得与其自己耕田憧憬着尧舜之世，不如“使是君为尧舜之君”。后世智谋之士，名为避世，实则骄矜，必得有人再三登门延请，千呼万唤始出来。此等作风，或许也不免有自比伊尹的思想。

自《史记》说伊尹“负鼎俎”游说商汤之后，中古时代为伊尹画的肖像中，就有伊尹负鼎之像（如后图）。

按“负鼎俎”之说与烹饪有关，《墨子》也一再明确说“汤举伊尹于庖厨

之中”，“伊挚……亲为庖人”（伊尹曾做过厨师）。2012 年 10 月 21 日，由河南省人民政府和中国烹饪协会联合主办的厨师拜祖大典，在传说中的伊尹故里、河南杞县葛岗镇空桑村举行。按《孙子兵法》：“殷之兴也，伊挚在夏。”诸子百家语也提及商汤安排伊尹到夏人那边做过间谍。由此看来，现在的间谍和特工要举行拜祖大典，不妨也可以到空桑村给伊尹上香。

上揭伊尹画像，称得上是儒雅端正、仪表堂堂。据《晏子春秋》卷一记齐景公伐宋，路过泰山，夜中偶然做梦，梦见两个男子怒气冲冲地看着他，把他吓醒了。随即，景公召集来占卜，问这梦有什么预兆。占卜师说，大概是泰山的山神。次日，齐景公又问晏子，晏子说是商汤和伊尹吧！他说：“汤质皙而长，颜以髯，兑上丰下，倨身而扬声。”又说：“伊尹黑而短，蓬而髯，丰上兑下，偻身而下声。”问齐景公：“你梦到的是不是这两人呀？”景公称是。身形短小倒不重要（画像中也看不出），所谓“卿身虽短，思虑何长”，然而又驼背、肤色黑、须发蓬、脸型似乎也不太匀称。虽不足为圣贤病，似乎不像画像中这么好看。

南朝刘宋时，宋明帝入太庙，见历代帝王画像。他对宋高祖、太祖的画像作了评论后，指着世祖的画像说：“他长着个酒糟鼻，画像里怎么不画呀？”然后命令画工立即给画像加上酒糟鼻。画像，特别是给政治人物作的画像，本来就容易失真。

中国传统绘画一向重意不重形，不讲求写实。更何况千百年后，人们根据只言片语甚至全凭想象为古代圣贤画的像，到底有没有相似之处，实在很成问题。这对我们华夏苗裔、炎黄子孙而言，不得不说是一个遗憾。

5. 崇侯

【图版】

(1)

(2)

(3)

(3 局部)

【释文】

(1) 甲子卜,崇侯[1]……

戊寅,允来。

庚辰卜,不来崇侯。

(2) 己未贞:王其告,其比崇侯[2]。

庚申贞:王其告于大示。

庚申贞:王于父丁告。

(3 局部) 癸丑[卜,在]洛[3],贞:王旬亡忧。

癸亥卜，在賓[4]，贞：王旬亡忧。

癸酉卜，在崇師(次)，贞：王旬亡忧。在十月又二。

【著录】

(1) =《合集》32804　　(2) =《合集》32807　　(3) =《合补》11283①

【注释】

[1] 崇："琮"的表意字。玉琮在良渚文化、陶寺遗址及二里头夏文化、殷墟晚商文化遗址等都有出土，其基本构造是在正方体中制作两端贯穿的圆柱孔，两端俯视面是""。中心圆柱横切面的同心圆和正方体四边切割，线图为""，简化为""或"，甲骨文作""、""、""、""、""等形。崇侯：崇的国君。例(3)是帝乙、帝辛时期的占卜记录，和崇侯虎生活的时代大致相当。周代文字资料也有周文王和崇人作战的记载(详延展阅读)。周文王攻打崇国时，崇的国君就是先秦文献所见"崇侯虎"。

[2] 比：联合、协同作战(参看本章"工方"条)。崇和商王朝关系友好，卜辞中未见两国交战或任何不友好的事。

[3] 洛：即今洛阳。《史记·封禅书》："昔三代之居，皆在河洛之间。"指夏商周三代都曾以伊洛平原为政治中心。西周甲骨文的"洛"，参看本章"周"条。

[4]賓：完整字形作""，从又、从步、从贝、从，这里省略贝字旁。或读为"蒯"。《左传·昭公二十三年》"攻蒯"杜预注："河南县西南蒯乡是也。"在今河南洛阳西南。本片卜辞是商代晚期某年十二月，商王移驾巡视伊洛平原，在洛、蒯、崇等地驻跸。结合商周易代的历史进程看，商王朝应该已经觉察到关中诸侯的虎视眈眈。

① 由上下两片缀合，下半片是《合集》36959，上半片是《英藏》2536。这里(3局部)是下半片。

【延展阅读】

崇国直到帝辛(即商纣王)时,都是商王朝的忠实拥护者。相传,看出西伯姬昌的不臣之心并且向纣王建议囚禁西伯的,正是崇国末代首领崇侯虎。

《诗经·大雅·皇矣》:"帝谓文王:'予怀明德,不大声以色,不长夏以革,不识不知,顺帝之则。'帝谓文王:'詢尔仇方,同尔兄弟,以尔钩援,与尔临冲,以伐崇墉。'"郑玄笺:"当此之时,崇侯虎倡纣为无道,罪尤大也。"孔颖达正义:"纣党多矣,所以独伐崇者,当此之时,崇侯虎导纣为无道之事,其罪恶尤大,故伐之。"周人站在敌对立场说话,未必能体现当时实情。汉唐学者为资料所限,同时也不免蔽于成见,于是崇侯虎成了"助纣为虐"的典型。

清代学者王念孙、俞樾等研究《诗》、《书》、《国语》等典籍中商周"崇"国地望时,认为"崇"在今河南嵩县。近代学者多接受此说。顾颉刚、刘起釪先生进一步指出:"'崇'就是后代的'嵩',亦即现在河南登封附近的嵩山一带地。现在的嵩县显然也是沿其旧称的地境之一。……(周文王)在征服了今山西省东南地面的黎,和紧邻的今河南省黄河北岸的邘以后,接着在其明年又征灭了黄河南岸的崇,这一役,事实上应是周文王很大的一次成功。《战国策·秦策》记苏秦列举自神农、黄帝到齐桓公每一个代表性人物的战功,把文王伐崇、武王伐纣与神农伐补遂、黄帝伐蚩尤、尧伐驩兜、舜伐三苗、禹伐共工、汤伐桀并举。① 可见战国时人心目中周文王最大的战功是伐崇。自这次胜利以后,就以压倒的优势耽耽虎视着殷都了。而且由于开拓了以崇国为中心的今河南省中部和西部广大地区,就使这里以南和其西及西南的庸、蜀、髳、卢、彭、濮等族都有了可能纳入周王的势力范围之内,以后便能征集他们一道进攻殷王都了。"杨宽先生也说:"克崇以后,文王克商的战略步骤已经基本完成,克商的大计快要实现了。只因为文王在克崇之后一年便去世了,没有能够实现这个大计,要等待武

---

① 原文系《战国策·秦策一》苏秦始将连横说秦惠王:"昔者神农伐补遂,黄帝伐涿鹿而禽蚩尤,尧伐驩兜,舜伐三苗,禹伐共工,汤伐有夏,文王伐崇,武王伐纣,齐桓任战而伯天下。"

王去继续完成文王的遗愿了。所以《逸周书·祭公解》说："皇天改大般之命，维文王受之，维武王大克之，咸茂厥功。'"

1993年，山西曲沃北赵晋公室墓地M31出土一件有铭文的玉环（下图为发掘者提供的铭文拓本及摹本①），铭文内容是："文王卜曰：我及唐人弘战崇人。"李学勤、陈剑两位先生分别释出上述"唐"、"崇"二字，最终疏通了整句话。周初唐地在今山西南部，与周人所据的今陕西北邻。周人联合唐人伐崇，地理位置是符合的。铭文中的"崇"字，则可以看成前揭甲骨文第(2)、(3)例两种字形的省略。周人联合唐人与崇人交战，从时间上看，当时是崇侯虎的活动年代。谁知周人先联唐灭崇，之后又灭唐。唐地封赐给叔虞，就是后来的晋国(参看本章"大邑商"条)。

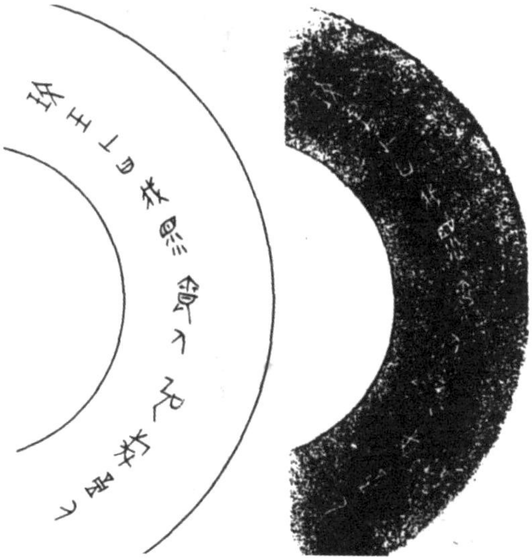

古代神魔小说《封神演义》中有同名人物。初次比较详细介绍崇侯虎，见于原书第二回，鲁雄说崇侯虎"乃贪鄙暴横之夫"；后冀州侯苏护宣布永远不再朝觐商王，纣王下旨征讨。第二十八回特别多，因为这一回姜太公要出兵伐崇侯虎。如回前诗："崇虎贪残气更枭，剥民膏髓自肥饶。逢君欲作千年调，买窟惟知百计要。奉命督工人力尽，乘机起衅帝图消。

① 发掘编号11M31:18，玉环直径12.8，内径6.5，厚0.6厘米。见《文物》1994年第8期，第29—31页。

子牙有道征无道，国败人亡事事凋。”

无奈崇国城池坚固，周文王亲自率军攻打，初战不利。姜太公遂行离间计。次回崇侯虎之弟崇黑虎设鸿门宴捉住乃兄，又数落道：“长兄，你位极人臣，不修仁德，惑乱朝廷，屠害百姓，重贿酷刑，监造鹿台，恶贯天下。”将其一门父子押解到周文王处一并斩首。这时商王朝的一位中大夫上书总结了崇侯虎“罪恶的一生”，他说：“崇侯虎虽有大功于陛下，实荼毒于万民，结大恶于诸侯，人人切齿，个个伤心。今被西伯殄灭，天下无不讴歌。”他的死，除纣王流露出一些伤感，其他人简直要普天同庆。神话结局中，崇侯虎受封正神，列入五斗群星，主大耗星。

撇开道德论和结果论的影响，无论是正统经典还是市井小说，都不难看出崇侯虎是商纣王重要的支持者，“有大功于陛下”。周文王以天降之圣，辅以太公、周公不世出之才，居然久攻不克，文王本人甚至在对崇作战结束之际去世，崇国实力之雄厚，可见一斑。

国族一

1. 工方

【图版】

(1)

(2)

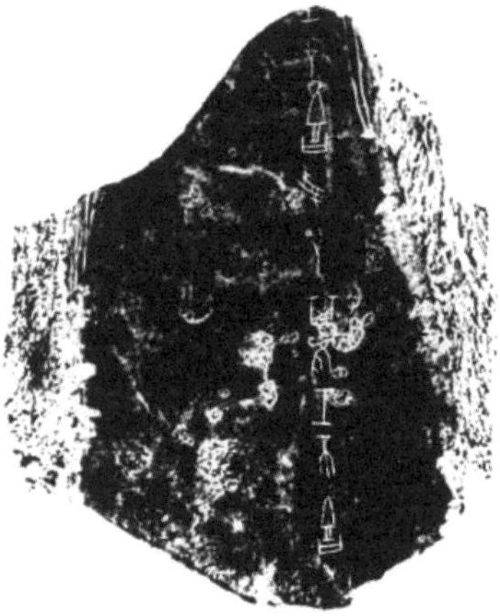

(3)

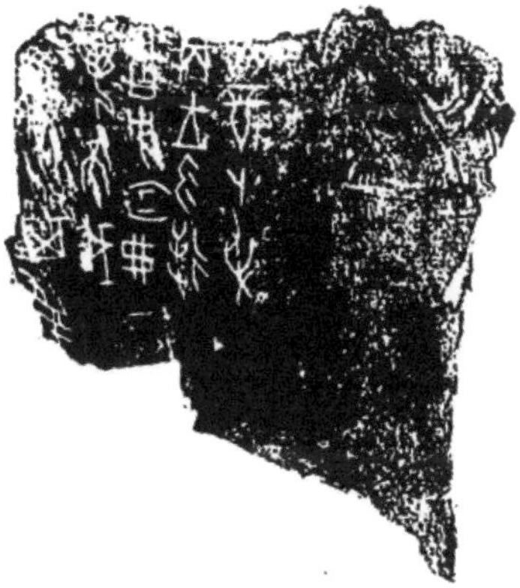

(4)

(5)

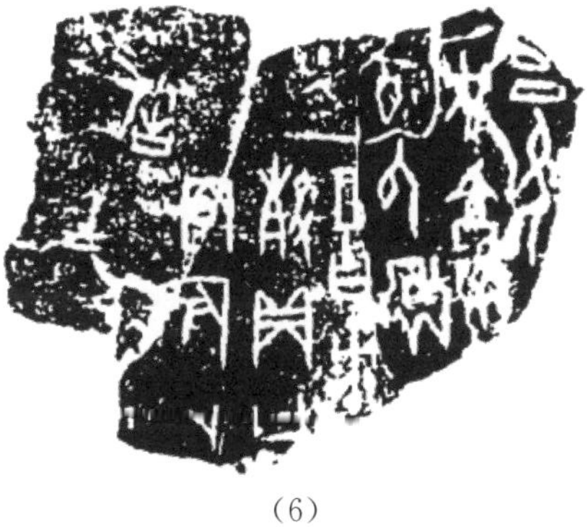

(6)

(7)

【释文】

(1) 癸未卜,殸……

癸巳卜,殸贞:旬无忧。王占曰,有求(咎)[1],其有来艰[2]。气(迄)至[3]五日丁酉,允有来艰自西。沚戠告曰,土方围(?)于我东鄙[4],𢦏[5]二邑。工方[6]亦侵我西鄙田。王占曰,有求(咎),其有来艰自西,迄至七日己巳,允有来艰自西。𡸁友角[7]告曰,工方出,侵我示、[illegible]田[8]七十五人。

癸卯卜,殸贞:旬亡忧。王占曰,有求,其有来艰。五日丁未,允有来艰。饮[9]御自强圉[10],六月。

……㚔……

……五月。

(2) ……殸贞:工方出,不隹(唯)我……

壬子卜,殸贞:工方出,隹(唯)我……

……争贞:沚戠称册[11],王比[12]伐土方……

(3) ……有异[13],吉,受又(祐)。其隹(唯)壬,不吉。

(4) 癸酉卜,争贞:王弜(勿)逆伐[14]工方,上下弗若[15],不我其受……

(5) □丑卜,殸贞:令戉[16]来……戉罙伐[17]工方……七月。

(6) 丙辰卜,殸贞:曰,工方以[illegible]方敦[18]吕,允……

(7) 丁酉卜,亘贞:工𠙵王事[19]。

贞:王曰,工来。二告。

【著录】

（1）＝《合集》6057 正[①]　（2）＝《英藏》545 正　（3）＝《英藏》545 反　（4）＝《合集》6201　（5）＝《合集》6379 正　（6）＝《合集》8610 正　（7）＝《合集》5445 正

【注释】

［1］求：字形象一种多足虫，古称“蛷”。此处读为“咎”，表灾害之意。

［2］艰：危害。

［3］气：甲骨文写作上下两长横，中间一短横。此处读为“迄”，意思是终于、终究。“迄至某日”相当于说“后来到了某天”。从癸巳开始数，丁酉是第五天。另一条卜辞是癸卯日占卜，丁未是第五天。

［4］鄙：指边境城邑。《左传·隐公元年》郑国共叔段“命西鄙、北鄙贰于己”，据杜预注，鄙即郑国边邑。

［5］𢦏：字形表示用戈勾取草木。学者释读为“捷”或“翦”，表攻取、俘获之意。

［6］工：甲骨文作“”、“”，从工、从口。甲骨文字“从口与否每相通”，为行文便利，直接释写为“工”。[②] 本版卜辞占卜西部边境会不会有麻烦。如癸巳日占卜，商王根据龟甲上的裂纹，判断西部将有不好的事发生。到第五天丁酉，西部“沚”地有人来报告，工方侵扰当地农田。工方的势力范围可能在今山西石楼、陕西绥德一带。或认为此字是羯鼓之侧视形，释为“曷”，读为“羯”。

［7］崟：商王朝西北方的古代国族。就字形而言，音符是“”（延展阅读 B、C），甲骨文写作“”，西周金文写作“”。在此读为“徵”（和澄清的“澄”读音相同），今陕西澄城一带。汉代以前称“徵”，例见《左传·文公十年》、《史记·河渠书》等。

［8］示㚇田：指“示㚇”这地方或“示”、“㚇”两处的农田。《合集》6063

① 本片反面刻辞，见后文“土方”条。
② 甲骨文的“工”字，参看《新甲骨文编》第 277—278 页。

反有地名或国族名“示”，或读为“祁”，隶今山西晋中市。

［9］饮：人从酒器中饮酒的表意字。

［10］自强圉：强，此处是地名。圉，此处可能指受到监禁的人。“圉”字所从的“㚔”，象一种枷锁，在卜辞中有钳制、胁迫、夹击等意思。后面残辞有“㚔”字，很可能就是对工方进行夹击的意思。此处辞意不太清晰，或认为“自”字之前有缺字。

［11］称册：或认为是双手举册，接受册命之意。或认为是称述、传达商王之命令。

［12］比：协同作战（参看本章“妇好”条）。

［13］异：字形表示以手持槌敲打橛杙。甲骨文中多读作奇异的“异”。作名词时，指不同寻常的情况、景象等。

［14］逆伐：迎击。《孙子兵法》：“高陵勿向，背邱勿逆。”杜牧注：“敌在高处，不可仰攻；敌倚邱山下来求战，不可迎之。”或理解为阻击。《周礼·夏官·田仆》“设驱逆之车”，郑玄注：“逆，衙还之，使不出围。”围指猎场，打猎时有专人负责拦截那些试图逃出狩猎范围的猎物。“衙”是“御”的通假字，表示拦截、阻击。

［15］上下弗若：上下，代指天地神明。《书·召诰》：“毖祀于上下，其自时中乂。”孔颖达正义：“举天地则百神之祀皆慎之也。”“若”字作“”、“”，象一人理顺头发，此处表顺利之意。卜辞之意，工方来侵，但商王不宜亲自出战，因为得不到天地神明保护。商王出战，对我方没有好处。

［16］戉：象斧钺之形。这里是一个方国名，曾遭工方入侵（如《合集》6373）。此处可见商王朝联合戉的力量一起伐工方。

［17］罙：写作“”、“”，表示手探入容器底部取物。在和战争有关的卜辞中的“罙”，有学者读为“探”，探伐是试探性地攻击；也有学者读为“深”，深伐是深入敌方阵地作战。

［18］敦：挞伐之意。卜辞说，工方调动方的力量攻打吕地。辞中“以”字可以理解为“与”。《左传·僖公二十六年》传：“凡师，能左右之，曰‘以’。”工方能左右方的兵力，可见工方势力极强，凌驾于一般方国之上。具体地望不明，其字形，是“离”的象形文中有“辰”，读音大概和

“辰”相近。

[19] 卜辞之意，商王占卜说，有事要处理，工方代表会来协助。①

【延展阅读】

武丁在位某年五月的一天，商王命㱿例行占卜，看未来十天内边疆是否平安无事。商王根据龟甲上显示的裂纹，认为西方将有不祥之事。第五天，西部沚、长两地相继有人来报告工方入侵(《合集》6057 正)，这无疑是对商王朝主权的挑衅。

沚原来是商王国西部的敌对国(如《屯南》4090 称之为“沚方”，曾是个独立方国)，后表示臣服。商王曾派人去当地镇抚(如《合集》175)，也曾到该地行猎(如《合集》9572)。武丁在位时，该国有位名“戠”的人在商王朝做官，地位较显赫，《合集》5945 称之为“伯戠”(花东卜辞的“伯或”，裘锡圭先生认为是“伯戠”，也就是“沚戠”)，表明其身份是诸侯。甲骨文中涉及沚戠的卜辞超过 300 版。他曾经参加祭祀商先王太甲的活动，并在祭祀典礼中“称册”(《合集》6087 正、6134 等)。可以说“沚”是商朝西部防卫工方等势力的一道屏障。犹如晚商时代的“崇”，是防范关中周人势力的屏障。沚地遭工方侵扰，商王势必要有所行动。

商王朝先发表严正声明，谴责工方挑起战争的不恰当行为。《合集》6160 说沚戠称册“冊工方”(A)，“冊”字罗振玉先生释读为“冊”。《说文》：“冊，告也。”何琳仪、黄锡全先生认为是“册”的分化字，并引段玉裁《说文解字注》的说法：“简牍曰册，以简告诫曰冊。”于省吾先生读“冊”为“刊”，有砍杀之意。李学勤先生认为，卜辞说冊某方国，就是宣告某方的罪责。“冊工方”就是发表声明谴责工方。亦即《国语》祭公谋父所言“文告之辞”。在警告无效的情况下，派遣朝中将领“以众伐工(方)”(如《合集》26、28 等)。

---

① 协，参看本章“多子”条。

(A)

(B)

(C)

工方是游牧民族，他们的武器装备很不错，青铜质地的头盔、兵器都已齐备。山西柳林曾出土青铜头盔、矛、斧和钺（图 D、E、F[①]），李伯谦先生把这一批青铜器归为石楼—绥德铜器群 B 类，并认为是工方遗物。

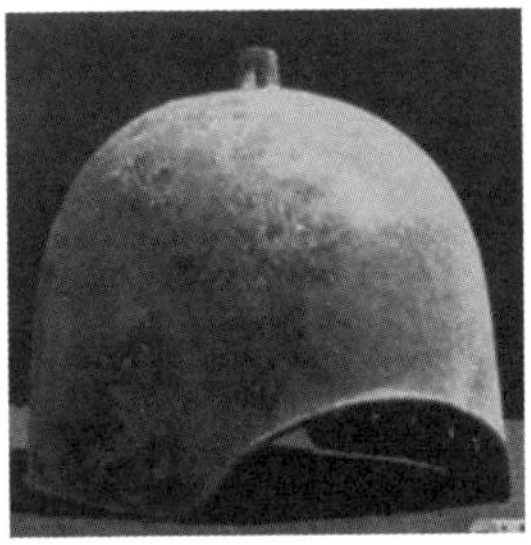
(D)

(E)

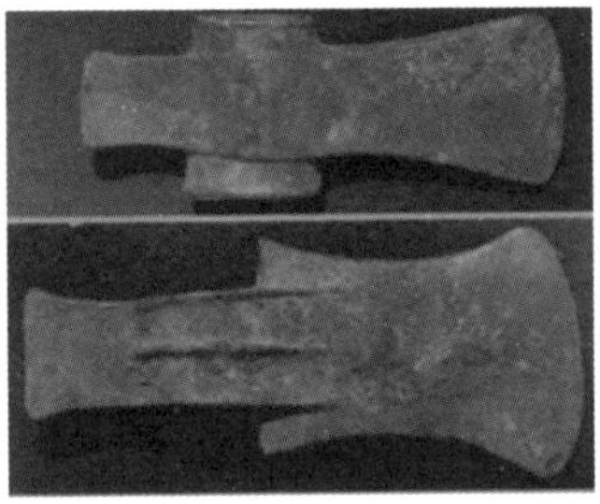
(F)

知己知彼，是作战要点。甲骨文中常常见到商王命人侦察敌情，也许还有专门的侦察机构。当时有人对敌方进行"目"(《合集》6194)、"视"(《合集》6167)、"望"(《合集》6189)的活动，大概都是侦察、刺探其活动规律、行进路线、作战计划等。笼统而言，目、视、望词义相通。区别而言，"目"为注视，相当于今天说的"盯住"；"视"有观察、察看之意；"望"有刺探之意。所获情报会及时反馈给商王。有时是一般性的内容，报告工方

① 见《考古》1981 年第 3 期，图版肆、伍。

“出”；有时是“大出”或“亦出”（如《合集》6118，关于“亦出”，胡厚宣先生说是大举出动或夜晚出动）；此外还会跟踪报告其所到之处，如“工方至于原”（《合集》6128）、“至于𠧧”（《合集》6131 正）等。

为获神明保佑，商王还向他们汇报工方的动向。例如《合集》6131 正就有“告工方于示壬”、“上甲”两位先公先王的刻辞。每次敌军入侵，派何人出征应战，也需慎重选择，有时商王会御驾亲征（《合集》6096 正：“工方出，王自征。”）。

关于作战方式，缺乏详细资料。卜辞有时仅说“伐”，有时说“步伐”（如《合集》6292），胡厚宣先生说是步兵作战。学者一般认为，商王朝的车兵到武丁时才逐渐出现，廪辛、康丁以后才成规模。“步伐”就是“伐”。商朝军队编制及规模，甲骨文所见至少有三“师”、“旅”等，如：

（G 局部）丁酉，贞：王作三师，右、中、左。

（H）辛巳卜，□贞：登妇好三千，登旅万。乎伐……

（G）

（G 局部）

（H）

例（G）是《合集》33006，辞中有左、中、右三个师。占卜说商王命三师开拔（该例是武乙时期的卜辞，也有学者认为“作”是创建）。例（H）辞中“登”（征用）的战士，就有一万三千人，这条卜辞不完整，征讨对象不详。旅是商朝的一种军事编制，但各“师”、“旅”具体人数不详。例（H）辞中有一万人来源于“旅”，恐怕还只是王朝军队的冰山一角。

商王朝作战时还扶植、联络西部其他方国。这些方国大概也饱受工方入侵之苦，例如“[illegible]”，《合集》8529 记工方进攻“[illegible]”，《合集》3327 记商王“比侯”，即联合该方国迎战。

学者认为，从甲骨文看，经过长期征战，到武丁晚期，工方的威胁已基本解除。

2. 土方

【图版】

（1）

（1 局部）

（2）

（3）

【释文】

(1 局部)王占曰,有求(咎),其有来艰,迄至九日辛卯,允有来艰自北。妻竹[1]告曰,土方[2]侵我田。十人。

(2) 丁酉卜,㱿贞:今早[3]王廾(供)人五千正(征)土方,受㞢(有)又(祐)。三月。

(3) ……戊辰卜,㱿贞:王循土方。① ……

【著录】

(1) =《合集》6057 正、反　　(2) =《合集》6409　　(3) =《合集》559 正

【注释】

[1] 妻竹:第一字是甲骨文中的地名。竹是商王朝北方方国,或认为在今河北省东北部到辽宁省西部、内蒙古东南部这一区域。妻,在这理解为“配偶”。指出嫁到地的竹国之女。

[2] 土方:商王朝北部的强大国族。例(1),占卜预测有从北方来的灾难,结果就是土方入侵。第二例可见,商王朝曾经征用五千人的兵力和土方作战。经过征伐,土方后来一度臣服于商王朝。第三例表明,武丁可以到土方势力范围内巡行视察。

[3] 早:字形从“”,是草的象形文,在甲骨文中作时间名词时,读为“早”。花东卜辞有时间名词“叉”,也读为“蚤”,早、蚤通用。古人作战常在早晨。周武王灭商,《尚书·牧誓》及青铜器铭文都说是“甲子昧爽”,也就是甲子这天的早晨。

【延展阅读】

兵者,不祥之器。但战争一旦爆发,如果没有必要的武器装备,就只

---

① 此处是图版左起第五列的释文。

能处于被动。下面简单举例说说甲骨文时代的兵器。

戈。甲骨文中从“戈”的字较多，武力的“武”即从“戈”。甲骨文作“”、“”，金文有“”、“”，更具象形意味。字形中上端的横画表示戈头，其它笔画包括了戈柄、镈、彤沙等部件。“戈”字除去戈头的部分，甲骨文写作“”、“”，表示戈柄，也就是后世所谓“柲”。在柲上安装大斧是“钺”字“”；安装锯子是“我”字“”、“”。据学者统计，商代出土的格斗兵器中，戈数量最多。如殷墟郭家庄 M160 出土 119 件，妇好墓出土 91 件。1975 年，考古工作者在安阳小屯北地 F10:3 发掘到一件用蚌壳制作的戈（下图 A_1、A_2），戈头与柲绑缚在一起，[①]前锋折断，残长 3 厘米；戈柄作棍状，下端呈锥形，可能有镈，全长 7.7 厘米。学者据此分析，商代戈的安装方法是：在柄的上端凿长孔，孔下刻浅槽，将内插入孔中，再把下阑嵌进槽内。使用时，戈可以直接敲击敌人的身体，这种方式称为“啄”（例 B，字一般释为“伐”）；也可以像使用钩子一样，用下刃及胡部割伤对手，这种方式称为“钩”。因此戈又被称为钩兵（勾兵）或啄兵。

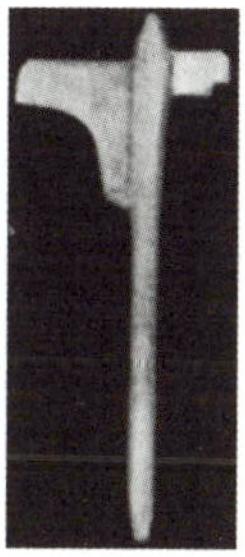
（A_1）

（A_2）

（B）

弓箭。弓箭是远距离杀伤性武器。1963 年，在山西朔州峙峪村旧石器时代遗址曾发现石质箭镞，距今已有 28 000 年左右。[②] 弓由弓背、弓弦两大部分构成。弓背中央握持之处称为“弣”，俗称为“弓把”。两端系弦处称为“箫”，或称“弭”，多是骨、角质。从弣到萧这一段弓体叫做“渊”。古籍写作“弸”。弸的中央叫做“隈”，古籍又写作“威”。

① 图见《考古》1976 年第 4 期，图版捌（5）。
② 见《考古学报》1972 年第 1 期，第 52 页图五：2。

“箭”古称“矢”。箭头部分称为“镞”，古代又称“镝”。考古发掘尚未见完好的箭杆，箭镞则较常见，仅殷墟王陵区 M1001 就曾出土 6 583 枚。据研究，商代的箭镞多数是骨质。郑州商城城郊的一个手工业作坊遗址中出土过一批骨箭镞，经鉴定，半数以上是用人的肋骨和肢骨制成的。盛箭的容器古称“箙”，又称“矢箙”，字形作“”（《集成》846），表示容器内盛放箭矢，古书作“备〔備〕”。殷墟西区车马坑 M43 出土过一件，整体呈圆筒形，底部平整，内有 10 枚箭镞，箭头向下定在箙底。当时应是箭镞向下存放在箙内，可惜箭杆已经腐朽。

干盾。干盾属于典型的防御性装备。商代铜器铭文和甲骨文中都有一手持戈一手持盾牌的字形，如《合集》7768“”。甲骨文中“干”字作“”，上部为装饰物，中间为盾牌，下端是镈（用来把盾牌树立在地面上的尖锥），简化作“”。盾牌的象形初文写作“”，简化作“”、“”。甲骨文有“戎”字，是戈和盾放在一起，如“”、“”、“”，其中“盾”部分的演变轨迹，和“干”字中“盾”的部分以及独体的“盾”字演变轨迹相似。

甲胄。甲胄用于防身，也是常见武器装备。甲，《广雅》：“铠也。”现代习称“铠甲”。《说文》冃部：“胄，兜鍪也。”现习称“头盔”。甲胄有用皮革或金属制作的。皮质的甲不易保存，但考古工作者曾在殷墟发现皮甲彩绘漆纹留在泥土上的印痕，研究者推测是一块胸甲，保护胸腹部及两肋。头盔以皮质的为多，青铜质地的商代头盔也有多例标本。除殷墟外，江西新干大洋洲、北京房山琉璃河、内蒙古赤峰美丽河、辽宁锦西乌金塘、山东滕州前掌大等地的商周墓葬中都出土过青铜头盔。头盔的顶部有一个竖直向上的空管，用来插羽毛等装饰物。山西的考古工作者也在当地商代墓葬中发现了头盔，研究者认为属于西北游牧民族遗物。下图（D）是新干大洋洲商代大墓出土的青铜头盔，[1]图（E）是学者据曾侯乙墓出土文物复原的甲胄。[2]

① 江西省博物馆、江西省文物考古研究所、新干县博物馆编：《新干商代大墓》图版四〇，文物出版社，1997 年。

② 湖北省博物馆编：《曾侯乙墓》图版一一五（1），文物出版社，1989 年。

(D)

(E)

安阳西北岗出土的人头骨标本中,有几具颅骨上有圆形穿孔,不排除是戈、矛类兵器留下的创口。汉画像石中的“胡汉交战图”再现冷兵器时代作战情景。如下图,①画面最右侧是一个胡人骑兵,他被身后赶来的汉兵用戈头勾住而失去重心,身体向后仰,手中的弓箭也已脱落。后面还有一个汉兵张弓搭箭直奔而来。这个胡人骑兵必死无疑。

和平是大家所期待的。但人类发展到现在的历史阶段,以为从此再不会有战争,多少也有点一厢情愿。

礼仪性的武器,这里以钺为例。

钺,古人说是“大斧”。《说文》:“戉,斧也。”《广韵》引《说文》:“戉,大斧也。”《书·牧誓》陆德明音义:“钺音越,本又作戉。”汉代以后的训诂学资料中,斧和钺已经混而为一。例如《文选》李善注引用当时能见到的一些训诂学者意见说:“斧,钺也。”斧钺本身可以用于砍杀(F,斧头之下的

① 图见邢义田:《画为心声》,第324页,中华书局,2011年。

人脑袋已经被砍掉，《集成》1011）。商代钺的实物（G，藁城台西遗址出土），如殷墟妇好墓发掘获得的两件青铜钺，一件长 39.3 厘米、刃部宽 37.3 厘米，重 8.5 公斤，器身接近肩部的位置，以雷纹为地，衬托两虎扑向一个人头的纹样（H）；另一件长 39.5 厘米、刃部宽 37.5 厘米，重 9 公斤，器身接近肩部的位置，也是雷纹为地，衬托龙形纹样。两件青铜钺肩部纹样的下方和刃部之间，靠近纹样的位置铸有“妇好”铭文。

（F）

（G）

（H）

斧钺象征着权力，既可以用来代表王权，还可以用来施加惩罚。有名的虢季子白盘铭文就说：“赐用钺，用征蛮方。”虢季子得到周王赏赐的钺，相当于代表周王，专行征伐。

3. 羌方

【图版】

（1）

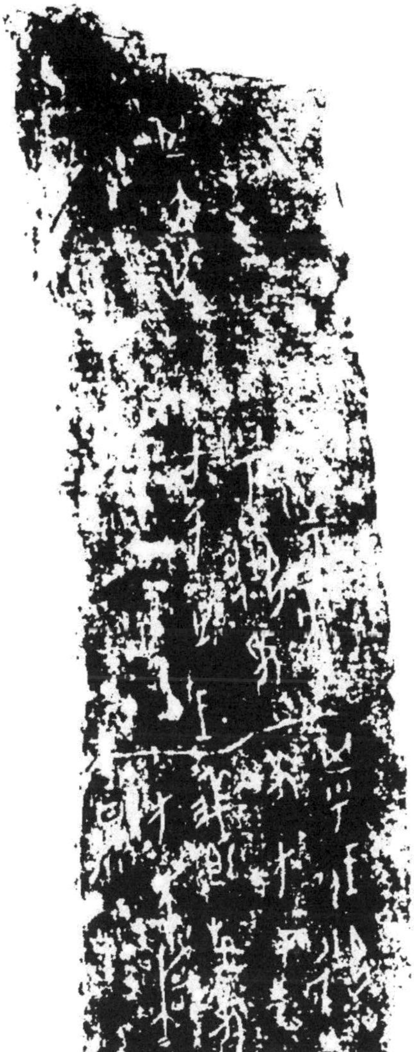

（1 局部）

（2）

【释文】

（1局部）其呼戍[1]御羌方于义则[2]，𢦏羌方，不丧众[3]。

于泞，帝乎御羌方，于之𢦏[4]。

……其大出。

（2）贞：[5]不其获羌。

【著录】

（1）＝《合集》27972　（2）＝《合集》188正

【注释】

[1] 戍：古文字象有人有兵戈，会戍守之意。这里指戍守的人。

[2] 御：阻击、拦截。卜辞说，商王命守军在“义则”这个地拦截羌方，会俘获羌方的人，而我方没有人员伤亡。

[3] 丧：损失。众：商朝自己的军队。

[4] 占卜认为，在“泞”这个地方能够俘获羌方。甲骨文的“泞”，学者认为或是古代荥泽附近，今河南修武一带。

[5] ：商王朝西部的方国，与商王朝时战时和。学者或释“敖”。或释“失”，并认为甲骨文“失侯”（《合集》10923）即《逸周书·世俘》之“佚侯”，活动范围在今河南洛阳一带。

【延展阅读】

羌，在卜辞中多是一个泛称，即后来所谓的“东夷、西羌、南蛮、北狄”中的“羌”，统称在汉民族政权以西的异族。古籍中有“姜氏之戎”，沈长云先生以为就是古代的羌族。而“羌方”则专指商王朝西边的一个方国，和前面介绍的工、沚等方国一样，商人和羌人作战所动用的兵员数量极多，用羌人作牺牲，也格外常见。数量多时用到三百个羌人。

陈梦家先生已经指出：“关于卜辞用人牲祭先王的记载，应和安阳西北岗陵墓附近的成排的与零散的小墓相联系，这些小墓当有一部分埋置了祭祀以后杀用了的人牲。”他实际是说西北岗那些小墓中埋葬的人牲中必有大量的羌人。

安阳西北岗出土的人头骨标本有398个，绝大部分出自商王大墓旁边的人头坑或小型墓葬(据标本上的出土标签判定，有337个均出自西北岗东区三座大墓西侧的99座小墓，所谓小墓，有86个实际是“人头坑”)，主要当是用于殉葬。这些人头骨的来源，杨希枚先生曾提出三种可能：

> (1) 殷王朝对外征战时俘获的异国族属，或竟从战场携回的敌首。凯旋归来，告捷于先王，因用以殉葬，并耀示武功。如果是俘虏，则可能是戮于宗庙或王墓之前，再分其头体而葬之。(2) 殷王朝治下的罪犯或奴属，而后者中当可包括异国的俘虏。(3) 殷先王生前宠幸的陪臣，甚或宗属。就一般伦理观念而言，当以前两种情形最为可能。

和陈梦家先生的结论差不多，倾向认为西北岗人头坑和小墓中的头骨可能本是羌人首级。

杨希枚先生认为西北岗这些人头坑中的头骨，和另外那些无头人骨坑中的体骨有相应关系。这很有道理。虽然把这些头骨还原到相应的体骨上不易操作，但在理论上是完全可以实现的。西北岗的这些头骨很可能是就地砍下来的人头，而非从战场拖运而来。

作战时肯定不方便取敌人首级。就商代武器装备而言，就可看出在战场上获得首级所面临的技术困难。一方面，当时作战所使用的格斗兵器主要是戈、矛，而割取首级应用刀剑。作战过程中显然很难停下来更换武器去取首级。另一方面，战士穿甲带盔，需要除去这层保护，才能较便利地割下首级。而且，和火器时代的战斗相比，冷兵器不易一击致命，负伤的人不会安静地躺在地上等着被斩首，而会挣扎求生甚至反击杀死对方。这都增加了交战过程中斩首的难度。

首级并非总是被胜利者带走，因其并非便于携带之物。宋代有名的“万人敌”李显忠，少年时代追随父亲作战，以一人之力杀敌十七，“取首级二”而返。事见《宋史》本传。正因为战场上的首级不是悉数作为战利品带回，所以引发了虚报战功的案例。《晋书·王濬传》记载，西晋灭吴时，周浚击败吴国张悌，斩首二千，虚报一万，后来又派吴刚到洛阳，想偷偷修改战报。事发之后要追查实际战果，王濬建议说，吴主孙皓已经投降，张悌有多少兵员，可向孙皓查证。当时或许根本没有带回首级。否则又何必去问孙皓？此外，也可能按法律规定不得带回敌人首级。在可以用首级换爵位的秦国，就有明文规定，敌军首级可换爵位，但达到大夫级别后，不允许再带敌人的首级回来。《商君书·境内》："其战，百将、屯长不得斩首。"睡虎地秦简《秦律杂抄》简7："故大夫斩首，迁。"本身已是大夫却在阵前斩取敌人首级拿回来邀功的，一律流放到边境地区。

带回敌方首级，还要防备其他没有获得首级的人来抢夺。睡虎地秦简《封诊式》简31—33是一份爰书，根据战士甲的描述可知，案件发生在秦昭王四十年(前266年)秦军攻占邢丘之后。战士甲目击战士丙用剑刺伤战士丁，夺取丁所获的一枚首级。

就整个战争的胜负而言，有价值的只能是那些具有一定身份的、最好就是敌对方首领的头颅。传统小说中经常写"来者何人报上名来"、"我刀下不斩无名之将"等说词，就含有这种确定身份的意图。两《汉书》中，有时也通过记录斩获单于首级宣示对匈奴作战的成功。而战败之际，地位较高的人也会想如何避免自己的首级落入对方手中。例如，《左传·定公四年》述吴楚之战，楚方左司马戌在雍澨与吴方交战时受伤。因为他曾高调地和吴王打过交道，无论如何也不想成为吴王的俘虏。他自度没有生还的可能，首先想到的就是让随从带走自己的首级。于是句卑"布裳，到而裹之，藏其身，而以其首免"(割下司马的头然后用衣襟包裹，藏好司马的身躯，将其首级带离战场)。①

首级落入敌手，就真是"后果不堪设想"。《战国策·赵策》曾说，韩、魏、赵联手灭知氏，赵襄子和知伯怨仇最深，所以他拿知伯的人头"为饮器"。后来《史记·大宛列传》写匈奴攻破大月氏，也用月氏王的头"为饮器"。什么是"为饮器"？或说是用头骨来喝酒，或说是用来接便溺。还有被放到蒸锅里蒸煮的。1999年，安阳刘家庄M1046出土一件铜甗，内盛人头骨一具，或者就是某异族首领的项上人头。这件装着头骨的铜甗现

① 原文："左司马戌及息而还，败吴师于雍澨，伤。初，司马臣阖庐，故耻为禽焉。谓其臣曰：'谁能免吾首？'吴句卑曰：'臣贱，可乎？'司马曰：'我实失子，可哉！'三战皆伤，曰：'吾不可用也已。'"

陈列在殷墟博物苑(A①)。至于成批战俘的首级,处理就相对粗糙。据考古工作者介绍,西北岗出土的这些头骨,还有不少能看到比较整齐的刀砍痕迹(B②)——割首并非总是照着脖子砍,从图片看,当时显然是胡乱一刀,从脸部砍下去的。

(A)

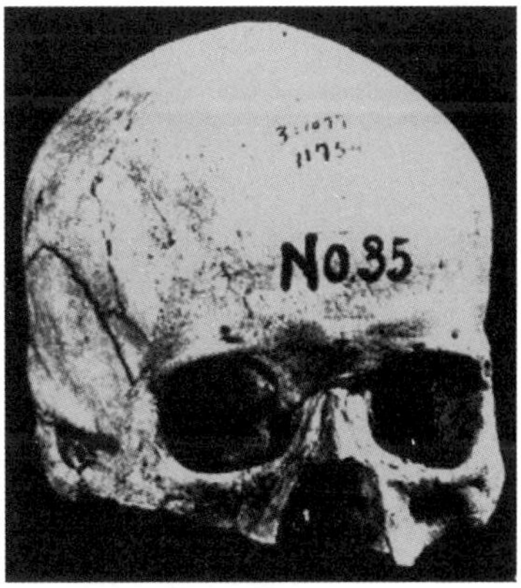

(B)

① 2013年夏拍摄于殷墟博物苑。

② 见《安阳殷墟头骨研究》图版三一。

4. 人方

【图版】

（1）

（1 局部）

（2）

（3）

（3 局部）

（3 局部摹本）

（4）

【释文】

（1 局部）乙卯卜，贞：王其正（征）人（夷）方[1]。亡（无）𢦏（灾）。

（2）癸亥王卜，贞：旬亡忧。在九月。王正（征）人方，在雇[2]。

（3）丁巳王卜，贞：𠩺巫九𠧟[3]，人方率伐东或东[4]，典东侯，𢦚人方[5]，妥（绥）余一[人[6]。余]其比多侯，亡左自上下于𣪘示。① 余受有佑。王占曰：大吉。……彡……王彝在……宗。

（4）……人（夷）方伯[7]……祖乙伐……

【著录】

（1）＝《屯南》2370　（2）＝《合集》36485　（3）＝《合集》36128、《新发现的一片征人方卜辞》②　（4）＝《合集》38758

【注释】

［1］人：读为“夷”。《说文》：“夷，东方之人也。”夷方，包括周代所称的东夷和淮夷。

［2］雇：地名。夏商之际有古国名“雇”，被商汤征服。《诗经·商颂·长发》：“韦雇既伐，昆吾夏桀。”该古国的地理位置，传统上认为在今河南范县一带。甲骨文的“雇”作地名，是商朝征伐东夷路线上的地名，学者以为在今河南原阳县一带。

［3］此四字词义不明，可能是占卜仪式中的习惯用语。

［4］或：学者或读为“国”，或读为“域”。国、域两个词音义都很近，例如《周礼》“山国”、“土国”、“泽国”，“国”都是“地域”的意思。此处“东或”是指商王朝东部疆域。“”字不识。或释“禺”，读为“遇”，适逢之意。率：

① 句意不明。

② 焦智勤先生《新发现的一片征人方卜辞》中公布的新见卜辞，李学勤先生将其与《合集》36128缀合。这里所用的拓片及摹本，取自王蕴智先生《殷商甲骨文研究》第400页。

猛然。卜辞说，现在夷方攻打我东部各诸侯国的东边。

［5］典：《广雅》：“主也。”典东侯，指商王作为主帅带领东国诸侯的部队，去和东夷作战。罥：谴责（参看本章“工方”条）。

［6］绥：使之安宁、安定。《诗经・大雅・民劳》：“惠此中国，以绥四方。”余一人：帝王自称。《国语・周语上》：“在《汤誓》曰：‘余一人有罪，无以万夫；万夫有罪，在余一人。’”韦昭注：“天子自称曰‘余一人’。”

［7］夷方伯：夷方的首领。伯，《说文》：“长也。”“伐”是砍下用作牺牲的人头来祭祀。这条写在人头骨上的刻辞大致是说，用夷人首领的人头来祭祀祖乙。

【延展阅读】

《左传・昭公十一年》：“纣克东夷而殒其身。”商纣王忙于和东方的夷人作战，虽然暂时打赢了，却输掉了自家的王朝。

夏商周三代，东方夷人地位十分特殊。例如，夏王朝的劲敌“后羿”、“寒浞”都是东夷人。后羿一度“因夏民以代夏政”。夏朝末年，“诸夷内侵”（《后汉书・东夷列传》），也是王朝覆灭的重要原因。商人灭夏的动向是自东向西，因而有学者认为，夏桀最后很可能是往西北逃，最终死于今中条山一带。①

商纣王征伐夷方，甲骨文有不少资料，根据那些时间、地点，学者复原了“征夷方路线”。日本学者岛邦男先生《殷墟卜辞研究》（1957 年出版）书中所附如下征夷方地图，眉目清晰。图中左侧出发点是“殷都”；右上方“”，郭沫若先生释“齐”，指今山东临淄；右下方的“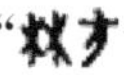”释为“林方”，仅仅说是淮夷，没有说具体地点，从地图上看大致是今江苏泰州一带。由于甲骨文中的很多地名都不能落实（有的文字尚且不能释读），这里就不详细介绍了。

如果夏人和东夷的冲突只是传世文献的“故事”，那么商人和东夷的不良关系，从传世文献和甲骨文来看都比较明朗。商朝和东夷的战争时间长，规模也不会小——商王御驾亲征，不可能孤军冒险。上揭（4）直接

① 夏森：《夏商史稿》，文物出版社，1987 年，第 313—319 页。

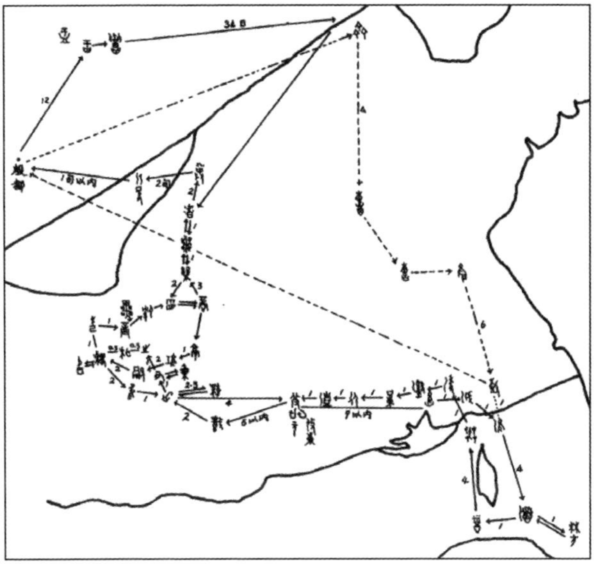

刻在人的头骨上。从刻辞内容看，这是一位东夷军事头领的项上人头（参看第四章“洹”条）。

据统计，人头骨刻辞现已知有15片，北京图书馆藏有7片，其拓片著录如《合集》38761、38762、28759等。故宫博物院（拓片著录为《合集》38758）、中国社会科学院历史研究所（拓片著录为《合集》38760）、上海博物馆（拓片著录为《合集》38764）、台北中央研究院历史语言研究所（拓片著录为《合集》27741）、加拿大皇家安大略博物馆（拓片著录为《怀特》1914）、日本东京国立博物馆、东京大学东洋文化研究所各有一件藏品。东京国立博物馆所藏系河井荃庐旧藏，原有两片，另一片原物下落不明，拓片著录为《合集》38763。有刻辞的头骨无一完整，大概在当时被有意敲碎。

国族二

1. 杞

【图版】

（1）

（2）

【释文】

(1①)丁酉卜,𣪘贞:杞侯𤈦[1]弗其肩兴有疾[2]。

(2) 丙戌卜,在,贞:王步于□,亡灾。

庚寅卜,在,贞:王步于杞[3],亡灾。

壬辰卜,在杞,贞:今日王步于,亡灾。

癸巳卜,在,贞:王𨒪[4]𤰈,往来亡灾。于师北。

甲午卜,在,贞:王步于𠝤[5],亡灾。

【著录】

(1) =《合集》13890　　(2) =《合集》36751

【注释】

[1] 杞侯𤈦:杞国诸侯,名𤈦。杞,从上“木”下“己”。𤈦,写作“”,手执火把,有点火、放火的意思。《说文》:“𤈦,烧也。”或认为是“夙”字异体。

[2] 肩兴有疾:第一期甲骨文占卜疾病的习惯用语。肩,象牛的肩胛骨之形(参看前言)。兴,完整写法为“”(《合集》6531),逐步省略为“”(《合集》21056)和“”。疾,写作“”,是躺在床上冒汗的病人,会疾病之意。“肩兴有疾”的语意是,能让患者病情好转。甲骨文中凡是“肩兴有疾”的人,都和商王比较亲近。

[3] 商代的“杞”,或认为在今山东新泰一带,或认为在今河南杞县一带。卜辞中的“步”,多和商王及其王室军队的行进有关。

[4] 𨒪:或读为“毖”,到某处去镇抚。或可读为驻跸之“跸”(参看第四章“洹”条)。

[5] 𠝤:或读为“索”,指周初封给鲁国的殷民六族中的“索氏”,《左传·定公四年》:“故周公相王室以尹天下,于周为睦,分鲁公以大路大旂,夏后氏之璜,封父之繁弱,殷民六族,条氏、徐氏、萧氏、索氏、长勺氏、尾勺氏,使帅其宗氏,辑其分族,将其类丑,以法则周公,用即命于周,是使之职

① 这里只写了图版中大字部分的释文。

事于鲁，以昭周公之明德。”其活动范围在今山东兖州一带。从卜辞看，壬辰这天商王在杞，占卜军队到这个地方去是否顺利。第二天癸巳，到了。第三天甲午，军队到了索，很顺利。但也有学者指出，所谓的“剢”字左边偏旁有可能是“糸”的变体，字应该释为表割断之意的“割”或“绝”。

【延展阅读】

文献中有杞国，是夏后氏遗民，翩翩华胄。文献中记载的“杞”由西周王朝封建，最后被楚国吞并，时值东周贞定王二十四年、楚惠王四十四年（前445年）。

《史记》记楚“灭杞”，并说：“杞小微，其事不足称述。”有点瞧不上弱小诸侯国的感觉。但《史记》写《陈杞世家》，仍然体现了不容忽视的传统观念。本来，周人灭商，把黄帝、唐尧、虞舜三族的后裔分别封建于蓟、祝、陈，把夏禹、商汤的后裔王室分别封建于杞、宋。前三者称为“三恪”，后两者称为“二王”。《尔雅》：“恪，敬也。”称那些古代圣王之后为“恪”，意思是像对待贵客一样加以尊敬。《史记》认为黄帝、唐尧的时代过于久远，资料不足，与其瞎编，不如阙疑；宋国则单独写《宋微子世家》，剩下“三恪”之尾的“陈”、“二王”之首的“杞”，组合成《陈杞世家》。

《左传・襄公二十九年》记郑子大叔之语，直接说“杞”为“夏肄”。“肄”在此可以理解为枝条、余脉等意思。“夏肄”意思就是说，“杞”国王族本是夏王朝后裔。这样的说法，在《国语》（“有夏虽衰，杞、鄫犹在”）、《大戴礼记》（“成汤……乃放夏桀……乃迁姒姓于杞”）等文献时有所见。西周人封建夏族遗民为“杞”，大概是灭了古代的杞国，而把他们的领地赐封给夏族遗民，新封国沿用古称，仍叫做“杞”。这正如封建唐叔虞，所赐的土地，也是古唐国的旧地。

传世青铜器铭文有“杞妇”二字，写在“”（通常也释为“亚丑〔醜〕”二字，如下图A、B）下方。李学勤先生分析认为，A铭文表明是“亚丑”族人嫁到杞国而做的铜器。“亚丑”族的青铜器在山东益都苏埠屯商代墓葬中有出土，可能是杞女入嫁，故而铭文称“杞妇”。

(A)

(B)

(C)

例(C)为西周早期青铜鼎铭文,内容是有位名“亳”的人接受“公中”赏赐,赏赐的土地中有“杞土”。最早收集这份资料的罗振玉先生曾说,是在当时的文物市场看到,相传出土于开封。现在一般学者引述,大多也认为是河南开封出土,铭文中的“杞”,也被用来证明西周初期的杞国封地就在河南杞县一带。清代山东新泰出土过一批“杞”国相关金文,关于其考古年代,传统看法是两周之际,也就是说,比例(C)晚。清代学者曾据《左传》论证,传世文献中山东的“杞”是春秋前已经从开封往东迁移,春秋晚期再迁到淳于。郭沫若先生曾指出,迁到淳于以前的杞,实际上是定居在新泰。1980年代史密簋出土,铭文中“杞夷”和“州夷”比邻。李学勤先生指出,在史密簋的时代,也就是西周孝王时,杞已经东迁到新泰一带,和山东安丘的“州夷”比邻。

迁到山东的杞,可能被所谓“东夷”同化。史密簋称之为“杞夷”,《左传》也说,杞本夏后而“即东夷”(即,是“近”的意思)考虑到早期核心文明自身尚未发展完善,位于核心边缘的小国“走自己的路”,几乎是顺理成章。

2. 髳

【图版】

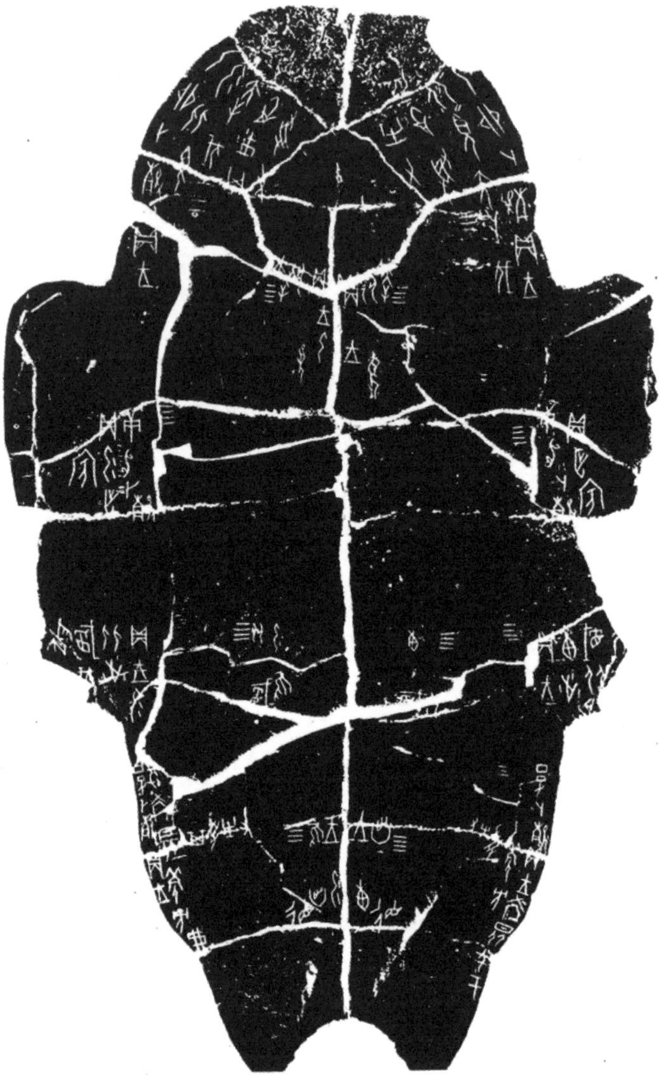

（1）

【释文】

(1) 丁巳卜,𣪊贞:王学[1]众伐于髳方[2],受㞢(有)又(祐)。

丁巳卜,𣪊贞:王弜(勿)学众髳方,其受㞢(有)又(祐)。

贞:王惠沚戠比伐巴[3]。

贞:王弜(勿)比沚戠伐巴。

庚申卜,𣪊贞:作宾。

庚申卜,𣪊贞:弜(勿)作宾。

乙卯卜,𣪊贞:王比望乘伐□方[4],受㞢(有)又(祐)。

乙卯卜,𣪊贞:王弜(勿)比望乘伐□方,弗其受又(祐)。

【著录】

(1) =《合集》32

【注释】

[1] 学:甲骨文作“□”、“□”,底部为“宀”字旁,表示建筑,顶部为“爻”字,作音符,是表示学校、学舍的古文字。在此或读为教导之“教”,指教谕训练即将出征的士卒。

[2] 髳:象人戴羊角形的帽子,以便狩猎时接近猎物。古书或作“髦”。《尚书·牧誓》有庸、蜀、羌、髳、微、卢、彭、濮八个方国参与牧野之战,协助周人灭商。《诗经·角弓》郑玄笺:“髦,西夷别名。武王伐纣,其等有八国从焉。”

[3] 巴:卜辞中的方国名,在殷之西。

[4] □:在卜辞中是较常见的方国名。或释为“危”,或释为“弁”。有学者认为,卜辞之“下弁”是“弁方”不同时期的异称,可读为“下辩”,《汉书·地理志》有“下辩道”,在今甘肃成县西。《合集》6530“兴方”和“下弁”并列,或说卜辞兴方在陕西略阳一带,《说文》称“郱”,唐代称“兴州”。其地和甘肃成县一带毗邻。《合集》36481 记载了商王朝和□方的一次战争,

商王朝大获全胜，卜辞上记载的战利品有战俘 1 570 人、盾牌 83 件、箭函 50 件等等。

【延展阅读】

按《尚书·牧誓》述周人灭商，有庸、蜀、羌、髳、微、卢、彭、濮八国协助。卜辞中所见除髳国外，另有羌方（已见前文）、彭国（如《合集》8283）等，但或者是字形解释有疑点，或者是字形比较确定但具体地望不能落实。例如上面举例的“髳”，近出《新甲骨文编》作为难以释读的字收入附录。当然也有少数古国眉目比较清晰。例如周代南方的古国“息”，商代甲骨文、青铜器铭文都有。

《合集》2354 骨臼刻辞（下图 A）说：

戊申，妇息示二屯。永。

卜辞中的“妇息”，是息国之女嫁给商王为妻后的称谓。“示”，郭沫若先生读为“眎”，即检视、察看的意思。宋镇豪先生认为，某“示”多少，是指某人致献的未经整治的龟背甲。“屯”，于省吾先生以为是丝织物帛的单位。胡厚宣先生释“匹”，一匹表示一双、一对胛骨。“永”，郭沫若先生认为是陪同省视的官员之署名。胡厚宣先生认为是史官署名。

(A)

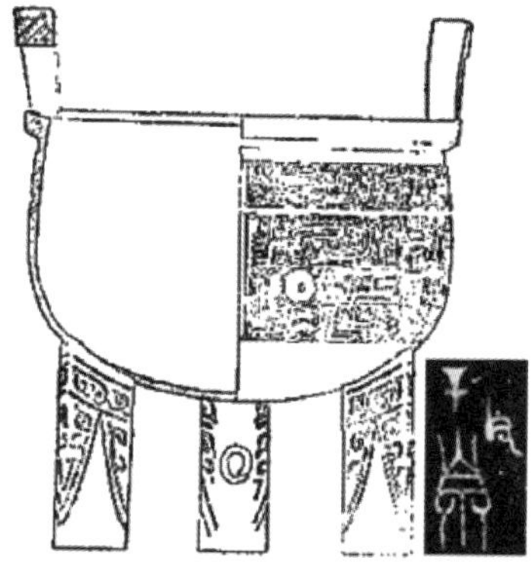

(B)

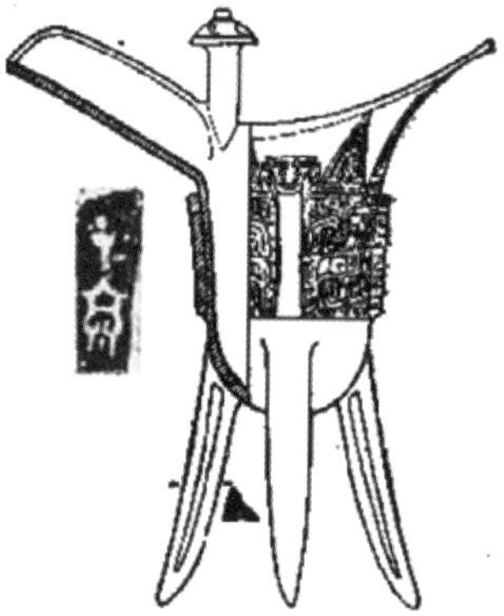

(C)

息是当时的方国，学者认为在今河南信阳市罗山县一带。当地自清代以来，出土过较多带有“息”字铭文的商代青铜器(上图 B、C①)。殷墟刘家庄 M63 也出土过类似铭文的铜器，“息”字作“”，和上揭罗山息国铜器铭文中第二例字形同。殷墟出土的器物，学者认为可能是息国之人到王朝为官，在首都去世后就地安葬的随葬品。

① (B)图为鼎的线图，见《考古学报》1980 年第 2 期，第 160 页图九：4；铭文拓片见同书第 173 页图二二：13。(C)图为爵的线图，见同书第 167 页图一八：7；铭文拓片见同书第 173 页图二二：7、8。

3. 周

【图版】

（1）

（1 局部）

（2）

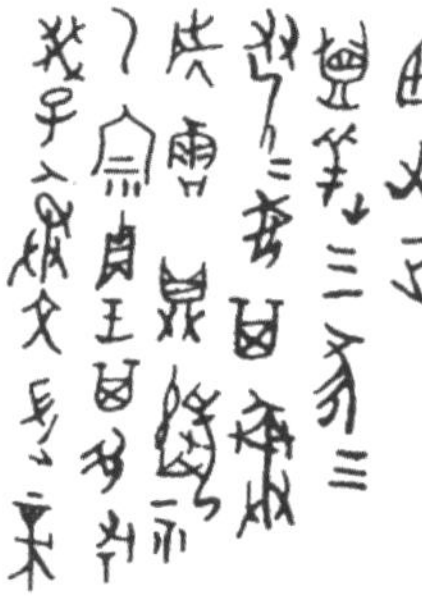

（2 摹本）

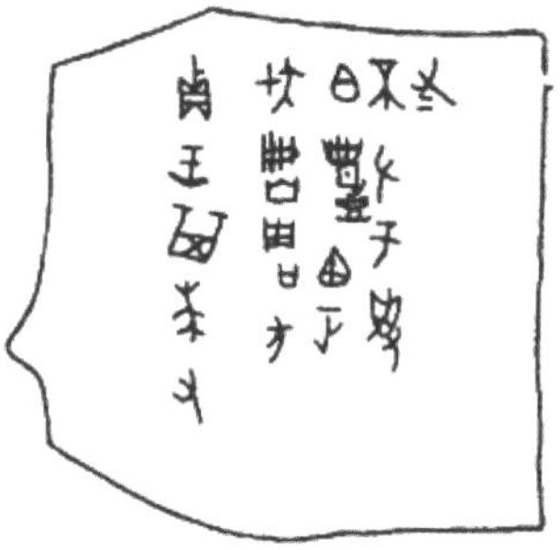

（3）

【释文】

（1 局部）丙辰卜，宾贞：王惠周方[1]征。

贞：王**弜**(勿)隹(唯)周方征。

（2）癸巳，彝文武帝乙宗[2]，贞：王[3]其邵□[4]成唐鼐(肆)

御[5]，□□母[6]。其彝：血、⿰羊土三、豚三[7]，囟(使)有正[8]。

（3）贞：王[9]其𠦪(祷)又(侑)太甲，⿱罒日周方伯[10]，礼囟(使)正，不左于受又(有)又(佑)[11]。

【著录】

（1）＝《合集》6657　　（2）＝周原 H11：1①　　（3）＝周原 H11：84

【注释】

［1］周方：卜辞也称“周”，学者认为即后来灭商之周。《诗经·鲁颂·閟宫》：“后稷之孙，实惟大王。居岐之阳，实始翦商。”（后稷的后裔，功劳最大的是大王，他率周人迁徙到岐山之南，正式开始灭商战争。）所称“大王”，也称“太王”，是王季（也称“季历”）之父、周文王的祖父。

［2］彝文武帝乙宗：彝，学者或读为“底”，《说文》：“底，止居也。”居处之意。或说是“宗庙常祭”（常规祭祀）。文武帝乙，指商纣王的父王帝乙，“文武”是美称。文武帝乙宗，是祭祀商王帝乙的宗庙。周原卜辞另外还有祭祀“文武丁”的卜辞，指帝乙的父王文丁。

［3］王：或以为指周文王，或以为指商纣王。

［4］邵□：邵读为“昭”，或理解为“高”、“美”，或理解为“明”，总之是说祭祀规模盛大。□，字形不清晰，或释为“祭”。

［5］⿱将鼎御：⿱将鼎，商代西周古文字完整字形作“”，省略作“”。商代金文又写作“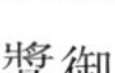”，表示用刀在俎上割肉，是古书中表示“分割牲体”义的“肆”字。不论“匕肉于鼎”还是“分解牲体”，都是古代祭神时常见的行为，因而“肆”也有祭祀之意。御〔禦〕，《说文》：“祀也。”肆祀，此处理解为祭祀。《书·牧誓》：“今商王受，惟妇言是用，昏弃厥肆祀弗答。”

［6］□□母，第一字不清晰，或释“𠬝”，疑读为“报”，古时为感谢神明保佑而举行的答谢祭。第二字或释“二”，“二母”指商汤的二位配偶。

① 摹本选自《周原与周文化》图版第 59 页。

［7］从“其”字到“豚三”，学者意见分歧，断句各不相同。其彝可理解陈列祭祀所用青铜器，祭品有血、三头公羊、三头小猪。

［8］“使有正”前省略主语“天帝”，这是占卜询问，假如这样祭祀商汤及其二位配偶，天帝会不会让商王及其国家都顺利。

［9］王：指商王。

［10］周方伯：此处指周文王。此处的“𠭯”，学者或认为是出兵征伐，或认为是谴责，或认为是册封。参看本章“工方”条。

［10］本句句意不明。有学者读为“丕佐于受，有佑”，意思是大大地帮助纣王（商纣王名“受”），得到福佑。

【延展阅读】

殷墟甲骨文的商和“周”、“周方”关系复杂，商王朝中央有“妇周”，或许有“周”女入嫁帝王家。此外，战、和的资料都有，但年代并不明确。更何况，殷墟卜辞的“周”或者“周方”，到底是不是建立西周的“周”，恐怕也还难以肯定。周原甲骨文也没有让这些关系变得明朗。

周原甲骨提到的早期地方政权，则有不少可以和文献对应。例如“密”（A，H11：80）、“蜀”（B，H11：68）、“楚”（C，H11：14；D，H11：83）等等。

（A）

（B）

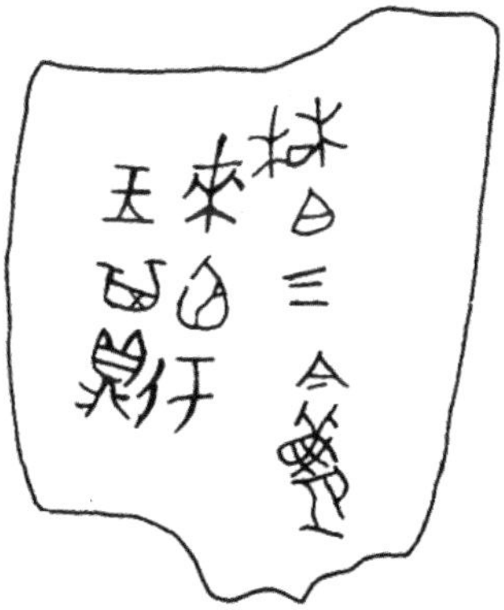

（C）

（D）

当时“密”（）与周人关系不睦，例如《诗经·大雅·皇矣》：“密人不共，敢拒大邦，侵阮徂共。”周文王伐密，《今本竹书纪年》：“密人降于周师。”可以说是灭商的先声。

周原甲骨的河流名词有“滮”（E）、“洛”（F、G）等。《诗经·小雅·白华》：“滮池北流，浸彼稻田。”今陕西南北有两条洛河，周原卜辞所指，学者以为是南部洛河，源于陕西商洛市境内的秦岭、华山山脉，主干道从洛南流入河南卢氏县，东流注入伊水。裘锡圭先生指出，例（G）第一字是视察之“视”的古文字，突出人的眼睛，而且人是站姿，甲骨文写作“”。与此有关的“见”字写作“”，也突出人的眼睛，但人是跪坐姿势。甲骨文的“见”还可以读为“献”。既说到“洛”去监督、视察“工”（古代有“百工”），当时或许已经在洛水流域规划建设。《尚书·洛诰》记载，周成王曾命周公到洛阳视察“我士师工”。例（G）“洛”字的写法和殷墟甲骨文“洛”完全相同（参看本章“崇”条）。

（E）

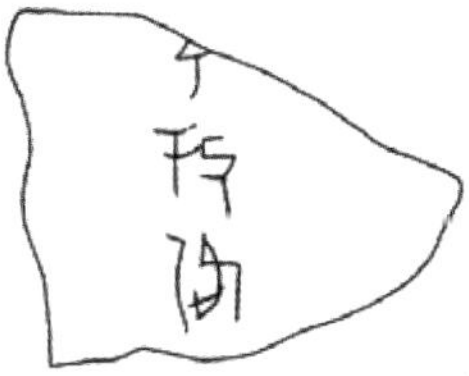

（F）

（G）

楚人早期也曾经入洛水流域。最近发表的清华简《楚居》说，楚先祖季连曾逆“汌水”而上，到“方山”游历。李学勤先生等认为“汌水”即今均水，“方山”即《山海经》“柄山”，在今熊耳山一带。熊耳山在今伊洛平原南缘。推测季连从今天湖北省西北部出发，沿着河南省西峡县内的丹江支流逆水而上，从卢氏县一带进入伊洛平原，在当地接触盘庚后裔并与之联姻。不久，楚人的另外一位先祖鬻熊，也从湖北省西北部出发，沿丹江干流进入陕西，和当地的周人接触。《史记·楚世家》记载鬻熊曾在周文王手下当差，也因为如此，周成王即位后“举文武勤劳之后嗣”，封赐鬻熊的后代熊绎为子爵，开创楚国数百年王业。据赵平安先生分析，《楚居》简文中季连是鬻熊的兄长，而后来楚人心目中的“三楚先”（老童、祝融、鬻熊）没有季连，是因为周代楚王世系出自鬻熊这一支。这很有道理。历史的机遇，正是给了进入陕西联络周人的鬻熊，而不是进入伊洛联络商人的季连。

4. 箕

【图版】

（1）

（2）

【释文】

（1）甲子卜，𠫤贞：于翌乙丑𢀛[1]𦣞[2]。乙丑允𢀛𦣞，不[3]……

(2) 癸未卜，在□師(次)贞：畣巫九畓，①王于㠱侯缶[4]师，王其在㠱。正。

【著录】

(1) =《合集》9570　　(2) =《合集》36525

【注释】

[1] 㞷：字形是人遗大便（参看第四章"田"条），在此读为迁徙的"徙"。卜辞说，甲子这天占卜，次日商王（或其他人、军队等）迁移到箕地去。次日果真迁移到箕地，没有遇到（灾害等情况）。

[2] 㠱：读为"箕"。有学者认为是文献中的箕子。

[3] 或认为"不"后面只缺一个"遘"字。"不遘"，迁徙的事没办成。

[4] 箕侯缶：名"缶"的箕侯。卜辞说，商王驻军于箕侯缶的领地。

【延展阅读】

傅斯年先生认为："商之兴也，自东北来。商之亡也，向东北去。"所谓"商之亡"后"向东北去"的人，就包括箕子。

据史书，箕子是文丁之子、帝乙之弟、帝辛（即商纣王）之叔父。辅助商纣王，曾担任太师。因为劝说商纣王未见成效，一度装疯为奴。后来西周灭商，箕子"走之朝鲜"（《史记・微子世家》）。近现代以来，学者根据辽宁大凌河流域及辽河以西发现的商代末期及西周早期青铜器铭文中带有"㠱"、"㠱侯"字样（图 A，《集成》9439.1；B《集成》2702），认为这一区域当是箕国故地，也就是商末周初箕子的领地。

商代青铜器铭文另外还有"小臣缶"（图 C，《合集》2653），有学者以为是上例(2)的"㠱侯缶"。不过也有学者指出，(A)、(B)所见的"㠱"有被称为是"族徽"的"亚疑"标志。商代的"亚"是一种身份，或认为是武官的一

① 参看本章"人方"条。

种。例如“杞”条提到的所谓“亚丑”。但是(C)“小臣缶”铭文中却是另外一个“族徽”，也就是铭文最左边一行“父乙”上方的“[illegible]”。在商代这个家族也比较显赫。1980 年代安阳殷墟刘家庄北地曾发掘一座墓葬，墓中出土青铜器铭文多有这个“族徽”。发掘报告认为是该族在首都的一处墓地。由此一来，(C)的“小臣缶”，也就基本上不可能是上例(2)的“箕侯缶”了。

(A)

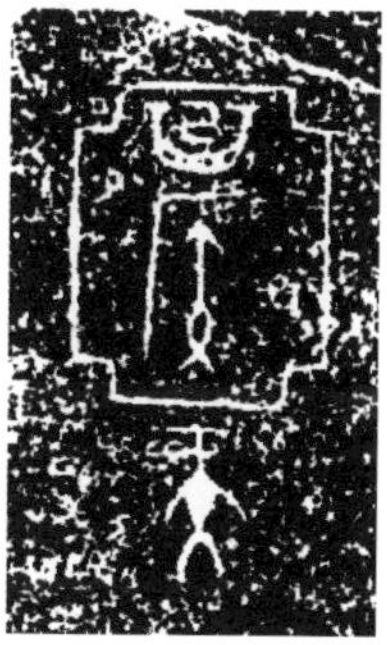
(B)

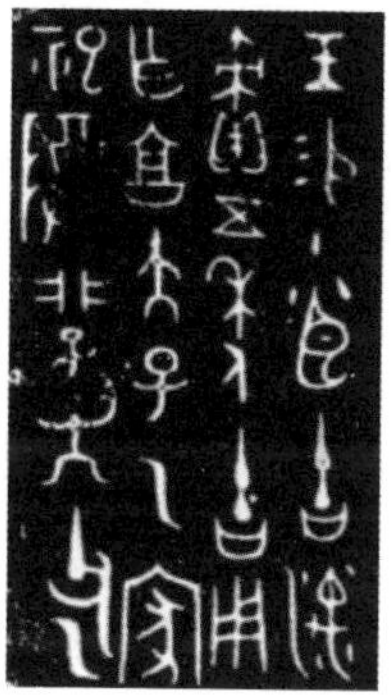
(C)

据《高丽史》记载，公元 1102 年李氏朝鲜肃宗在位时，该国礼部奏请为箕子立祠，奏折说：“我国教化礼仪，自箕子始，而不载祀典。乞求其坟茔，立祠以祭。”说“礼仪教化自箕子始”，可见当时朝鲜人对于历史上“箕子走之朝鲜”的说法是深信不疑的，所以才有“求其坟茔”的打算。他们甚至认为箕子的坟茔也在朝鲜境内。20 世纪初，还有人在平壤牡丹峰拍摄过箕子坟茔的照片。[①] 坟茔似乎并不高，有一方小碑，碑书“箕子陵”。不知修建于何时。金日成时代已下令将坟茔墓碑一并掘毁。由于不是考古发掘，所以也没有发掘报告可以查找。

① 1905 拍摄的箕子陵照片，见“照片中国网”之“周边国家”栏目，(http://www.picturechina.com.cn/bbs/thread-14985-1-1.html)。

第三章　天文类

日月星辰

1. 日

【图版】

（1）

（1局部）

（2）

（2 局部）

（3）

（3 局部）

【释文】

（1 局部）乙巳卜，王宾日[1]。

弗宾日。

（2 局部）癸未贞：甲申酒[2]出入日[3]，岁[4]三牛。兹用。

癸未贞：其卯出入日，岁三牛。兹用。

（3 局部）癸酉贞：日月有食[5]，隹（唯）若。

癸酉贞：日月有食，非若。

【著录】

（1）=《合集》32181　（2）=《屯南》890　（3）=《合集》33694

【注释】

[1] 日：太阳。现在通常认为，被商王迎接而加以祭祀的是太阳神。或认为，卜辞中说“宾日”，犹如《尚书·尧典》的“寅宾出日”。有学者认为，卜辞“王宾”的“宾”读为“傧”，意思是“迎接”。《说文》：“傧，导也。”《玉

篇》:“出接宾曰傧。”

[2] 酒:卜辞常见的祭祀方式。

[3] 出入日:出日、入日。学者认为,卜辞有“日出”(如《屯南》2232),有“日西”(如《合集》29713),分别表示太阳东升、西落。可知“出入日”不是说太阳的东升西落。“出入日”应看成一个抽象的受祭格。

[4] 岁:此处指割开祭祀用的牛。下句的“卯”,是把牺牲对剖成两半。

[5] 日月有食:指日食、月食。《诗经·小雅·十月之交》:“十月之交,朔日辛卯,日有食之。”或日月频食,即日食之后不久又有月食,或月食之后不久又有日食。此条卜辞涉及的日食、月食,学者推定为公元前1217年5月11日月食,26日日食。也有学者认为,这条卜辞是占卜会不会有日食、月食或日月频食,而不是实际真的发生了日月食。

【延展阅读】

日出日入,昼夜始分。

甲骨文以“日”、“夕”分别表示一整昼、夜,全天又分若干时段,其中有一些时段名称,沿用到了后世。例如下表。

	子	丑	寅	卯	辰	巳	午	未	申	酉	戌	亥
武丁时期	夕	夙	旦 眉	明 大采	食日		中日 日中	昃	小食	小采	黄昃	
武丁以后	夕	寤	湄	明 大采	食日		中日 日中	昃	小食	莫	昏	住
西周金文	夕	夙	旦 昧爽	明 大采								
左传	夕	鸡鸣	旦 昧旦				日中		日下 昃	日入	昏	
秦简	人定	鸡鸣	清旦	日出	食时	暮食	日中	日失	下市	舂日	牛羊入	黄昏
汉简	夜半	鸡鸣	晨 平旦	日出	蚤食 食时	东中	日中	西中	餔时 下餔	日入	昏时	人定
论衡	夜半	鸡鸣	平旦	日出	食时	暮时	正中	日昳	餔时	日入	昏时	人定

表格中秦简指睡虎地秦简,汉简指居延汉简。

人类社会对日食一直是小心翼翼地观察、诚惶诚恐地记录。其它文明古国中,以巴比伦人对公元前1063年7月31日的日食记录为最早。但这个记录本身没有明确的时间坐标,因而还存在争议。我国传世文献中最早的日食记录,见于《尚书·胤征》:“乃季秋月朔,辰弗集于房。”中外天文学工作者对这段天象记录作了很多研究,结论有十几种不同数值。例如我国唐代天文学家一行,元代天文学家郭守敬推算的结果,换算为公元纪年,都是公元前2128年10月13日。19世纪奥地利天文学者奥泊尔子(Th. V. Oppolzer)则推算了公元前2137年10月22日,公元前2072年10月23日两个结论值。作为我国“夏商周断代工程”的初步结论,也有四个年代供选:BC2043、BC2019、BC1970、BC1961。卜辞记录的日食发生在商朝中后期,时间不能早于公元前1500年,也不会晚到公元前1100年以后。张培瑜先生认为此期间在安阳可见的日食,应在公元前1269年8月27日,时间在早上七点左右,食分0.65。

古书中的日食记录很多,这意味着对日食的观测在中国早已形成制度。《左传·昭公七年》夏四月日食,随即,晋国士文伯预言卫国国君、鲁国卿大夫将死。孔颖达正义说,士文伯并不是根据日食作出预言,只不过是借着这个天文异象发表言论,惩恶劝善。孔氏这段话用心良苦,愿与读者诸君共飨:

> 日月之会,自有常数。每于一百七十三日有余,则日月之道一交,交则日月必食。虽千岁之日食,预算而尽知。宁复由教不修而政不善也?此时周室微弱,王政不行,非复能动天也。设有天变,当与天下为灾。何独卫君、鲁卿当其咎也?若日食在其分次,其国即当有咎,则每于日食,必有君死。岂日食之岁常有一君死乎?……
>
> 天道深远,有时而验。或亦人之祸衅偶与相逢,故圣人得因其变常,假为劝戒。知达之士,识先圣之幽情;中下之主,信妖祥以自惧。但神道可以助教,不可专以为教。神之则惑众,去之则害宜。故其言若有若无,其事若信若不信,期于大通而已。世之学者,宜知其趣焉。

现代社会科学昌明,人们不太愿意接受那种神秘兮兮的说教。观念转变之后,往往把日食作为一种奇观来欣赏。2009年7月22日的日全食奇观,从我国西藏东部往东直到长江三角洲流域都可以观测,世界天文学界称之为“中国日全食”。因媒体造势,观看日全食几成风潮。电视、报纸和网络上随处可见关于日全食的话题，日食之前各方人士纷纷现身，不遗余力地介绍如何观看日全食，日全食当天人们动用各种设备观看这一自然奇观，网络上出现的日食照片、视频更是铺天盖地。日食十分罕见，例如，上海人前一次在本地见到日全食是公元 1575 年，下一次则要等到公元 2309 年。那时大家已经躺在坟墓中，静候考古者的发掘，不能再观看日食。

人生苦短，怪不得大家都欣喜若狂。

2. 月

【图版】

(1)

(1 局部)

(2)

【释文】

(1 局部) 癸未卜,争贞:旬亡忧。三月乙酉夕[1],月有食[2],闻[3]。八月。

(2) 己未夕皿[4]庚申,月有食。

【著录】

(1) =《合集》11485　(2) =《英藏》885 反=《合集》40204 反

【注释】

[1] 夕,晚上。《说文》:“夕,莫也。”莫即日暮时分。在卜辞中指天黑之后、天亮之前的整个夜晚。

[2] 月有食,即月食。宾组卜辞有 5 次月食,学者排序为:《合集》

11483正癸未“之夕月有食”(癸未当天晚上有月食),在公元前1201年7月12日。以后分别为《合集》11484正“甲午夜月食”,在公元前1198年11月4日;《合集》40204亦即例(2),在公元前1192年12月27日;《合集》11482反“壬申夜月食”,在公元前1189年10月25日;《合集》11485亦即例(1),在公元前1181年11月25日。

[3] 闻,读为“昏”,昏黑。或认为表示灾祸之意。或疑读为“泯”,指月全食食尽。

[4] 皿,读为“乡”,与《诗经·小雅·庭燎》“夜乡晨”的“乡”意思相当,也就是今天表示趋向的“向”。卜辞“己未皿庚申”,指己未日即将结束之时。

【延展阅读】

人类很早就开始观测星星,并区分星座、制作星图。现在一般认为星座是古代两河流域迦勒底人的发明。公元前12世纪新巴比伦尼布甲尼撒一世(公元前1124～前1103年在位)所立的石碑上已经有天蝎座、人马座等星座图。1798年,拿破仑远征埃及时,曾在古埃及首都底比斯附近丹德拉的哈特霍尔(Hathor)神殿发现圆形星座浮雕。研究者认为,该浮雕反应的是公元前1700年左右在古埃及看到的星座。

甲骨文和“星”字有关的字,一种写法如“”(《合集》21419)、“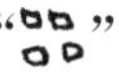”(《合集》15959反)、“”(《合集》11504)、“”(《合集》11505)、“”(《合集》98正)、“”(《合集》18692)等,这是“晶”字。徐灏云:“晶即星之象形文。”另一种是在前者字形中添加音符“生”,字形如“”(《合集》11501)、“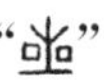”(《合集》11491)、“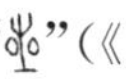”(《合集》11489)等。杨树达先生认为,前一类字形是天上星宿之象形,后一类是前者加注音符,又认为卜辞“星”通用作阴晴之“晴”。李学勤先生认为,在宾组卜辞中,写成三个封闭小块的是群星象形,用作星辰的“星”,加“生”字作音符的,读为阴晴的“晴”。上列卜辞中的星字写作,属于前一类写法,无疑是表示星辰。李学勤先生指出,《合集》11506等卜辞,占卜乙卯日是否天晴,商王占卜分析认为,肯定不会下雨。结果,乙卯这天天明时有大雾,不久晨雾消散,晴空万里。卜辞验辞写“大星”,李先生据杨树达先生说读为“大晴”,相关卜辞的意思就豁

然贯通。

甲骨文还有一些不同凡响的“星”，例如：

(A) ……不吉……祟，其有来艰。

[癸亥□卜，贞：旬无忧。]……七日己亥夕皿(向)[庚午]，有新大星并火…

(B) 戊戌贞：彗[4]异隹(唯)其亡畀启。

(A)

(B)

(B局部)

所谓“新大星”(例A，《合集》11503反)，学者认为是指新出现很亮的星星。根据现代天文学的解释，根据目测本来看不到的星星，因光度突然增加而可见，人们会误以为新出现了一颗星星，是为“新星”，我国传统典籍又称为“客星”。更剧烈的恒星爆炸，使得新星的光度超过原来的一千万倍以上，称为“超新星”。董作宾、成家彻郎等先生都认为此处“新大星”即是“超新星”。

后面的“并火”，学者认为“火”是大火星，即心宿二。“并火”即与大火星并立。在我国传统天文学概念中，属东方苍龙七宿之一。《诗·豳风·

七月》"流火"毛传:"火,大火。"现代天文学指天蝎座的主星 a 星(Antares)。传统所说的金木水火土五大行星中也有"火星",我国古代又称之为"荧惑"。大火星(心宿二)英文名 Antares 由 Anti 和 Ares 拼合而成,和火星(荧惑)有着密切的关系。据介绍,希腊神话中的战神 Ares 主宰着火星。大火星(心宿二)的亮度、颜色都很像火星(荧惑),当火星(荧惑)运行到天蝎座时,大火星(心宿二)与之交相辉映,好像在天空中争奇斗艳——Anti-Ares 的字面意思就是能够和 Ares 相匹敌。例(A)这条卜辞是说,大火星(心宿二)旁边出现一颗新的大星。

例(B)(《合集》32915)和彗星有关。甲骨文的"彗"字由唐兰先生考释。张培瑜先生认为,本条卜辞可能是指彗星这种天文异象。此外,《英藏》2366"燎于雪",张先生认为其中的"雪"可能也表示彗星。

风　云

1. 风

【图版】

（1）

（3）

（2）

（2 局部）

【释文】

（1）东方曰析[1]，风[2]曰𦬸[3]。

南方曰[illegible][4]，风曰岂[5]。

西方曰朿[6]，风曰彝[7]。

北方曰勹[8]，风曰阝殳[9]。

（2）辛未卜，王贞：今辛未大风，不隹（唯）忧。

（3）之夕雨。

其宁风[10]雨。

庚辰卜，辛至于壬，雨。

辛巳卜，今日宁风。

惠豕用。

【著录】

（1）=《合集》14294　（2）=《合集》21019　（3）=《屯南》2772

【注释】

[1] 析：东方神名，《尚书·尧典》作"析"，《山海经·大荒东经》作"折"。汉魏以后，许多从"扌"旁的字都写作"木"旁。本片卜辞"某方"指

该方位的神,“风”指该方位吹来的风。

［2］风:甲骨文写作“凤”,假借字。

［3］劦:东方风名,也写作“劦”(《合集》14295)。甲骨文中用作“协”(参看第四章“田”条)。《国语·周语》春天有“协风”。韦昭注:“协,和也。”《尔雅·释天》东风曰“谷风”。《诗经·邶风·谷风》“习习谷风”,毛传:“习习,和也。”均指东风和畅。《山海经·大荒东经》作“俊”。

［4］:南方神名,《尧典》、《山海经·大荒南经》作“因”。

［5］岂:南方风名。《山海经·大荒南经》云:“南方曰因,乎夸风曰乎民。”或释为“凯”,古籍以南风为“凯风”。或释为“彭”,读为“飘”。《诗经·大雅·卷阿》:“飘风自南”。

［6］朿:根据《合集》14295,此处可能是西方风名,《山海经·大荒西经》作“韦”。

［7］彝:此处应是西方神名。《尧典》作“夷”,《大荒西经》作“石夷”。“彝”、“夷”是通假字,训为杀、伤,指秋季万物肃杀。

［8］勹:北方神名,《尧典》作“隩”,《大荒东经》作“鹓”。“宛”与“隩”、“鹓”都可以通假。古文字“勹”、“包”、“宛”、“隩”等字有伏藏之意。冬季寒冷,人民深藏不出,鸟兽蛰伏。

［9］殳:北方风的专名,《大荒东经》作“狻”。甲骨文字形表示以梃杖击杀人,释为“杀”。“狻”和“杀”古音接近。《文选·西京赋》:“于是孟冬作阴,寒风肃杀。”

［10］宁:止息。宁风,使风停息。《国语·晋语八》韦昭注:“宁,息也。”

【延展阅读】

相传舜帝操五弦之琴,造南风之歌。其词有云:“南风之薰兮,可以解吾民之愠兮。南风之时兮,可以阜吾民之财兮。”(见《孔子家语·辨乐》)

尽管如此,大风的破坏性也很强,可以毁坏作物、建筑,甚至剥夺生命。上揭第(2)、(3)例就是占卜风是否会造成破坏。风吹云动和降雨密切相关。第(4)例就是希望通过祭祀,使风雨停止。此外,古人还以风向测雨水及年辰,如《田家五行志》逸文“冬南夏北,有风便雨”、“岁朝东北,五禾大熟”、“岁旦西北风，大水妨农功”等等。观测风向，有专用的设备。下图是东汉墓室壁画中的测风仪器及复原图。① 商代人既然有明确的四方风名，可能也有一套观测方法。

汉语词汇常以“风雷”并称。甲骨文“雷”的资料不是很多，附带在此略作介绍。例如《合集》14129 正：

贞：及今二月□。

最后一字，于省吾先生释为“雷”。《礼记·月令》仲春之月“雷乃发生”，仲秋之月“雷始收声”。卜辞占卜自然现象的“雷”，时间确定的有十月、十三月、一月、二月、三月。据研究，商代历法这几个月是夏历春末到秋初，有雷是正常的。

此外，甲骨文中有“申”字，写作“□”、“□”、“□”等，叶玉森先生认为是闪电的象形。许慎《说文》“虹”字条下说：“申，电也。”即今闪电。但甲骨文中并没有表示闪电意的“申”，全部都用作干支字。就不多说了。

① 见卢嘉锡主编《中国科学技术史·图录卷》，第 161 页。

2. 云、彩云

【图版】

（1）

（2）

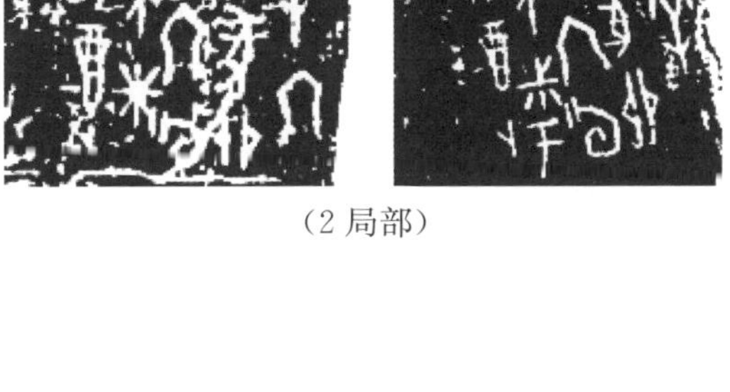

（2 局部）

【释文】

（1）丁亥卜，永贞：翌庚子酒……王占曰：兹隹（唯）庚雨。卜之……雨。庚子酒，三嗇（色）云[1]𩅦，其……既祝。启[2]。①

（2局部）癸酉卜，又燎于六云[3]，六豖、卯羊六。

癸酉卜，又燎于六云，五豖、卯五羊。

【著录】

（1）=《合集》13399正　（2）=《合集》33273

【注释】

[1] 嗇：稼穑的"穑"，在此读为"色"。三色云，即三色之云。

[2] 启：天晴。甲骨文此字从手从户，是开启之"启"的表意字。《说文》："啓，雨而昼姓也。""啓"、"姓"现代简化汉字不再使用，这里可以替代为"启"、"晴"二字。

[3] 六云：指云彩有六种颜色。

【延展阅读】

《说文》："云，山川气也。"于六书为象形。所谓"山川气"，是指山林间的水气。王充《论衡・说日》篇："见雨从上集，则谓从天下矣。其实地上也。然其出地，起于山，何以明之？《春秋传》曰：'触石而出，肤寸而合。不崇朝而遍天下。惟太山也。'……雨之出山，或谓云载而行。云散水坠，名为雨矣。夫云则雨，雨则云矣。初出为云，云繁为雨。……云雾，雨之征也。夏则为露，冬则为霜；温则为雨，寒则为雪。雨露冻凝者，皆由地发，不从天降也。"这段话较准确地说明了水循环的过程，认为雨水是从积雨云中降落，而不是从日月星辰所在的"天"上降下来。商人显然已经明

① 这条卜辞或释为：丁亥卜，永贞：翌庚子酒……王占曰：兹唯庚雨卜，之夕雨。庚子酒三色云，𩅦其既祝，启。见参考文献所列宋镇豪先生论著。

白，云和降水有着密切的关系。正是因为明白了雨水的来源，卜辞中才会占问云的动态。上揭卜辞中的“酒”、“燎”、“卯”都是祭祀过程中的动作或者祭祀名称。对云进行祭祀，主要关注点在于降雨。

日月有神，风、云、雨、雷也都有神。云神在《楚辞·九歌》中称为“云中君”，洪兴祖《楚辞补注》说，“云中君”就是《离骚》中的云神“丰隆”，又名“屏翳”。湖北天星观楚墓所出卜筮祷祠简中有“云君”，李零先生认为或即《九歌》的“云中君”。汉代又称“云师”。约而言之，“丰隆”当是强调云朵膨大之状，而“屏翳”则是强调因云层遮蔽而产生的阴影。汉画中的云师(江苏铜山县洪楼祠堂屋顶坡面画①)，作口中吐云雾状，而脚下云朵舒卷。其形象大概是一名男子。《太平御览》卷十一《天部》：“《遁甲开山图》曰：霍山，南岳。有云师、雨虎。”原注又说：“荣氏解曰：云师如蚕，长六寸，有毛，似兔。雨虎如蚕，长七八寸，似蛭。云雨之时，出在石上。肉甘，可熟而食。”乃是一种可食的动物。

古籍中根据云的色彩、动态判断降水，资料非常丰富。宋代学者高似孙编的《纬略》中还收录了一部《相雨书》，书中介绍如何根据云彩判断降雨，例如说：“常以戊申日日欲入时，日上有冠云，不问大小，视四方黑者大雨，青者小雨。”又说，如果看到彩云，“黑赤并见者，即雹；黄白杂见，风多雨少；青黑杂者，雨随之必滂沛流潦。”

卜辞中涉及“云”的辞很多都残缺，但是有数条卜辞都写到云的方位及动向，如“自东”(《合集》10405 反、10406 反)、“自北”(《合集》11501)“自北”(《合集》21021，还有《合集》21011 等残存了“云自”字样，原本应该也写了云的动向。云的动向实际也有助于判断降雨情况。《谈苑》、《丹铅杂录》等说：“云向南，雨覃覃。云向北，老鹳寻河哭。云向西，雨没犁。云向东，尘埃没老翁。”《田家五行志》又举例说：“云行东，雨无踪，车马通。云

① 见张道一：《汉画故事》，第 201 页，重庆大学出版社，2006 年。

行西，马溅泥，水没犁。云行南，雨潺潺，水涨潭。云行北，雨便足，好晒谷。”这种经验之谈或许有很古老的来源。从商人对“云”的方位观测看，有些经验他们大概也早已获得。

降　水

1. 雨雪

【图版】

（1）

（1 局部）

（2）

（3）

（3 局部）

（4）

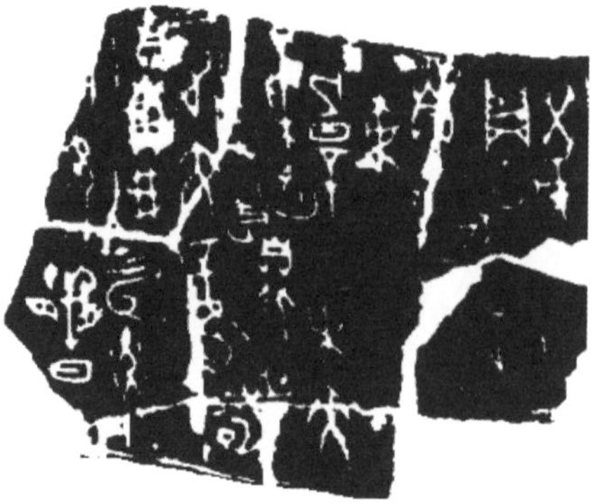

（4 局部）

（5）

（6）

（6 局部）

(7)

(8)

【释文】

(1 局部) 贞:今兹[1]云[2]雨[3]。

(2) 乙酉卜,大贞:及兹二月有大雨。

(3 局部) 贞:其亦烈雨[4]。

贞:不亦烈雨。

(4 局部) 癸亥卜,贞:旬。一月。昃雨[5]自东。九日辛未大采[6],各[7]云自北,雷延[8],大风自西,刜云[9],率雨[10]。毋□[11]日。

(5) 贞:蔑[12],有雨。

弜(勿)蔑,亡其雨。

弜(勿)舞[13]岳[14]。

弜(勿)舞岳。

(6 局部) 叀庚蔑有……

其作龙[15]于凡田,有雨。

(7) 乙酉卜,雪[16],今夕雨。不……四月。

(8) ……贞……霰[17]……豕

【著录】

(1)=《合集》17072　(2)=《合集》24868　(3)=《合集》6589 正　(4)=《合集》21021　(5)=《合集》12842　(6)=《合集》29990　(7)=《合集》20914　(8)=《合集》13010

【注释】

[1] 今兹:即“今”,现在,当前。或说“兹”为“此”,指占卜的这片云。

[2] 云:现代所谓积雨云。

[3] 雨:降雨。这是占卜当前天上的云会不会降雨。

[4] 烈雨:即暴雨。卜辞正反对贞,问会不会有暴雨降临。

[5] 昃:《说文》:“日在西方时,侧也。”指正午过后太阳偏西的时间段。

[6] 大采:卜辞中指日出之后、朝食之前的时间段。

[7] 各:来。卜辞的意思是,清晨有云从北方飘来。或读为“霞”,霞云即“云霞”。

[8] 延:《说文》:“长行也。”段玉裁注:“引申则专训长。”此处指雷声延续不断。

[9] 剌:《说文》:“击也。”此处指风吹击、吹散或吹走雨云。

[10] 率:或认为是“携带”的意思,指大风带来滂沱大雨。或疑是急速的意思。大风吹来,下了一场雨,然后大风很快又吹散或吹走乌云,降雨时间不长。也有学者认为这根本不是“率”字,具体待考。

[11] :或分析为从羊从眀声,读为表惊慌、急忙之意的“遽”;或释为“向”,读为“饷”,“饷日”是正午之前的一个时间。

[12] 熯:常见的求雨方法。就是把人作为牺牲放在火上焚烧。字形上部从黄。“黄”象人仰面向天、腹部膨大,就是“尪”字初文。“黄”、“尪”读音接近。而根据古书及注释,“尪”就是指一种突胸凸肚、身子显得特别粗短的残废人,正符合甲骨文“黄”字的写法。《左传·僖公二十一年》:“夏,大旱。公欲焚巫、尪。”是想通过焚烧人的方式来求雨。字形中下有“火”字旁,可以理解为“焚尪”两个词。

[13] 舞:舞蹈。通过舞蹈的方式求雨,古今中外都较常见。

[14] 岳:山岳。卜辞中作为求雨之祭的“𡖅”和“舞”,其祭祀对象都是这里出现的“岳”。《合集》12855:“庚午卜,求雨于岳。雨。”后一个“雨”是所谓的验辞。卜辞说,祭祀“岳”祈求降雨,结果如愿以偿。

[15] 龙:卜辞是说作土龙求雨。《淮南子·地形训》:“土龙致雨。”高诱注:“汤遭旱,作土龙以象龙。云从龙,故致雨。”这种方法至今通行。《帝城景物略》载儿歌:“麦子麦子焦黄,起动起动龙王。”即以龙求雨。

[16] 雪:甲骨文从雨从彗声。《诗经·邶风·北风》“雨雪其霏”,熹平石经“雪”作“霻”。古文字偏旁不固定。第(1)例中“雪”字写作上“雨”下“彗”,第(2)例中写作上“彗”下“雨”。

[17] 霰:《诗经·小雅·頍弁》:“如彼雨雪,先集为霰。”《埤雅·释天》:“《说文》曰:‘霰,稷雪也。’闽俗谓之‘米雪’。言其霰粒如米。”

【延展阅读】

古代农业社会靠天收,不得不时刻关注雨水。古人谓:“农勤于朝,女勤于宵。宵必顾杼,朝必顾雨。”以小麦种植而言,俗话又说“无雨莫种麦”,又说“小麦不怕神共鬼,只怕四月八日雨”。有雨无雨,都应小心在意。卜辞中除了卜问上揭雨、大雨、烈雨,还有“小雨”(如《合集》28546)、“从雨”(如《合集》12830)、“延雨”(如《合集》12777)等,表现出对降雨情况格外留心。

自远古时代以来,人类就有各种求雨的祭祀,希望神明帮助自己控制雨水。据《吕氏春秋·顺民》篇,商代有名的先王成汤,就曾为求雨而“剪其发,磨其手,以身为牺牲”,并收到“雨乃大至”的良好效果。此事至今都有人相信是真的,并有学者致力于研究这一事件的发生地点。2010 年 8 月,在山西阳城召开的首届商汤文化学术研讨会上,以商汤求雨之事为研究对象的论文就有 14 篇。有学者认为今山西阳城县析城山地区是商汤求雨之处。

据研究,卜辞中希望有雨,为的是便于农耕;希望不下雨,多是田猎类卜辞。商王欲外出行猎,自然希望天晴。为农业而祈求有雨,又为行猎而希望无雨,商王是否总能如愿以偿,很难说。史料记载,唐代段文昌却能与风雨偕行。《新唐书·段文昌传》说，段氏到荆南州(即今湖南、湖北一带)做官，如果是天旱伤农，段氏求雨，天必降雨；如果是下雨造成不便，段氏出游，天必放晴。当地俗话说："旱不苦，祷而雨。雨不愁，公出游。"真可说是天人合一，随心所欲。段文昌是唐樊国公段志玄三世孙，其子段成式，是《酉阳杂俎》等书的作者，为一代硕学，可谓父祖有德，芝兰生阶。又有明代周斌，《明史·杨瑄传》载，周氏主政广东，禳旱则雨降，求晴而雨止，令人想起《西游记》"车迟国猴王显法"一段齐天大圣呼风唤雨的精彩故事。

焚烧人牲来求雨，裘锡圭先生的论证已经很完备。通过舞蹈求雨，在古代更是成为一种制度，典籍称之为"雩"或"舞雩"。而且根据典籍，曾有"司巫"具体负责此事。《周礼·大宗伯》："若国大旱，司巫则帅巫而舞雩。"卜辞中有一个""(如《合集》30031)字，从雨从舞。郭沫若先生认为"⿱雨舞"是"雩"字异体。丁山先生则认为"⿱雨舞"是舞蹈求雨的专字，后世所说的"舞雩"，实可能是卜辞"⿱雨舞"字误传。

和焚烧人牲有异曲同工之妙的方式，还有暴晒求雨。君主或某个级别的领导人让自己在太阳底下暴晒，认为这样可以求雨。古书中其例不胜枚举。归有光曾说，李云简在内江主政期间遭遇大旱，曾用暴晒自我的方式求雨。他为小孩子编了一首歌曲，教他们唱："旱既太甚，治邑非人。宁祸其身，勿病其民。"道出自曝求雨的初衷。

前些年上海博物馆公布的战国简中一篇《柬大王泊旱》，第12—16简说楚简王时遭遇大旱，大臣建议楚简王带着近侍之臣，出居郊外，自我暴晒，最终大雨降临，四境之内获得丰收。古代有这样的事，大家已经见怪不怪。

近现代以来这样的事也时有发生。杨树达先生曾回忆说："一八九四(光绪二十年甲午，年十岁。引按，此系杨先生自述年岁)是年湖南大旱，巡抚吴县吴公大澂，盛衣冠，步行通衢，祷雨于诸神庙。大父炳南公携余兄弟往观。余后跋吴公所著《字说》，系以七律一首，有'求雨曾窥董相姿'之句，记此事也。"篇中提及的七律见《积微居诗文钞》。杨先生出于对吴大澂学术、人格的敬仰，回忆吴先生亲自求雨之事，满怀温情。由此也可见，当时官员求雨，还是受到称赞的行为。

2. 虹霓

【图版】

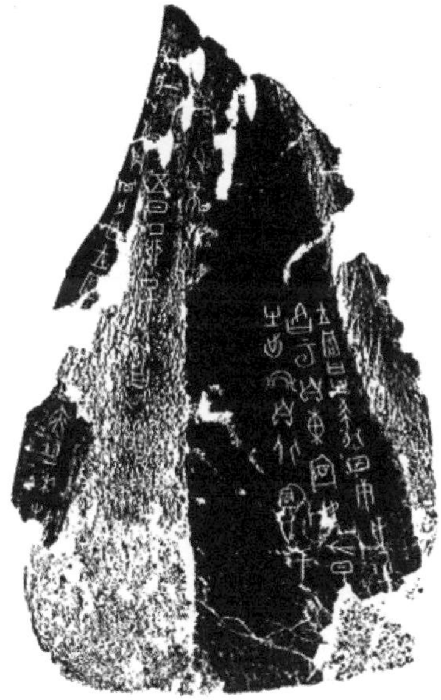

（1）

（1局部）

【释文】

（1局部）……旬亡……八日……来艰。王占曰：有祟。八日庚戌，各云自东，□母。[1] 昃[1]有出虹[2]自北，饮于河[3]。十二月。

---

[1] 二字不识。或释“面母”，或释“宧毋”。

【著录】

（1）=《合集》10405 正反[①]

【注释】

［1］昃：甲骨文中指太阳开始偏西的时段。《说文》："日在西方时，侧也。"甲骨文"昃"字有两种写法，一种如本片之""，通过人和太阳的位置关系，表示日已西斜，属会意字。一种作""（《合集》20957），从日、仄声，是形声字。

［2］虹：彩虹。明代彭大翼《山堂肆考·天文》"虹蜺"条收罗了和彩虹有关的众多文献，可参看。

［3］饮于河：指彩虹的一端或两端在水面，彷佛在饮水。《梦溪笔谈·异事》"虹"条："世传虹能入溪涧饮水，信然。熙宁（引按，公元1068—1077 年）中，予使契丹，至其极北黑水境永安山下卓帐。是时新雨霁，见虹下帐前涧中，予与同职扣涧观之，虹两头皆垂涧中。使人过涧，隔虹对立，相去数丈，中间如隔绡縠。自西望东则见（原注：盖夕虹也）。立涧之东西望，则为日所烁，都无所睹。久之，稍稍正东，逾山而去。次日行一程，又复见之。（原注：孙彦先云：'虹乃雨中日影也，日照雨则有之。'）"

【延展阅读】

甲骨文中的"虹"字，叶玉森先生释为"桥"，后来李亚农先生支持其说，做了一些论证。李先生不同意释"虹"，主要的原因是看到卜辞十二月出虹，而据《逸周书》、《礼记》等典籍，冬天没有虹霓。但甲骨文中的月份并不是夏历，根据一些学者研究，卜辞十二月相当于夏历五六月，这个时候有彩虹，就不足为怪了。

如果单纯只看字形，释"桥"不失为一种妙解。

现在有些地方把水面上方出现的彩虹描述为"杠吃水"。"杠"在古代

---

① "艰"字以前写在正面。这里没有展示正面拓片。

就有桥梁的意思。《玉篇》木部:“杠,石杠,今之石桥。”石部又说:“矼,石桥也。”《文选·魏都赋》“石杠飞梁”,刘良注:“石杠,谓石桥也。”《朝野佥载·赵州石桥》描写赵州桥的桥体形状:“初月出云,长虹饮涧。”按六书理论分析,杠、矼和虹,都是从“工”声的形声字。古文字资料及古书中,从“工”声和从“共”声的字经常通用,考虑到现在通行的“拱桥”之说,以及彩虹的拱形,“虹”字也许还和“拱”字有某种关联。汉画像石中虹的造型(图见嘉祥武氏祠后室画像石),近乎一道拱门。

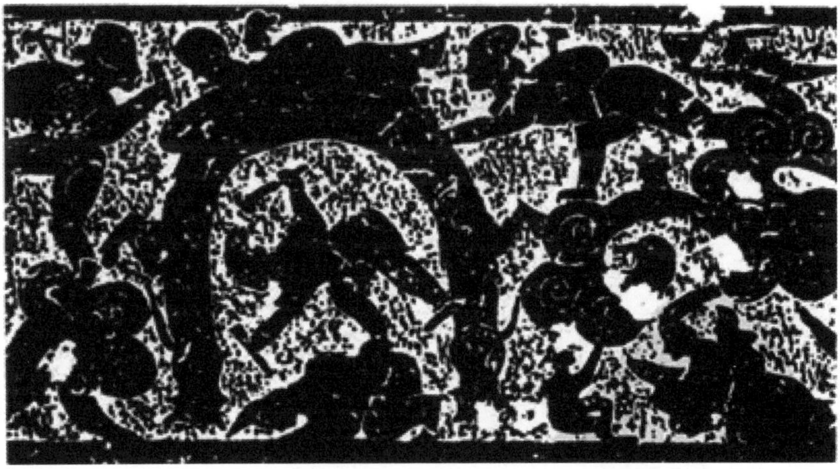

时至今日,人们也经常用桥来描写虹,又用虹来给桥命名。各地随处可见的“虹桥”,可以为证。诗文之中,也常常把“桥”和“虹”相互联系。如李白的诗句就有:“安得五彩虹,架天作长桥。”(《焦山杳望松寥山》)“他日还相访,乘桥蹑彩虹。”(《送温处士归黄山白鹅峰旧居》)“两水夹明镜,双桥落彩虹。”(《秋登宣城谢朓北楼》)“香阁倚日,凌丹霄而欲飞;石桥横波,惊彩虹而不去。”(《任城县厅壁记》)此外如苏舜钦《中秋松江新桥对月和柳令之作》:“月晃长江上下同,画桥横绝冷光中。云头艳艳开金饼,水面沉沉卧彩虹。”也是备受赞赏的佳句。

3. 冰雹

【图版】

(1)

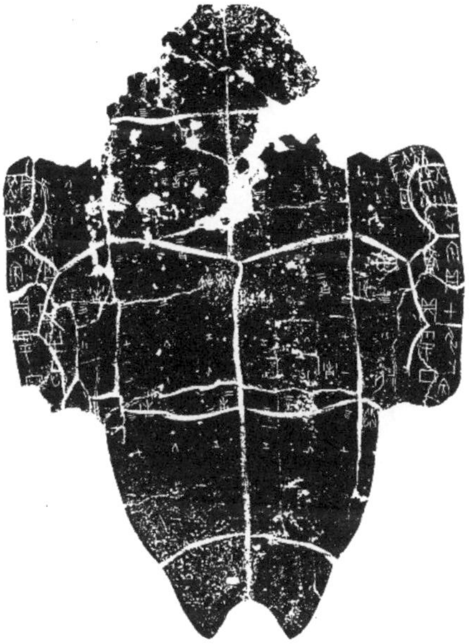

（2）

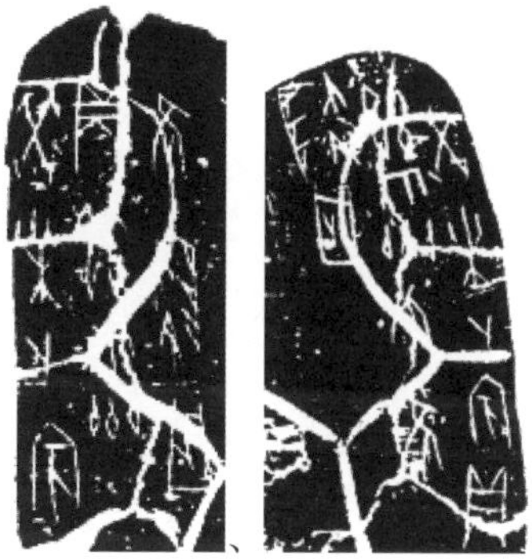

（2 局部）

【释文】

（1）丙午卜，韦贞：生十月[1]雨，其隹（唯）雹[2]。

丙午卜，韦贞：生十月，不其隹（唯）雹，雨。

（2 局部）癸未卜，宾贞：兹雹不隹（唯）降忧。十一月。

癸未卜，宾贞：兹雹隹（唯）降忧。①

【著录】

（1）＝《合集》12628　（2）＝《合集》11423

【注释】

[1] 生十月：下个月是十月。我国主要种植冬小麦，冬小麦一般在夏历九十月间播种，次年夏初收割。有学者研究，商代十月约当夏历仲春或

① 反面卜辞及图版未录。

季春，此时小麦抽穗，故而担心冰雹为害。第(2)例卜辞也是正反对贞，当时估计是下了冰雹，但商王判断说，这次冰雹不会造成大的危害。

[2] 雹：《说文》："雨冰也。"《春秋·僖公二十九年》："秋，大雨雹。"《礼记·月令》："仲夏行冬令，则雹冻伤谷。"现代科学工作者则根据物理特征，区分出霰、冰丸、冰雹、软雹等多种类型。直径5毫米以上的固体降水才算是"冰雹"。或认为甲骨文无"雹"字，这类字都是"雨"的异体。

【延展阅读】

从古至今，人类对冰雹造成的灾害印象十分深刻。《圣经》曾提到古代埃及的十大灾难之一是冰雹之灾，而且它是十大灾难中第一个直接造成人员伤亡的灾难。我国传世文献中散见不少和冰雹有关的资料，中古以后各地的县志，也都或多或少地记录了当地的冰雹情况。

经学家相信，天降冰雹，表明人间有臣子专权、后妃专宠。作为公羊经学大师的董仲舒说，经书"雹"，"皆谓有胁行专政者也"。史书所述与经书角度不尽相同，相对也较为详实。《史记·孝景本纪》载汉景帝二年，衡山雨雹，"大者五寸，深者二尺"。更常见的是用具体物件作比。如《竹书纪年》载周夷王七年冬冰雹，"大如砺"。砺即今磨刀石，大概是用圆卵状的磨刀石打比方。汉和帝永元五年冰雹、安帝永初二年冰雹，《东观汉记》分别描述说："大如雁子。""大如芋魁、鸡子。"分别用鸿雁蛋、鸡蛋打比方。"鸡子"这种比方在史书中较常见。有些地方的俗话说冰雹是"冷蛋子"，大概就是这个来历。至于《汉书·五行志》说，汉武帝元封三年十二月，冰雹"大如马头"，如非描述失真，真是骇人听闻。

民间俗话及歌谣中还有一些预防冰雹的经验总结。汉人作《焦氏易林》说："白云如带，往往来处。飞风送迎，大雹将下。击我禾稼，僵死不起。"根据云的形状、动态等，判断会不会有冰雹以及为害程度。这很可能就是当时流传的俗语。

冰雹的成因，除了主流的阴阳不协调说，古来还有一种奇妙的解释，认为冰雹是蜥蜴吐水而成。此说在今天看来犹如天方夜谭，但在古代，即使博学如朱熹，对此说也颇为相信。《朱子语类》卷二主要论天文气象学问题，其中就谈到冰雹：

> 伊川说："世间人说雹是蜥蜴做。初恐无是理。"看来亦有之。只谓之全是蜥蜴做，则不可耳。自有是上面结作成底，也有是蜥蜴做底。某少见十九伯说，亲见如此。记在别录。十九伯诚确人，语必不妄。又，此间王三哥之祖参议者云，尝登五台山，山极高寒，盛夏携绵被去。寺僧曰："官人带被来少。"王甚怪之。寺僧又为借得三两条与之。中夜之间，寒甚。拥数床绵被犹不暖。盖山顶皆蜥蜴含水，吐之为雹。少间风雨大作，所吐之雹皆不见。明日下山，则见人言，昨夜雹大作。问，皆如寺中所见者。又《夷坚志》中载刘法师者，后居隆兴府西山修道。山多蜥蜴，皆如手臂大，与之饼饵，皆食。一日，忽领无限蜥蜴入庵，井中之水皆为饮尽。饮讫，即吐为雹。已而风雨大作，所吐之雹皆不见。明日下山，则人言所下之雹，皆如蜥蜴所吐者。蜥蜴形状亦如龙，是阴属。是这气相感应，使作得他如此。正是阴阳交争之时，所以下雹时必寒。今雹之两头皆尖，有棱道。疑得初间圆，上面阴阳交争，打得如此碎了。

朱子此段议论，引征浩繁，既有时人亲眼见闻，也有书籍记载。蜥蜴吐水成冰雹，在朱子看来，俨然无可争议。

比起冰雹，当前国人对雾霾的担忧显然更重。甲骨文有"霾"，例如《合集》13467（下A是全片拓本，A局部为与释文对应的局部）：

贞：兹雨不唯霾。

贞：兹雨唯霾。

(A)

(A局部)

霾,《说文》:“风雨土也。从雨,貍声。《诗》曰:‘终风且霾。’”古人所说的霾,有时相当于今天所谓的大风扬尘、沙尘暴等。甲骨文中的“霾”,也许就是如此。当前国内说的“霾”,有时也是扬尘。根据中国气象局《地面气象观测规范》定义为:“大量极细微的干尘粒等均匀地浮游在空中,使水平能见度小于10千米的空气普遍有混浊现象,使远处光亮物微带黄、红色,使黑暗物微带蓝色。”1999年版《辞海》对“霾”这种天气现象也大致是这样定义。风沙也罢,扬尘也罢,雾霾也罢,希望都能有效治理。

第四章　环境与自然经济

山　川

1. 山岳

【图版】

（1）

（1局部）

（2）

（2 局部）

（3）

【释文】

（1 局部）癸巳贞：其燎十山[1]，雨。

（2 局部）壬申卜，王陟[2]山□，癸酉易日。

（3）……卜，其往于岳[3]，惠三大牢。

【著录】

（1）=《合集》33233 正　（2）=《合集》20271　（3）=《合集》30422

【注释】

［1］十山，可能指十座山。卜辞大意是，用燎的方式祭祀十座山，会下雨。卜辞还有“十山”（又如《合集》34166）、“五山”（如《合集》34167）、“三山”（如《合集》19293）、“二山”（《合集》30453）、“小山”（《合集》30393）等，并有学者推定了兕、目、羊、岷等数座山名。

［2］陟，表示登上土阶。《说文》：“陟，登也。”《诗经·商颂·殷武》：“陟彼景山，松柏丸丸。”卜辞似乎说，壬申这天占卜，商王登山，次日会晴天。

［3］岳，《说文》以为“嶽”的古文，今通作“岳”。《文选·扶风歌》李周翰注：“岳，山也。”《诗经·大雅·崧高》：“崧高维岳，骏极于天。”朱熹集传：“岳，山之尊者。”甲骨文中的“岳”大部分不是自然界的山岳。虽然本篇卜辞“往于岳”的“岳”，有学者认为是自然的山岳。但卜辞又有“戍岳”、“入岳”等（如《屯南》3107、4315＋4318），“岳”更有可能是地名。

【延展阅读】

《诗经》云“瞻彼淇奥，绿竹猗猗”（《卫风·淇奥》），眺望淇水岸边，繁茂的竹林美不胜收。

笔者从教于安阳，见过当地的竹子，却没有见过竹林。不但是我，1600 年前，郦道元已说：“通望淇川，无复此物。”说“无复此物”，似乎当时在淇河岸边放眼望去，不但见不到竹林，恐怕是竹子都没有。古今之变，令人感慨。甲骨文没有描述当时的环境，也无法从中研究森林覆盖率。但应该和东周时代所谓的“草木畅茂，禽兽繁殖”（《孟子·滕文公上》）比较接近。

甲骨文“木”作“”，是木本植物整体象形，上部分叉表示树枝，下部分叉表示树根，中间是树干。树干又称“株”，甲骨文作“”，在树干部位加一点作标记（指事符号），是指事字。俗语说双木成林，甲骨文“”，正是“林”字。森字作“”、“”。“麓”字作“”、“”，分别从鹿、录为音符，但都从林。《说文》：“林属于山为麓。”

甲骨文“”、“”，学者释为“苞”。草木丛生为“苞”，字形表示人的四周全是草木树丛。“”是侧身俯伏的人形，是“勹”字，在这里又作音符。甲骨文又有“”，学者释为“郁”。中央的“”是上下结构，上“大”下“勹”。“大”是正立的人形，站在另一个人肩背上，俯身的人心情郁闷。“勹”和“郁”上古读音接近，依然有表音功能。当然“郁”也指林木茂盛。因此“”也可以理解为林木过于茂盛，遮住前行道路。所以在郁郁葱葱的树木中，一人站在另一人肩背上，试图眺望前路。

甲骨文“”、“”、“”，突出枝头有树叶，即“叶”字。“采集”的“采”写作“”、“”，表示手在树上采摘枝叶。砍伐木材作燃料，所谓“采薪”，即现代汉语的“砍柴”。古书多用“析薪”之语。“析”字甲骨文作“”、“”、“”，是用刀斧等工具砍伐树木的动作。甲骨文的“”、“”，表示用镰刀类的工具割草，学者释为“艾”，读为“刈”。“乂”是“镰刀”的表意初文，参看本章“禾”条。

计时的“春”，写作“”、“”，从林从屯声。“朝”和“暮”分别写作“”、“”和“”、“”、“”、“”、“”等，日月出入地平线，看起来也是升降于草木之中。笔者故乡俗话说天色还早，则曰“太阳还有杨树高”，实际也是生活环境中草木繁茂，所以不自觉地用来作参照。

古时管理山林的官员称为“虞人”。甲骨文有“”、“”字，从林（或从森）、从虍（就是“虎字头”）、从女，姚萱先生以为“虍”是基本音符，读为“虞”。字形所从的“女”，是席地而坐的人。此人坐在林木丛中，有管理、守护森林树木的意味。写成“”的字，和“”相比少了“虍”字旁，但不能确定两者是否有关，也难以判断到底是“”繁化为“”，还是“”简化为“”。

甲骨文的“”、“”，学者释为“农”，上部是“林”或“草”（艸字头），下部是手拿“辰”。是用一种工具除去草木以备耕种的意思。所谓“辰”，郭沫若先生以为是“蜃”的壳，远古时曾用来作收割工具。裘锡圭先生认为“”可能和“斤”（甲骨文作“”）有关。

甲骨文有“”字，裘锡圭先生释为“芟”。《说文》：“芟，刈艸也。”当然也未必总要刈割。从字形而言，“殳”也更像是一种用来捶打的工具。古时出行在位，有时没有席垫，则就地取材，用植物作垫。例如《左传·襄公二十六年》“班荆而相与食”、《晏子春秋》“灭葭而席”，都可理解为把较长的植物扑倒在地，捶打平整，以供坐卧。

甲骨文“”、“”、“”、“”、“”等字，前两个字形表示火烧山林草木，后三个字形体现了手执火把的情形，即今“焚”字。放火烧林木，具有开荒和狩猎的双重意义。按古籍的狩猎之法，第一步要把野兽驱赶到猎场。《周礼·夏官·大司马》有“驱逆之车”，据郑玄注，一用于“驱”，逼迫野兽进入猎场；一用于拦截野兽，防止被赶到猎场中的动物逃逸出去。驱赶野兽，或用噪音惊吓，或用烟火薰烧。《诗经·小雅·车攻》“东有甫草，驾言行狩”正义:“田猎者必大芟杀野草以为防限,作田猎之场,拟杀围之处。或复止舍其中,谓未田之前誓士戒众,故教示战法,当在其间止舍也。……《王制》云,昆虫未蛰不以火田。则用火田猎,唯在冬耳。此言焚而射之,自焚所芟之草,非放火田猎,四时皆焚之也。”对于大型群居动物,尤需将其分隔后再捕杀。烈火所过之处,靠着四肢奔跑的动物,多半逃不掉被猎杀的终局。至于飞禽,等待它们的还有箭矢。韩愈有诗说:“原头火烧静兀兀,野雉畏鹰出复没。将军欲以巧伏人,盘马弯弓惜不发。”从人的立场看,是值得高兴的丰收。从猎物的立场看,简直是天罗地网,出了火坑又是刀山,何其不幸。

以上举例可以看出古人生活中处处草木茂盛的情形。但随着人口增多,耕地面积扩大,草地林地缩减不可避免。孟子曾经说:“牛山之木尝美矣,以其郊于大国,斧斤伐之……牛羊又从而牧之,是以若彼濯濯也。”草木丰美的牛山,终于成为一座秃山。

2. 河水

【图版】

(1)

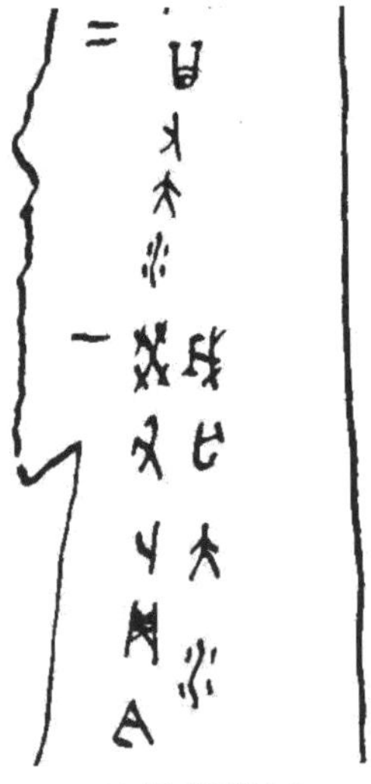

(1 局部摹本)

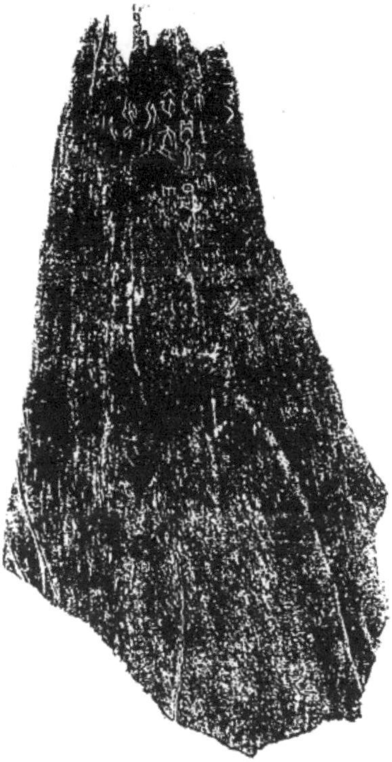

（2）

（2 局部）

【释文】

（1 局部）癸丑卜，贞：今岁亡大水。

其有大水。

（2 局部）庚午卜，师贞：弜（勿）卒[1][2]河[3]亡若。十月。

【著录】

（1）＝《英藏》2593＝《合集》41867 （2）＝《合集》20611

【注释】

［1］卒：终。卜辞大意说，十月庚午这天，商王在河中划船，直到游玩（或渡河）结束，都不会有不顺利的事。《合集》13578“作王舟”，即为商王

制作御用舟船。

[2] :字形是乘、驾舟船的动态。学者或释为“荡〔盪〕”,荡舟之意;或释为“航”,指渡过。

[3] 河:黄河。学者认为,殷墟甲骨文的“河”全部指今天的黄河。

【延展阅读】

《诗经》:“谁谓河广,一苇杭之。”(《卫风·河广)又云:“深则厉,浅则揭。”(《邶风·匏有苦叶)虽然都是说过河的办法,前者有浪漫主义倾向,后者则纯粹是现实主义,给人的美感完全不同。

《匏有苦叶》的“厉”,《说文》作“砅”:“履石渡水也。从水,从石。《诗》曰‘深则砅’。”甲骨文写作“”,左右是“石”字,中间为小水流。因此,“砅”算是会意字,许慎说是“踩着石头过河”,应该也是当时“自古相传”的说法。至于“浅则揭”,是说浅水河段,撩起衣裙,卷起裤腿趟过去。凤凰古城的沱江河段有过河的石蹬,在江面上踩着石蹬过河,颇有“凌波微步、罗袜生尘”的乐趣。

古称过河渡水,又通称“涉”,甲骨文作“”、“”,简化作“”,足迹跨过河流,显然是渡过水流的意思。河水太深,又无桥梁石蹬,只得入水游过去。甲骨文“”,是人在水中行进的意思,即“泳”字。

甲骨文的“”、“”,是舟船的象形字(俯瞰船舱)。又有“”字,字形表示水中有舟,舟的一端有两手相推,有“顺水推舟”之意。具体释为何字,还可以再研究。考古所见,我国舟船历史可谓源远流长。20世纪七八十年代,浙江河姆渡遗址第二期发掘曾发现一件木制舟楫,残长63厘米,由一根整木刻出柄和桨叶,其上并有线形图案装饰。考古年代距今约7000年。前几年,考古工作者又在浙江跨湖桥一处遗址中发现木船。船体残长约5.6米,船身宽0.52米,船头上翘,宽约0.29米,系一段原木掏空后制作而成,现代称为“独木舟”,距今约8000～7500年。商朝疆土开拓到长江以南(参看第二章“四土四方”条)。只要想想长江的气势,就知道当时必定有高水平的造船技术,否则南下建立据点并保持联络,几乎是不可能的。

最后再说“一苇杭之”。这本来是诗人的一种浪漫主义想象,但后世还真的出现了用一根芦苇过河的高手。佛教故事中，达摩大师曾用一支五叶带花的芦苇飘然渡过长江（当然他是坐船从印度来的，印度洋的风浪，大师也无奈何）。不过要按禅宗后来的教义，用芦苇始终是不入流的。后来大师在嵩山面壁多年，才意识到当年不该用芦苇。因为从根本上说，本来不存在过河的问题。梁羽生先生在《白发魔女传》中写道，卓一航问晦明禅师："弱水三千，我如何取一瓢而渡？"禅师答："本来无弱水，何必问浮沉？"富有禅宗妙趣。

3. 洹

【图版】

（1）

（1 局部）

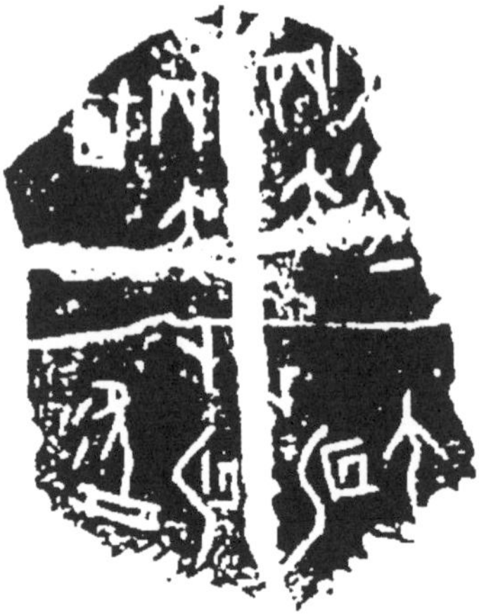
（2）

【释文】

（1 局部）殻贞：洹[1]其作兹邑[2]忧。

洹弗作兹邑[忧]。

（2）丙寅卜，洹其涎[3]。

丙寅卜，洹来水，不[涎]。

【著录】

（1）=《合集》7854 正　（2）=《合集》8315

【注释】

[1] 洹：洹河，又称洹水、溵水、安阳河。《左传·成公十七年》"声伯

梦涉洹”,[①]陆德明《音义》:“洹音桓,一音恒。今土俗音袁。”源出今河南安阳市西北林州市林虑山(据介绍,安阳市水利局认定的洹河源头在林州水帘村),大致往东南方流经安阳市区,在内黄县注入卫河。有学者指出,商代洹河直接注入黄河(当时黄河从今天天津入海)。据卜辞看,当时洹河水流量较大,存在水患。

[2] 兹邑:指殷墟一带当时的商朝王都。

[3] 涎:字形表示一人口中垂涎。此处读为“羡”,表示河水满溢、漫衍。《汉书·沟洫志》:“然河灾之羡溢,害中国也尤甚。”卜辞大意是,洹水涨了,但不会满溢成灾。

【延展阅读】

国家博物馆收藏的商代晚期铜鼋,[②]背带四枚箭镞(A)。背甲上有铭文,开头说:

丙申王逊于洹获。

《说文》:“鼋,大鳖。”逊或可读为驻跸之“跸”。这句话的意思是:丙申这天商王驻跸于洹水岸边获大鳖(B)。同行的“作册般”受到赏赐,制作了这件青铜鼋作纪念。“作册”即周代的“作册内史”,也称“内史”。“般”是人名。以往发表的资料有“作册般鼎”(《集成》2771)、“作册般甗”(《集成》944,C)。作册般甗铭文记载,随商王征伐“人方”,并且用人方一位名为“无敄”的首领作牺牲,举行“宜”祭。作册般随行有功而受到赏赐(D)。这位商王或许是帝辛(纣王)。

---

① 清代学者高士奇《春秋地名考略》卷七:“成十七年‘声伯梦涉洹’……臣谨按:洹水出今林县西北林虑山中,东流经府境,又经临漳县西南,达广平府成安县界,至内黄县界永和镇而入于卫河。苏秦说赵肃侯令天下将相盟于洹水之上;曹操攻邺,进军至洹水;又尔朱兆等攻高欢于邺,夹洹水而军;马燧讨田悦,亦夹洹水而战。一名安阳河。唐乾元二年,九节度之师与史思明战于安阳河北,溃还;石晋开运二年,契丹入寇相州境,晋军阵于安阳水南,是也。胡氏曰:洹水经安阳县而东流,谓之安阳河。今在彰德府北四里。”

② 器物和铭文的照片都取自国博官网。《中国文物报》2006 年 2 月 15 日登载“求实”撰写的《作册般铜鼋献疑》,认为铜鼋是现代人伪造。

(A)

(B)

(C)

(D)

洹河之“洹”，陆德明介绍说当时（隋末唐初）就有三个读音。正规读音，如同齐桓公的“桓”。不同读音，一种读如恒心的“恒”，一种读如姓氏的“袁”。笔者最初接触甲骨文、阅读甲骨文著作时，就把这个字念作“恒”。研究生阶段到安阳游览，在殷墟博物苑旁洹水之畔和同行友人说到“恒河”，才承蒙对方指出读音不对。

现代读音应以“桓”为准。但“洹”字在古代确实有“恒”字的读音，古书中有例可查。例如《文献通考》等书中，把印度的“恒河”写成“洹河”。

《文献通考》卷三百三十八《四裔考》引《吴船录》：

> 又西过四大国，至大曲女城，南临滔牟河，北背洹河，塔庙甚多而无僧尼。又西二程，有宝阶故基。又西至波罗奈国，两城相距五里，南临洹河。又西北十许里，至鹿野苑，塔庙佛迹最伙。业（引按，指宋代曾到印度求法的僧人继业）自云别有传记，今不传矣。南行十里，渡洹河，河南有大浮屠。

书中提到的这条河流"洹河"，无疑就是今天说的"恒河"(Ganges River)。魏晋以来文献一般都写作"恒"，常有"恒河沙"的说法。《吴船录》是南宋范成大的一部笔记，《文献通考》是宋末元初马端临的代表作。看来宋元时代也有把"洹"字念成"恒"的。

4. 滴

【图版】

(1)

(1局部)

(2)

【释文】

(1局部) 王涉[1]滴[2],射有鹿,擒。

弜(勿)射。

(2) 乙亥卜,行贞:王其寻[3]舟于滴,亡灾。在八月。

【著录】

（1）＝《合集》28339　（2）＝《合集》24608

【注释】

［1］涉：字形为两足分别在水流两岸，表渡过之意。《说文》："涉，徒行厉水也。"《广韵》："徒行渡水也。"就是不借助船、桥，直接趟过去。引申为一般意义的过河。卜辞说，商王渡过滴水射鹿，有收获。

［2］滴：卜辞中的水名。学者或读为"漳"，指今浊漳河。或认为是今沁水。

［3］寻：字形为两手丈量席垫等物的长度。此处"寻"的意思是"使用"。卜辞大意是说，商王在滴水中乘舟，不碍事。

【延展阅读】

商之所以为"商"，一种说法认为和地名有关。徐喜辰先生等认为，把甲骨文的"滴"水当成"漳"水，当然很难找到确切的证据，但就通假理论来说是完全可以成立的。《尚书·费誓》"我商赉汝"，《经典释文》引徐邈说，商音章。《吕氏春秋·勿躬》"臣不若弦章"的"弦章"，《韩非子·外储说左下》作"弦商"。《水经注》漳水下游有水名"商河"，俗称"小漳河"。商人称"商"，也许是因为远祖居于漳水，而漳水原本又称商水。《荀子·成相》说契生昭明，"居于砥石迁于商"（丁山先生认为，"砥石"在古砥水、石济水流域，即今河北石家庄以南、邢台以北地区），这个"商"可能就在现在的漳水流域。邹衡先生利用先商文化的考古学成果指出，商人之称"商"，应该和漳河有关。

司马迁《史记》写的是"殷本纪"而不是"商本纪"。汉代学者郑玄曾经说，盘庚迁都以前称"商"，以后称"殷"。范文澜先生等人以前都相信这个说法。但根据目前为止所见的古文字材料，商王朝一直是自称为"商"，西周称之为"衣"或"殷"（衣、殷是通假字）。国人纠结于殷、商两个名词，迄今已有两千多年。不但国人，国外学者也同样困惑。有的日本学者写书还特别声明，为了全书统一，只按《史记》"殷本纪"称"殷"。

郭沫若先生在《奴隶制时代》中认为“商”改称“殷”是“出于敌忾”，就是说西周称“衣”或“殷”，是骂人的话。具体怎么个骂法，并不清楚。也有学者认为，甲骨文“衣”是商王的一个田猎区，在今山西沁阳一带，西周人早期的势力范围与此临近，是商周往来必经之路，所以周人习惯称商为“衣”。还有学者认为，古籍“殷”是盛大、众多的意思。《逸周书·祭公》称“大殷”，《尚书·大诰》周人自称“小邦周”。这和郭先生的理解完全相反，不是骂人的话，而是溢美之词。

古人本来还有另外的解释。《吕氏春秋·慎势》说“汤其无郼，武其无岐”，则不能得天下，高诱注：“郼，读如衣。今兖州人谓殷氏皆曰衣。”就是说汉代兖州人念“殷”这个词，把前鼻韵尾丢了，yīn 念成 yī。西周时代所谓的“衣”，也是丢了前鼻音。“郼”、“岐”分别是商、周消灭前一个王朝的基地（传说周人灭商，有“凤鸣岐山”的吉兆）。《吕氏春秋·慎大》又说：“汤为天子，夏民亲郼如夏。”高诱又注：“郼，读如衣。”看来夏商周的“商”在先秦还可以称为“郼”，读音是“衣”。后世有“岐周”，因此“郼商”的构词也能够成立。

查《史记·郑世家》载“虢郐果献十邑”，集解引虞翻注十邑之一是“依”，其依据是《国语·郑语》。徐元诰《国语集解》以为是虢的属邑，在今河南密县、新郑一带。可见至少在东周早期郑州附近有“依”这个城邑，而且可能和三代的“郼”有关。

5. 渔

【图版】

(1)

(2)

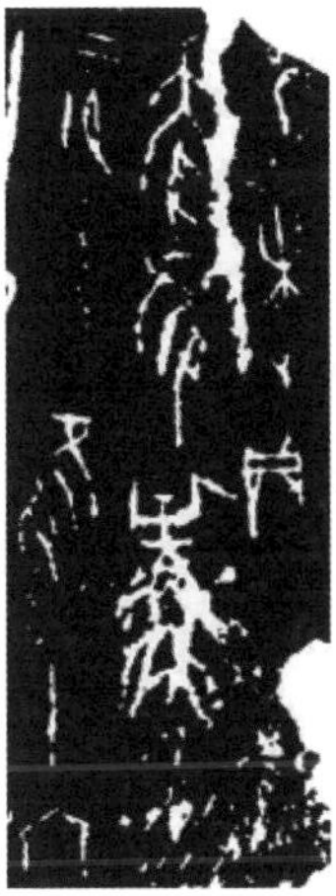

(2 局部)

【释文】

(1) 王渔[1]。十月。

(2 局部) 乙未卜,贞:豕获鮆[2]。十二月。获十六。

【著录】

(1) =《合集》10475　(2) =《合集》258

【注释】

[1] 渔:写作“”或“”、“”,表示水流中的鱼或鱼群。甲骨文中多用作动词,为捕鱼之意。学者统计指出,甲骨文捕鱼的时间集中在 9 月到 12 月。

[2] 鮆:或认为是一种鱼。或认为从“虫”声,根据其在甲骨文中的用

法(例如读为"侑",第一章"岳、河、夒"条有例证),鮝可以读为"鲔"。《诗经·卫风·硕人》:"河水洋洋,北流活活。施罛濊濊,鳣鲔发发。"又《诗经·周颂·潜》:"猗与漆沮,潜有多鱼,有鳣有鲔。"诗中的"鳣"指鲤鱼,"鲔"指鲟鱼。郑州商城、安阳殷墟考古都发掘过鲟鱼骨。豖:可能是人名,字不识。卜辞大意是:乙未这天占卜说,豖能捕获鲔鱼。后来果然捕到十六尾。

【延展阅读】

鱼是先秦时人的重要肉食。孟子谈民食,就以"鱼鳖"和"鸡豚狗彘"相提并论。对于普通人而言,其实不常有机会吃牛羊肉。《国语·楚语上》:"祭典有之曰:国君有牛享,大夫有羊馈,士有豕犬之奠,庶人有鱼炙之荐。"庶人百姓用鱼祭祖,士豪才会"烹羊宰牛",笔者家乡至今如此。追究起来,自有其历史渊源。

然而对贵族和平民而言,鱼是美食,也有美好的寓意。甲骨文""、""、"",从鱼从口,即"鲁"字。清代学者已经根据金文字形指出,"鲁"是"鱼入口"(当然,这里的"口"也可能只是区别符号,用来区分鱼和鱼味鲜美两个词义。甲骨文的"",上从鼻下从鱼,则可能是指鱼的腥气),表嘉美之意。《诗经·小雅·无羊》"牧人乃梦,众维鱼矣","大人占之,众维鱼矣,实维丰年"。郑玄注:"鱼者,众人之所养也,今众人相与捕鱼,则是岁熟相供养之祥"。这里,梦到捕捞很多鱼,预示着丰收的年成,显然是好梦,至今仍有俗话说"年年有鱼",蕴涵着"年年有余"的美好寄托。

《汉书·董仲舒传》引古语:"临渊羡鱼,不如退而结网。"

甲骨文"鱼"作""、"",是鱼的全体象形字。前面举出的"渔"字表示水流中有鱼,其中"鱼"部分的写法与此完全相同。学者认为,甲骨文中"渔"和"鱼"都可以作动词,表示捕鱼,看不出词义上的差别。但是"鱼"字有专用作名词的趋势。古籍有"𩵹",和"渔"是异体字。甲骨文有"",从"鱼"从"虍"(虎字头),两者或许不无关系。

甲骨文""、""字,董作宾先生已经指出是用钓钩钓鱼,是后世的"钓"字。又有""、"",两手撒网,网下有鱼,整个动作过程,是俗话说的

“打渔”。与之对应的汉语单音节词，陈剑先生以为是“罩”字。《说文》：“罩，捕鱼器也。”今笔者家乡用竹篾制作。但正如陈先生所说，“罩”（或作“罺”）字从“网”（所谓“网字头”），最初应该也包括可以笼罩的网类。用竹篾制作的“罩”，大概就是古书中的“箪”。按甲骨文词语的写法，也有双音节词写成一个字的例子，所以“”字也可以读成“罩鱼”。

汉代画像石也有罩鱼的场面。如下图是山东济宁西汉晚期（汉元帝至平帝时期）画像石渔猎场面，其中有骑射，也有人划船。①

① 见《中国画像石全集》第一册，第74页。

农 业

1. 田

【图版】

(1)

(2)

(3)

(3 局部)

【释文】

(1) ……大令众[1]人曰:劦(协)田[2],其受年。十一月。

……受年。

(2) 王……又……

十人,王受又(祐)。

王惠田省[3]。

(3 局部) 庚辰[卜],贞:翌癸未𡰥[4]西单田[5],受有年。十三月。

【著录】

(1) =《合集》1　(2) =《合集》27026　(3) =《合集》9572

【注释】

[1] 众:这里可以理解为劳动者。关于商代的“众”,或认为是奴隶,或认为是公社农民,或认为是自由民。

[2] 劦:读为“协〔協〕”,和“劦”音符相同。甲骨文也作“”、“”,表示合力耕作。协田的意思是众人协力翻土,为播种作准备。《诗经·周颂·载芟》:“千耦其耘。”

[3] 惠田省:宾语前置(参看第二章“多子”条)。省田,巡视农田。

[4] 𡰥:甲骨文作“”、“”,人遗大便之形,释为“𡰥”,“𡰥田”的意思是在田里施粪肥。《荀子·富国》:“多粪肥田,是农夫众庶之事也。”或读为“爰”,周代以后曾有“爰田”制度。春秋青铜器铭文“选择”的“选”以“𡰥”为音符,卜辞此字可读为“选”。如此仍然和爰田制度有关。《尔雅·释地》:“田,一岁曰菑,二岁曰新田,三岁曰畬。”是一块农田在三年中所经过的不同利用阶段,即第一年休耕长草,保证土地的生产力;第二年清除草木,复垦为农田;第三年整治成熟,继续利用。春秋战国时期,休耕制逐步向连种制过渡。高亨先生认为:“《左传·僖公十五年》:‘晋于是乎作爰田。’《国语·晋语三》:‘爰田’作‘辕田’。‘爰’、‘辕’均当读为‘换’。”如果说当时确实有“爰田”,而其实质就是休耕制,那么通过占卜来选择要更换

的田地，就是顺理成章的。

[5] 西单：地名。甲骨文有“东单”、“西单”、“南单”、“北单”，商周青铜器铭文也有“西单”、“北单”等，《集成》2001有“西单光”，一般认为“光”是人名，则“西单”已经作为姓氏使用。用地名作姓氏在古代十分常见。

【延展阅读】

自然经济时代，有“男耕女织”的分工。

甲骨文“男”字写作“”、“”、“”，分明就是用耕地（“田”）和农具（“力”）作象征。我国汉代实行察举制度时，有“孝悌力田”的名目。“力田”是指种田很努力而且种得很好。这样的人被认为有用之材，经乡里推选，机会好的话，能得到皇帝接见、赏赐。西汉孝惠皇帝四年（公元前191年）以后，“力田”的男子可免除徭役（诏书：“举民孝弟力田者，复其身。”）。在以农立国的时代，这无疑是鼓励农业生产的有效手段。和“男”字相对的“妇”，甲骨文写作“”（一般直接用“”、“”、“”、“”字表示），用“女”和打扫房间用的扫帚做象征。这虽说不是“女织”，却也可以理解为“女主内”的意思。

单独的“”、“”，本来是一种尖头农具的象形，字形中的短画，表示用这种工具翻土时踏脚的杠。古称为“耜”。其尖头后来逐渐变宽，是为“臿”。《说文》：“耜，臿也。”其中“耜”也写作“梠”，表明它是一种木制工具。扬雄《方言》：“臿，齐东谓之梩。”其中“梩”和“力”读音十分接近。大概汉代山东方言的“梩”，保留着“耜”这种工具的古音。耕田需要力气，因此力量、力气的“力”都用这个字来记录。

甲骨文“”、“”字，是手拿两“力”，并排劳作。学者或认为是“协”（协力）的异体字，或认为是“耦”的表意字。《论语》说孔子周游列国，看到长沮、桀溺“耦而耕”，古人解释说是“二人各执一耜”为“耦”。字形中只写一个“手”，可以理解为省略。当然还可以有另外的理解。例如《说文》：“耦，耜广五寸为伐。二伐为耦。”用“耜”耕田时，把耜插入土中一次翻动的范围为“伐”，两次为“耦”。所以一手二“耜”，也可能是表示翻土两次。

和“耜”并列的农具有“耒”。所谓“耕稼之业”、“耒耜之勤”，是农业生产的代名词。徐中舒先生曾举青铜器铭文中“”、“”等为例，指出其中的“”是一种有两个尖头的工具，也就是“耒”（徐先生认为“耒”和“耜”是同一种东西，只是关东、关西方言造成用词有别）。按于省吾先生分析，“耒”字下部的撇捺就是下部的尖头，上部的三横则是这种字形中的“又”演变而成。如下图（A），是江西新干大洋洲出土商代“耒”的线图，[1]（B）是殷墟遗址灰坑壁上留下的耒耜印记。[2]

（A）

（B）

甲骨文“藉”字作“”、“”，表示两手扶“耒”耕田，是会意字。形声字写作“”、“”，以一手拿“耒”表耕种之意，添加“昔”的表意初文作音符。学者以为，“昔”字表很久以前，用波浪线来造字，或是对远古洪水时代的记忆（甲骨文的“灾”字也常写成“”，同样是对洪水时代的记忆），或就是“沧海桑田”的意思。甲骨文又有“”、“”，金文又写成“”，为并排放置的“耒”和家犬，于省吾先生认为字音和词义都与“协”接近。字形中的两个“耒”（或三个）表示协力耕作，所从的“犬”（数量不等），表示守护器具。整个字形是会意兼形声。于先生在论文中提到，他家乡的农夫到田间耕种时，家犬“往往随从，卧于阡头陌角”。笔者是农村出身，读到于先生的这段话，别有一种亲切之感。

在以农业立国的时代，耕种的重要意义是不言而喻的。帝王君主为表示对农业的重视，在特定的时间，也亲自下地耕种。周代有“藉田礼”。《诗经》的《载芟》、《良耜》、《臣工》、《噫嘻》等篇，都是和“藉田”有关的诗歌。《礼记》说天子、诸侯国君在藉田仪式上“躬秉耒”（亲自拿着耒来耕田）。此后历代王朝躬行该项仪式的帝王君主，史不绝书。裘锡圭先生指

① 图见《新干商代大墓》第 119 页。
② 图见《商代经济与科技》第 125 页。

出，在甲骨文中，商王亲自耕种的地点比较固定，体现出帝王耕种土地具有相当高的仪式性，“跟周代的藉田确实是同性质的”。

现在不少人在论文中提到藉田礼，批判它是“掩盖统治阶级的剥削行为”。批判是合理的，但也不能忽视这种仪式在农业社会产生、延续的历史价值和意义。

2. 禾（粟）

【图版】

（1）

（1 局部）

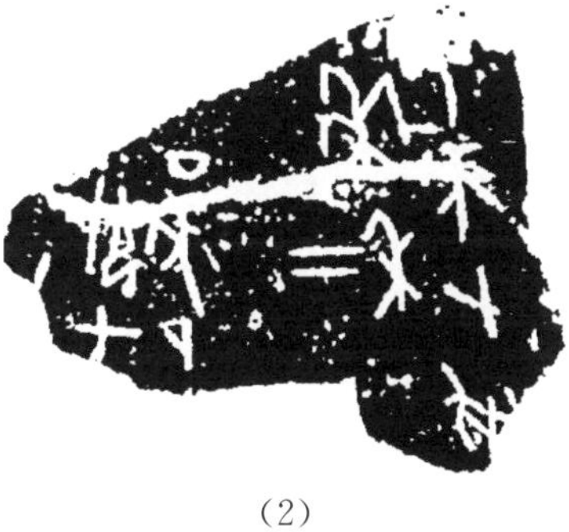

（2）

（2 局部）

（3）

（3 局部）

【释文】

（1 局部）盂田禾[1]要(妖)[2]，其御，吉刈[3]。

（2 局部）乙亥卜，受来禾(年)[4]。

（3 局部）丙子卜，韦贞：我受年。

丙子卜，韦贞：我不其受年。

【著录】

（1）=《合集》28203 （2）=《合集》33260 （3）=《合集》5611

【注释】

[1] 禾：写作"[illegible]"、"[illegible]"，是"粟"这种作物（俗称谷子，籽实为"小米"）的象形写法。《尚书·微子之命》："唐叔得禾，异亩同颖。"《淮南子·地形训》："雒水轻利而宜禾，渭水多力而宜黍。"这两例"禾"都是指粟（小米）。

粟、黍长期是华北平原考古发现的主要农作物。二里头夏文化遗址和殷墟遗址都发现过粟的遗存。

［2］要：字形写作“”、“”，从禾、从要。“要”是一人双手叉腰的表意字。于此表示“禾”有灾害，读为“妖”。古代凡是反常现象都可称为“妖”。卜辞问，“盂”这个地方的禾长势不好，要不要举行禳除的祭祀，以保证将来能有好收获。

［3］刈：甲骨文字形写作“”、“”等，是“刈”的表意初文。《国语》韦昭注：“刈，镰也。”刈的初文“乂”，是上揭甲骨文省略成“”或“”之后逐步演变而成。

［4］禾：在此用作“年”。“受来年”指小麦丰收（“来”指“小麦”，参看后文“麦”字条）。

【延展阅读】

“禾”字除了上面所引的字例，又写作“”，其中“”是顶端垂着的粟粒，这部分古今都称为“穗”。用手摘取粟粒，即甲骨文“”字，陈梦家先生等认为是“穗”的初文。《说文》：“采，禾成秀也，人所以收。”这里“收”就是采收、采摘的意思。“穗”是从禾、惠声的形声字。裘锡圭先生认为，作动词的“采”，表示采摘禾秀（穗），可能读为“挢”，是“蹴迫而引取之”（拉拢来然后摘取）的动作。并且裘先生认为字形中的“”和“卣”的古文字相同，在这里具有表音功能。

又有“”、“”，郭沫若先生释为“稈”，裘锡圭先生释为“梨”，《说文》：“黍穰谓之梨。”《广韵》：“穰，禾茎也。”都是指禾、黍等作物的茎秆。以文字学角度看，字形是在“禾”的茎秆部位添加“口”形，用作指事符号，表示“口”形所在的茎秆部位。甲骨文中的“梨”作动词，表示采摘活动结束后，处理留在田地中的禾稈。又有“”、“”、“”，突出作物果实垂下，果壳尖端有锋芒。学者一般释为“穆”。

甲骨文“”，是田地上的作物，是后世的“稼”；又有“”，作物和仓廪（见本章“仓廪”条）联合表意，是后世的“穑”字。《尚书·洪范》“土爰稼穑，”孔传：“种曰稼，敛曰穑。”（作物种植在田里就是稼，收入粮仓就是穡。)

甲骨文“”、“”字表示用刈(镰刀)割禾，学者释为“穫”，是收获农作物的专用字(打猎有所获的“获〔獲〕”，无论甲骨文还是传世古籍，从来不写成“穫”)。又有“”、“”，手中有禾，即“秉”字。《说文》:“秉，禾束也。”《小尔雅》:“把谓之秉。”后又用作单位量词。《诗经・小雅・大田》:“彼有遗秉，此有滞穗。”所谓“遗秉”，是收割后成把的作物没有带回去堆积收藏，遗忘在田地中;“滞穗”则是零星散落田间的禾穗。笔者少年时在农村生活，每逢收割过后，便看到一些老妇人，去别人家收拾完毕的水稻田“拾稻穗”。俄国现实主义画家米勒传世名作《拾穗者》(1857 年作品)，也表现了俄国农民的这一生活场景。笔者成年以后四处求学谋生，目睹各地城市的浮夸奢侈，粮食浪费严重，为之扼腕。

甲骨文的“”、“”，白玉峥先生认为是秋收所得作物堆积在某个位置。施谢捷先生根据战国中山王铜器铭文“”(铭文中的“任”，黄盛璋先生释为“委任”)，指出此字是“委”。《公羊传・桓公十四年》:“御廪者何?粢盛委之所藏也。”何休注:“委，积也。”指收割的庄稼堆积一处。甲骨文又有“”，表示两手执杵，杵击禾粟的顶端，可以理解为现在乡村俗称的“脱粒”，即“秦”字。脱落所得谷物，入仓保存。甲骨文也有仓廪的记载，见后文。总的来说，上述字例所从的“禾”，与其说是特指“粟”，不如说是代指所有的禾本农作物。

3. 麦

【图版】

（1）

（1 局部）

（2）

【释文】

（1 局部）□亥卜[1]，宾，翌庚子有告麦[2]。允有告麦。

（2）辛亥卜，贞：咸（?）刈来[3]。

【著录】

（1）＝《合补》2538　（2）＝《合集》9565

【注释】

［1］卜骨残去第一字。因为第二天是“庚子”日，则占卜之日是“己亥”。

［2］麦：甲骨文写作“”、“”、“”、“”，上从“来”，下从“夊”（读音和

“随”相同）。《说文》：“夊，从后至也。”是脚步朝着参照物作近向运动。卜辞“告麦”，学者说法不一。或以为是地方官吏向中央报告苗情。睡虎地秦简《田律》规定，耕种作物，作物生长期间是否风调雨顺，是否有虫害等等情况，受“利”与受“害”的耕地，都要“言其顷数”，也就是把受影响的田亩面积如实写成书面报告。为了让有关主管部门及时了解情况，律文还规定，“近县令轻足行其书，远县令邮行之”。

［3］来：甲骨文作“”、“”，除用作往来的“来”，很少作物名。古称小麦为“来”，字又作“麳”，从麦、来声。《诗经·周颂·思文》：“贻我来牟。”朱熹注：“来，小麦。牟，大麦也。”和“麳”的结构相同，牟也写作“麰”。也有学者认为，甲骨文“麦”是小麦，即古书的“麳”；“来”是大麦，也就是“麰”。

【延展阅读】

我国南北主食之别，南方人偏爱米饭，而北方人喜欢面食。从考古资料看，在过去数千年内，一直如此。主食的差异长时间存在，对南北民风也不无影响。例如，米饭只要小碗盛，面条、馒头或大饼，就非要大盘大碗不可。器用之别，影响到审美情趣的定型，进而和精神气质发生关联。

现在北方的面食，主要用麦子磨粉制作。学者以为，原产西亚的小麦很可能是通过新疆河湟这一途径传进中原。小麦引进之前，我国境内北方先民的主食是黍、粟。考古发掘的黍、粟堆积，早在距今8000年前的河北磁山文化，折合新粮实物，就有数吨之多的遗存。岗村秀典先生认为，该遗址埋藏的动物牺牲等因素表明，当时已经出现供奉牺牲以祈祷丰穰的祭祀礼仪。如此说来，甲骨文中用牺牲祈祷丰穰的礼仪，本身已经是绵延三四千年的传统仪式。现在农村关于农业的各种祭祷，大致也可以看成这种仪式的延续。甲骨文的粮食作物，也以黍、粟最为常见。

相比小麦起源的谜团，水稻为中国本土起源，已经比较清楚。南方长江流域栽培水稻，可谓历史悠久。西起湖南，东到浙江的广大南方，史前稻作遗址不胜枚举。其中，作为杂交水稻诞生之地的湖南省，最近二三十年内，曾在南部道州玉蟾岩遗址发现栽培稻遗存，距今1.2万年左右。玉蟾岩出土的稻谷兼有野、籼、粳的综合特征，体现了从野生稻向栽培稻初期演化的原始性状。又西北部澧阳平原澧县彭头山、八十垱遗址等处陆续发现有稻谷、稻壳遗存，距今 8000 多年。近年仍在陆续发掘的澧县城头山遗址，则发现了有灌溉设施的水稻田，距今 6000 多年。2010 年，上海世博会中国展馆曾展示澧县城头山遗址模型及栽培水稻的介绍。

《史记·货殖列传》说“江南”（长江以南）“饭稻羹鱼”，可谓言简意赅。甲骨文出土于北方，其中的粮食作物到底有没有“稻米”，似乎没有定论。《合集》13505 正面有如下卜辞：

(1) 丁酉卜，争贞：呼甫秜于娟，受有年。

丁酉卜，争贞：弗其受有年。

《合集》37517 又有：

(2) 丁酉卜，在□[①]……黍芀，弗悔。

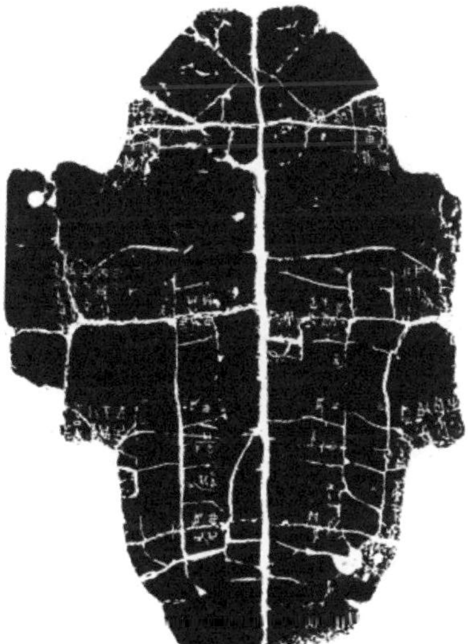
(1)

(2)

(2 局部)

① 此处是地名。

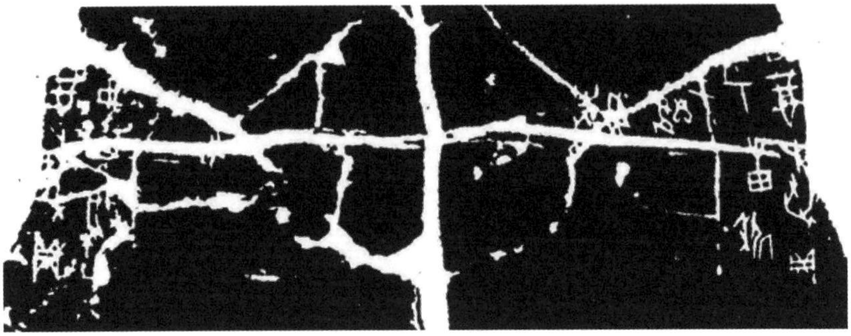

（1 局部）

例(1)的“秜”，普通话读音同“尼”，陈梦家先生释。《说文》：“稻今年落，来年自生，谓之秜。”《集韵》：“稻先熟者也。”此处名词作动词。卜辞正反对贞，想问的是，命令“甫”这个人去“娟”这个地方种稻，会不会有好收成。然而《玉篇》又说：“秜，小麦也。”未必是稻子。

例(2)的“𪏐”，从黍从余声。裘锡圭先生拟释为“稌”。《说文》：“稻也。”《诗经·周颂·丰年》：“丰年多黍多稌。”毛传：“稌，稻也。”《说文通训定声》：“古专谓黏者为稌，吾苏①所谓糯米也。”其后的“艿”，《说文》：“草也。”《玉篇》：“旧草不芟，新草又生，曰艿。”通假字或作“扔”。“悔”，灾害。甲骨文作“每”，郭沫若先生指出，卜辞“弗每”即《周易》之“无悔”。《公羊传》“尚速有悔于予身”何休注：“悔，咎也。”《后汉书·张衡传》：“占既吉而无悔。”此处大意是，计划种稌的地上长满杂草，但不碍事。

① 指江苏。《说文通训定声》的作者朱骏声先生(1788～1858)是江苏人。

4. 黍

【图版】

(1)

(2)

(2局部)

【释文】

(1) 癸卯卜,亘贞:我受黍年[1]。

(2局部) 癸未卜,烝黍[2]于二示。

【著录】

(1)=《合集》9951 (2)=《合补》9875

【注释】

[1] 黍：写作“”、“”、“”、“”、“”等，是黍的象形文字。《说文》：“黍，禾属而黏者也。”卜辞问，今年种的黍会不会有好收成。从文献看，黍在商周时代粮食作物中的地位很高。

[2] 烝：字形是两手捧“豆”，表进献之意（豆是一种高足的盘子，用于盛放食品）。《礼记·月令》：“农乃登黍。”郑玄注：“登，进也。”“烝”、“登”通假。卜辞说，癸未这天，向“二示”进献用豆盛着的黍子饭。二示：指示壬、示癸，已见第一章。

【延展阅读】

学者统计指出，“黍”在《诗经》中出现的次数占各种作物的首位，可见“黍”在夏商西周是最主要的粮食作物之一。黍在粮食中地位高，用它的气味特指香味，也是顺理成章的事。甲骨文的“香”，写作“”，表示黍的气味（底部从口，是区别符号，这和“鲁”字从鱼从口一样，参看本章“渔”条）。

黍有耐旱、耐碱、生育期短的特点，但产量不及粟，在粮食生产中的地位也次于粟。《春秋》特别关注“麦”的问题，很少提及“黍”。学者以为这体现出小麦在我国粮食作物中地位的上升，以及黍地位的下降。

甲骨文中和“黍”有关的字形写法很多，例如“”、“”、“”、“”、“”等。其中，“”也曾被认为是“禾”或“来”；“”也曾被认为从“齐”而释为“穧”或“穄”。

前揭“”等三字从黍从水。有学者认为，从水字旁的黍，在甲骨文中既作物名，也作地名。它所表示的作物，是黏的黍，也就是一般所说的“黍”。《说文》：“黍，禾属而黏者也。”不从水字旁就是不黏的黍，也就是古书中记载的“穄”（读音和“计”同）。玄应《一切经音义》：“穄，黍穄，似黍而不黏者。关西谓之糜。”

5. 仓廪

【图版】

（1）

（1 局部）

（2）

【释文】

（1）己酉卜，贞：令夨省在南廪[1]。十月。

（2）十四仓[2]。

惠壬酒品。

惠癸酒品。

【著录】

（1）＝《合集》9638　（2）＝《屯南》3731

【注释】

[1] 廪：甲骨文作“”、“”，象仓廪之形。在南廪，指都城南部的仓廪。《史记》载商纣王有“钜桥之粟”，钜桥附近有粮仓。学者或认为甲骨文在南廪和钜桥的粮仓有关。是人名，受命前往“在南廪”视察。

[2] 仓：粮仓。《说文》：“仓，谷藏也。”《国语·越语》“府仓”韦昭注：“货财曰府，米粟曰仓。”本次占卜决定祭祀，但不确定是应该在壬日还是癸日举行(参看第二章“多子”条)。

【延展阅读】

甲骨文的“”、“”，学者认为是老鼠的象形文。在甲骨文中不是动物名词，而是姓氏或人名(《英藏》1763“妇鼠”)，看来当时人对老鼠并不讨厌。至少不像现在这等仇恨——将其名列“四害”之一，且汉语词汇中“鼠”字几乎都是贬义。

所谓四“害”，主要指损坏器物、传播疾病等，不得不用心防范治理。周代以来，文献中已经可以看到一些对付鼠害的方法。除了养猫、狗来捕捉，《淮南子·说林训》还提及“设鼠者机动”，表明当时有类似捕鼠器的东西。限于篇幅，这里简单谈谈出土文献中的若干捕鼠方法。

方法一：夯实土坯、堵塞孔穴。《诗经·小雅·斯干》：“约之阁阁，椓之橐橐。风雨攸除，鸟鼠攸去。”郑笺：“寝庙既成，其墙屋弘杀，则风雨之所除也；其坚致，则鸟鼠之所去也。”夯实土坯并不能很好地解决问题。读《诗经·召南·行露》“谁谓鼠无牙，何以穿我墉”，能有更深切的体会。补救的措施是堵塞孔穴。例如周家台秦简简371：“以壬辰、己巳卯溉囷垤穴，鼠弗穿。”放马滩秦简《日书》甲种简71：“正月壬子塞穴，鼠弗居。”又简73：“凡可寘穴置鼠溉囷日，虽十二月子、五月六月辛卯，皆可以为鼠。”周家台秦简之“穴”可以指一般的孔穴，也可专指鼠穴。“垤穴”、“寘穴”、“塞穴”都是堵塞孔穴。《诗经·豳风·七月》“穹窒熏鼠”，“窒”古书训堵塞。“溉”字读为“塈”。《说文》：“塈，仰涂也。”《尚书·梓材》：“若作室家，既勤垣墉，惟其涂塈茨。”这样也许更能看出修治囷仓之意。

方法二：烟熏火攻。上文已提到《诗经》有“熏鼠”之说，此不重复。不过古时我国主要是木结构建筑，熏鼠的风险比较大，故《汉书》有“屋鼠不熏”的话。《文子缵义》卷七也说：“熏鼠烧堂，其祸不小也。”《世说新语·纰漏》还有一个更有趣的故事反映这一史实：“谢虎子尝上屋熏鼠，胡儿既无由知父为此事，闻人道痴人有作此者，戏笑之。”这谢虎子（谢据，谢安的二哥）熏鼠本不可笑，只是上房顶放烟火，方法不当，当时人都笑他傻。谢胡儿（谢朗，谢据之子）不知道这事是他老爸做的，听别人说居然有人上房顶熏鼠，也连声讥笑。后来谢安实在过意不去，就对胡儿说，别人说的那个人是我二哥，而且他们还说我也一起做了，简直胡说八道。谢朗一听，后悔不已，好几天不好意思出门。

方法三：投毒。这种方法由来已久。周家台秦简 371：“取大白礜，大如拇指，置晋釜中，涂而燔之，毋下九日，治之，以…… ”传世古籍所见，白礜可以治鼠，比较早的记载见诸《山海经》。如《西山经》：“皋涂之山……其上多桂木。有白石焉，其名曰礜，可以毒鼠。有草焉，其状如槀茇，其叶如葵而赤背，名曰无条，可以毒鼠。”《西山经》又云：“有草焉，其状如槀茇，其叶如葵而赤背，名曰无条，可以毒鼠。”这是用有毒的植物来杀鼠。阜阳汉简《万物》W066：“杀鼠以蜀椒颠首也。”整理者注释：“蜀椒，见《神农本草经》。《名医别录》云：‘杀虫鱼。’”《说文》：“鼠，穴虫之总名也。”

方法四：择吉。前文已引述周家台秦简 371 和放马滩秦简《日书》甲种简 71，前者说，在壬辰、己巳、己卯日这样的日子“溉困垤穴”，鼠就不再为害。后者说，在正月壬子这一天填塞过了的孔穴，不再有鼠虫。类似的简文还见于孔家坡汉简简 264：“除址，丙子筑址，盖之皆吉，无鸟、鼠。”意思说，在某个日子（简文残断）选择建筑的地点，丙子日修房基，盖房舍（也应包括囷仓），这样的房舍没有鸟、鼠为害。这与前文所引《诗经》“鸟鼠攸去”，可谓殊途同归。

方法五：符咒。《齐民要术》引《龙鱼河图》有“禁鼠祝”（祝即诅咒）：“付敕屋吏，制断鼠虫。三时言功，鼠不敢行。”还有一种神秘主义观念，认为鼠类会因为人的行为而改过自新。《隶释》卷二十收汉代《唐公房碑》，碑文说，唐公房成仙时家禽都跟着升天，“唯以鼠恶，留之。鼠乃感激，以月晦日吐腸更生，时人谓之唐鼠也”。唐公房升天时以鼠恶而留之，这正反映出人们对鼠类的厌恶。但是几千年来人们一直没有办法很好地解决鼠患，于是寄希望于老鼠自己改过，也不失为一个选择。

除了民间自行灭鼠，官府还颁布过治理鼠患的法规。南越王墓出土的汉代木简105："大奴虖不得鼠，当笞五十。"一个名叫"虖"的大奴因捕不到鼠而受笞刑。根据黄展岳先生介绍说："这批木简主要是籍簿文书和法律文书。……其中有惩处制度的实践记录。……木简有记载，经分析推断，一个人没有抓到老鼠，被打了五十下；有十二个人抓老鼠抓够了，就不打；一个人要抓十只老鼠，没抓到就打。"不过我们还没有找到这种法规在文献中的证明。也可能因为当时鼠患特别严重，南越政府才不得不强制要求灭鼠，该法令或许只是一个临时文件。

史书不乏鼠灾记录，《宋史》卷六十五："太平兴国七年十月，岳州鼠害稼。绍兴十六年，清远、翁源、真阳三县鼠食稼，千万为群。时广东久旱，凡羽鳞皆化为鼠……岁为饥。近鼠妖也。"《明史》卷二十九《五行志》专列了"鼠妖"条。

先秦时期，食用鼠肉似乎还较正常。《战国策》卷五载应侯曰："郑人谓玉为璞，周人谓鼠未腊者为朴。周人怀朴过郑贾曰：'欲买朴乎？'郑贾曰：'欲之。'出其璞视之，乃鼠也。"看来周人食鼠(且不止一种食用方法)，市场上有鼠肉出售。但较晚的文献中几乎找不到日常生活中食鼠的记录。史书所记食鼠案例，大都是粮草断绝、走投无路后的事。如《南史》卷八十载简文帝被困，"军士煮弩熏鼠捕雀食之"。《资治通鉴》卷八十七载谯登被围困于涪城，"士民皆熏鼠食之，饿死甚众"。

第五章　动物类

畜　牧

1. 狗

【图版】

(1)

(2)

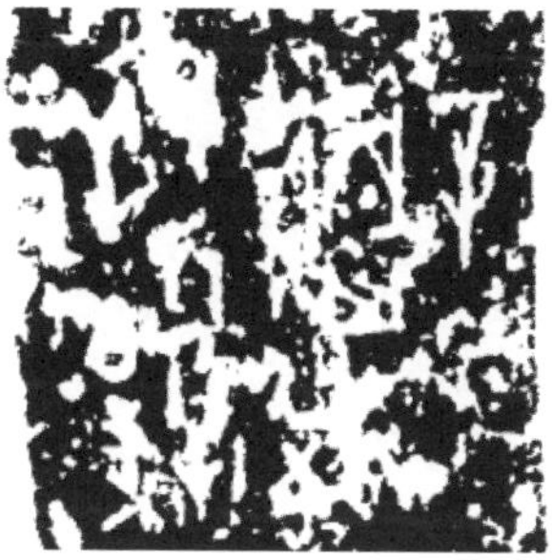

(2 局部)

(3)

(4)

【释文】

(1) 惠黑犬……受又=(有佑)[1]。

(2局部) 辛巳,贞:其桒(祷)生[2]于妣庚、妣丙,牡、羊、白犬。

(3) 丁巳卜,又燎于父丁,百犬、百豕、卯百牛。

(4) 乙酉卜,王往……

乙酉卜,犬[3]来告有鹿。王往逐……

弗擒。

辛卯卜,王往田,亡灾。

壬辰卜，王往田，亡灾。
戊戌卜，王往田，亡灾。
……王往田，亡灾。

【著录】

（1）=《合集》29544　（2）=《合集》34082　（3）=《合集》32674　（4）=《屯南》997

【注释】

［1］有佑：写作“又”字右下带两短横，所带的两个短横，是重文符号，“又又”分别读作“有佑”。

［2］甲骨文“桒生”是祈求生育，特别是祈求生子。

［3］犬：相当于《周礼》“迹人”。《周礼·地官·迹人》：“掌邦田之地政，为之厉禁而守之。凡田猎者受令焉。”郑玄注：“迹之言迹，知禽兽处。”《左传·哀公十四年》：“迹人来告曰，逢泽有介麇焉。”《合集》27902提到一位名“中”的犬向商王“告麇”（参看后文）。

【延展阅读】

自远古以来，人类就和狗打交道。考古资料显示，距今14000年前，今天伊拉克地区的古人就已经和狗共同生活。人类对狗这种动物的感情也十分特殊。看家之外，狩猎也常常用犬。从甲骨文看，狩猎时也用马。

先看看甲骨文狩猎过程中出现的“马”：

(A)癸巳卜，殻贞：旬无忧。王占曰，乃兹亦有祟。若偁。甲午，王往逐兕。小臣甾车马硪逸王车，子央亦坠。①

(B局部)戊午卜，子又呼逐鹿，不奔马。

① 此处只有大字部分的释文。

（A）

（B）

（B局部）

例（A）（《合集》10405）讲商王一行人出去猎犀牛，结果发生事故。“兕”字以后的部分比较难理解。“小臣”，学者多认为是职官名，李学勤先生认为是君上对臣下的称呼，也用为臣下的谦称。“”是人名。两次出现的“车”，前一处作“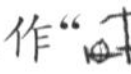”，郭沫若先生认为表示车轴折断。后一处作“”，

单育辰先生释为“舆”，指车厢。“硪”，李学勤先生读为“斜”，连下字释读为“斜考”，意思是从斜刺里冲出来撞上商王乘坐的车。新亭先生读为“遻”，“马遻”单独成句，指马受到惊吓。“逸”，新亭先生释，指驾车的马挣脱缰绳逃走后超过商王乘坐的马车。“坠”，甲骨文作“”、“”，表示一人从山崖或楼梯上跌落，是坠落的表意初文。综合上述各位学者的解释，本辞可断句为“小臣……硪，马遻，逸王车，子央亦坠”，大意是说，小臣乘坐的马车发生意外，驾车的马挣脱缰绳，从商王的车驾前狂奔而过。车子因突然失去动力而发生侧翻，子央坐在这辆车上，也摔到车下。显然当时打猎用马车。至于是否直接骑马，则不能判定。

例(B)(《花东》295 局部)是王子出去猎鹿前的占卜，问打猎时用的马会不会有问题。“奔马”，马，象形，金文有“”(《集成》10857)，比甲骨文更具图画意味。“奔”，姚萱先生释，意思是马受惊而不听驾驶者的指挥乱跑。宋镇豪先生认为，此处的马就是坐骑。

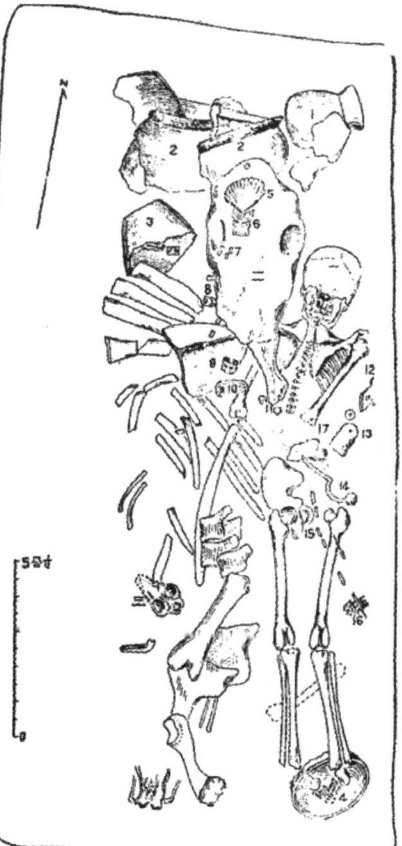

殷墟第十三次发掘时清理的小屯 M164 是一个人马合葬小型墓，后图是该墓葬的线图。① 石璋如先生描述如下：

> 坑形长方，南北长2.50 m，东西宽 1.30 m，深约0.80 m，方向北 10 度，在它的上层有一片黄灰土的堆积，黄灰土完了才露出它的上口；黄灰土也是坑状，面积比墓葬的面积较大。其中一个人，一匹马，一

① 见《田野考古报告》第二册，第 23 页。

只狗，另一只动物和四件破烂的陶器。

人架的放置，头顶向北，在骨盘下压着一套武器，计戈一、刀一、弓形饰一、砺石一、镞十，一件精美的器物，附带的有几个蚌泡和骨珠……（中略）

马的躯向与人架同，头顶向北，臀部向南，脊背向西的侧放着，骨骸大半腐朽。马的装饰着重头部，羁已腐朽失去联络，所以羁饰散漫到头的附近……（中略）

狗骨在坑的西南隅，没有装饰，也是头顶向北，臀部向南的放着，骨骸腐朽过甚……（中略）

根据这个现象的推测，那些陶器想系喂马养犬的用具，那个人架想系喂马养犬的差役，武器和马匹想系供主人翁使用的。再就马的装饰，人的武器及其所有的环境来观察，这匹马似乎是供骑射的成分多，而供驾车用的成分少。那么这个现象或许是'战马猎犬'了。假设这个推测是可能的话，则中国骑射的习惯，不始于赵武效法胡人，而在殷代已经早有了。

石先生命名的"战马猎犬"非常有意思。之所以说是"战马"，或许是因为同坑出土有兵器如戈、刀；说是"猎犬"，大概是从骑马狩猎的角度去理解。

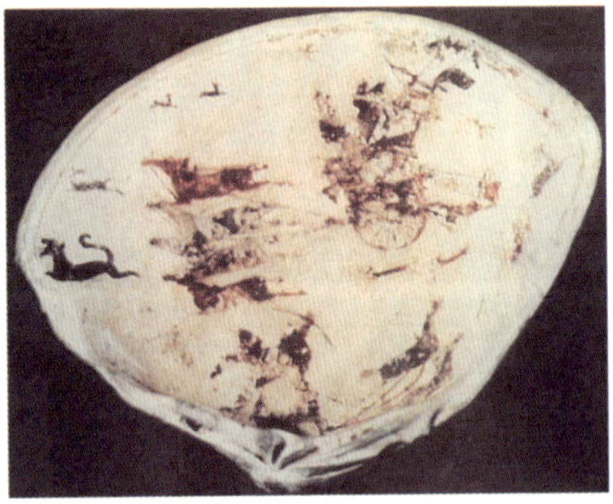

如同前文介绍过的那样，古人也有持戈搏杀老虎的狩猎方式。坑中出土的箭镞，也可看成狩猎工具。从前揭第二、三条卜辞不难看出，商代人肯定有驾驶马车狩猎的行为。但不能确定狩猎过程中是否采用骑乘的方式。上图是西汉时代的铜管错金银田猎图(铜管上分四栏绘画,这里选取了从上往下数第二栏的部分画面[1])和贝壳彩绘狩猎图。[2] 前者画的是一人骑马,回身张弓射虎;后者画面周围散布着四散逃逸的野兽,中央有四马驾车,飞驰而行,最左侧跑在车马前方的是一条黑色的猎犬。

---

① 见中国美术全集编辑委员会编:《中国美术全集·绘画编·原始社会至南北朝绘画》,第 93 页,人民美术出版社,2006 年。

② 同上书,第 66 页。

2. 牛

【图版】

(1)

(2)

（2 局部）

（3）

（3 局部）

（4）

（5）

（6）

（6 局部）

【释文】

（1）庚子卜，宾，贞：王梦[1]白牛[2]，隹（唯）忧。

（2 局部）㞢（侑），黄牛惠[3]幽牛[4]。

（3 局部）辛卯卜，妣辛桒（祷），惠骍[5]。

（4）丁巳卜，争，贞：桒（祷）年于丁，皿（烹）[6]十物牛[7]，册[8]百物牛。

（5）壬申卜，㞢（侑）[9]太甲三十牢[10]。甲戌。

（6 局部）辛未贞：在丂牧[11]来告辰卫其比史，受［祐］。

【著录】

（1）＝《合集》17393 正　（2）＝《合集》14951　（3）＝《合集》27441　（4）＝《合集》10116　（5）＝《合集》19828　（6）＝《合集》32616 正

【注释】

［1］梦：字形表示人寐而有觉，也就是刚睡醒的状态。或认为象人梦魇之状。

［2］白牛：《说文》：“犫，白牛也。”卜辞说，商王梦见白牛，可能有不祥之事发生。

［3］惠：此处是并列连词，相当于“与”。

［4］幽：《诗经·大雅·桑柔》毛传：“黑也。”甲骨文另外有表黑色的“黑”字（《屯南》2364 有“黑牛”）。或读为黝黑的“黝”，表示黑得发亮的颜色。

［5］骍：卜辞写作“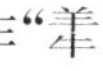”。《尚书·洛诰》：“文王骍牛一，武王骍牛一。”所谓“周人尚赤”。《集韵》：“骍，牲赤色。”或认为是“牛羊”合文，或认为是“骍牛”合文。

［6］皿：或读为“烹”，煮。睡虎地秦简《为吏之道》简 26 第五栏：“享（烹）牛食士。”即烹煮牛肉供士卒食用。“烹”是“亨”的后起字。《史记·孝武本纪》：“禹收九牧之金，铸九鼎，皆尝鬺烹上帝鬼神。”集解引徐广曰：“烹，煮也。皆尝以烹牲牢而祭祀也。”

［7］物：卜辞中写作“勿”，指杂色牛。

［8］册：卜辞中写作“冊”，读为“刊”，俗作“砍”。卜辞大意说，这次祈求丰年，准备烹煮十头杂色牛、砍断百头杂色牛的肢体，献给祭祀的对象“丁”。

［9］侑：祭祀的一种（参看第一章“岳、河、夒”条）。本片写作“”，是把左右两竖笔向内弯曲写成锐角。

［10］牢：甲骨文“牢”、“宰”分别指在围栏中精心饲养的，专供祭祀使用的牛、羊。饲养的时间，从十天到三个月不等。或说，古代以牛为大牢，羊为小牢。甲骨文中从“牛”作“牢”，指“大牢”，一般也读作“大牢”；从“羊”作“宰”，指“小牢”，也可以读成“小牢”。或说，甲骨文“牢”指雌雄配

对的两头牺牲。

[11] 在丂牧:"丂"是地名,"牧"是驻于丂地主管畜牧业的官员。学者指出,以洛达庙遗址(二里头夏文化时代)等为代表的蓄养动物埋葬坑表明,当时已出现以畜牧为职业的聚落。这当中的部分经过组织辖于王室,即殷周时代的"牧"。

【延展阅读】

牛在甲骨文中非常常见。主要出现于祭祀场合,用作牺牲。牛的毛色也较多,上面就出现了白、黑、黄、赤及杂色。

沈之瑜先生介绍说,上海博物馆藏《合集》未著录的两片卜辞(下方是卜辞拓片、沈先生摹本[①]),其中有"黄物牛"、"幽物牛",裘锡圭先生认为,分别指以黄、黑色为主的杂色牛。

(拓片局部)

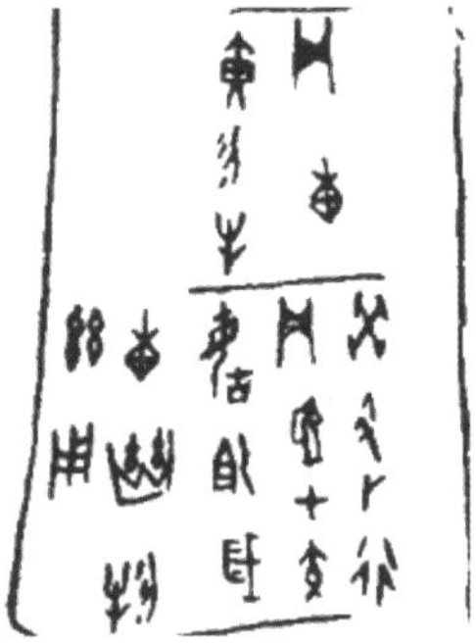

(摹本局部)

中国常见的黄牛、水牛(生物学上同科不同属),一种是是土黄色,一种是乌黑色。北方养殖的主要是黄牛。例如,石璋如先生指出,殷墟小屯村东北建筑遗址乙组、丙组遗迹所见的牛角及骨骼,只有黄牛(其他居民区则兼有黄牛和水牛遗骸)。因为日常所见多是黄牛,所以我国第一部百科全书式的辞书《尔雅》谈到杂色的牛,默认以黄色为底色。例如,黄牛长着黑色的嘴巴,叫做"犉"。《说文》:"犉,黄牛黑犉也。"而《尔雅》只说:"黑唇,犉。"不说明其它部位的颜色。段玉裁说这是因为:"牛以黄为正色,凡

① 见《上海博物馆集刊》第三期第161—162页。

不言何色，皆谓黄牛也。”很有道理。

《说文》：“牷，牛纯色。”和《说文》不同的是，《诗经》毛传、《礼记》郑玄注、《尚书》孔传，都认为“牺”才是纯色的牛，而“牷”指的是完整的牺牲，所谓“色纯曰牺，体完曰牷”。古人于毛色纯正的动物，看得较重，认为这是最适合用来祭祀的。至于纯色以什么颜色为佳，按照经典文献的说法，各个时代不同。和商周两代有关的大致结论是：“殷人尚白，周人尚赤。”这是说，商人以白色为佳，周人则崇尚红色。《礼记·郊特牲》：“牲用骍，尚赤也。”讲的就是周人以赤红为上色。商人是否以白为上色，学者尚有争议。

表示牛毛色不纯的词很多，如注释中提到的“物”字表杂色，王国维等先生已经有很好的说明。又如《说文》：“荦，驳牛也。”驳指两种以上颜色参杂。

又：“㸌，白牛也。”白色的牛在文献中出现，多带有奇幻色彩。但卜辞祭祀所用的白牛，也许只是一种毛色较淡的牛。还有以白色为底色的杂色牛，如：“犥，白黑杂毛牛。”又写作“椋”，读音和“凉”同，《左传·闵公二年》即作“凉”。又如：“犥，牛黄白色。”

我国传世十大名画中有唐代韩滉所作《五牛图》，①画中黄牛五头，其中三头土黄色，一头黄褐色，一头白底带黑黄色大花斑。右图就是《五牛图》中的杂毛牛。当然，杂色不一定都会有这么好看的花斑。

① 现藏北京故宫博物院，原图麻纸本、设色，幅高28.8厘米，通宽139.8厘米。图选自中国美术全集编委会编：《中国美术全集·绘画编·隋唐五代绘画》，第66页。

3. 羊

【图版】

（1）

（1 局部）

（2）

（3）

【释文】

（1 局部）乙酉卜，宾，贞：使人于河沉[1]三羊、𠭰三牛。三月。

（2）庚……贞……桒（祷）……庚……在……

辛巳贞：其桒（祷）生[2]于妣庚，牡、⿰羊土、白犬。

……贞……［其］桒（祷）生于［妣］庚妣丙，□、⿰羊匕、⿰豕匕。

（3）……取……令

甲戌卜，宾，贞：在阳牧[3]获羌。

【著录】

（1）＝《合集》5522 正　（2）＝《合集》34081　（3）＝《珠》758

【注释】

［1］沉：甲骨文写作“”、“”，表示把牛沉入水中。或从“羊”作“”。此外还有写作“”的，是“沉小牢”三字合文。

［2］祷生：即祈求生子。

［3］牧：一手持鞭，表放牧之意。甲骨文还有“”、“”等字，持鞭扑驱赶羊群，表牧羊之意，也有学者释为“牧”。这种“牧”字去除攵旁，就是甲骨文的“羴”字“”、“”，一般认为是地名或国族名。传世文献也有“羴”字，《说文》解为“羊臭”，指羊骚味。俞樾云：“羴者，群羊也。犹雥为群鸟，驫为众马也。”就甲骨文“牧”字从“羴”来看，此说很有道理。当然，《说文》还有“羼”字，意思是多只羊挤在一起，或许也和甲骨文“羴”字有关。在阳牧，指驻于阳这个地方主管畜牧业的官员。

【延展阅读】

甲骨文中表示动物性别，一般是在动物名词上加“匕”旁指雌性，或加“土”旁指雄性。例如，羊有“⿰羊匕”、“⿰羊土”，牛有“牝”、“牡”，猪有“⿰豕匕”、“⿰豕土”，马有“⿰马匕”，虎有“⿸虍匕”，兕有“⿰兕匕”，鹿有“⿸鹿土”（此字杨树达先生径释为“麌”，雄鹿。典籍还有“麀”字,《字汇补》还出现了“麚”、“麛”二字)。或说这样的字是不带合文符号的合文,念的时候,“牡”念作牡牛,“牝”念作牝牛;“羘”念作“牡羊”,“羓”念作牝羊,以此类推。

人类很早就开始圈养动物。甲骨文中有“”、“”、“”、“”,又有“”、“”等字,分别表示把牛、羊圈养起来。字形外围半包围的笔画表示圈养时用的围栏,现在习惯用“牢”字来表示。《说文》:“牢,闲,养牛马圈也。”成语“亡羊补牢”,说的就是丢了羊之后修补羊圈的围栏。《诗经·大雅·公刘》:“执豕于牢。”是从猪圈中抓家猪以备宴飨之需。表示饲养猪和马的字,现在写作“圂”和“厩”,一般不用“牢”字。

加上围栏的动物名词,或认为表示在围栏中豢养、专供祭祀之用。但以古人对待祭祀之严肃认真,为什么还有那么多同时用“牢”和“牛”的情况?而有些祭祀时用的动物说明颜色,如白牛、白马,均属上等毛色(自古相传殷人尚白),何以从不写成“白牢”、“白宰”呢?难道纯色的牺牲,反而不在精心饲养、装饰之列?

考古工作者已经发现多处圈栏遗迹,例如青海都兰县诺木洪遗址T20内有一个羊圈,陕西扶风壹家堡商时期文化层内也发现了一处半地穴式的圈栏遗存(下图[①])。

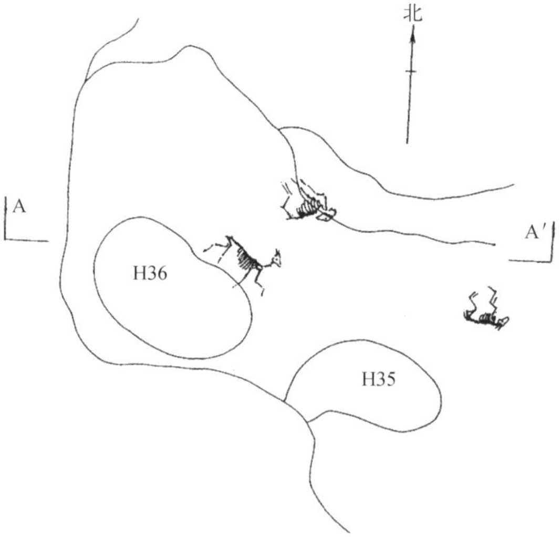

① 见《考古学研究》(二)第356页。孙华先生认为,该遗址时间上横跨了盘庚到帝辛时代。

圈栏整体形状不规则，东边为斜坡状的门道，其余三边是墙壁。西北、西南墙角顶端有插檩椽的孔，孔内有木材朽灰痕。圈栏地面上有数段烧成木炭的檩椽。圈栏底部有两个浅坑 H35、36，坑内有羊粪堆积。H36 的东北边缘有一具羊骨骼，再往北靠近东北边的门道处，又有一具羊骨，这两头羊比较大。H35 的东北方还有一具略小的羊骨。发掘者推断说，这个圈栏原来应该搭建了草木结构的屋顶，后来失火被焚，这三只羊未能幸免于难。

据说有一天，孔子家的马厩失火。《论语·乡党》："厩焚。子退朝，曰：'伤人乎？'不问马。"夫子仁者爱人，所以不问马。我们看到这个失火的羊圈，不禁也想问："伤人乎？"希望没有。

4. 猪

【图版】

（1）

（2）

（3）

（4）

（1 局部）

（4 局部）

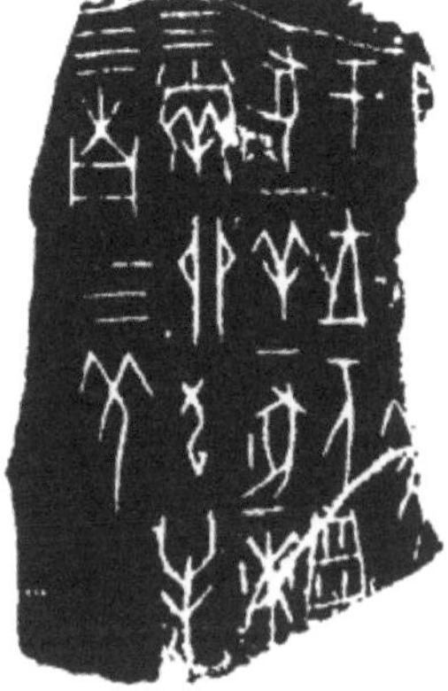

（5）

【释文】

(1) 庚寅卜,贞:其黑豕。

(2) 癸巳卜,争,贞:㞢(侑)白彘[1]于妣庚,不□……

王占曰:吉。𢎪(勿)又(侑)。

(3) 燎,惠白豚[2]。

(4 局部) 丁未,贞:其大御王,自上甲盄(烹?)用白豭[3]九,下示皆[4]牛。在父丁宗卜。

(5) 贞:□(祷?)年于王亥,[illegible][5]犬一、羊一、豕[6]一,燎三小牢,卯九牛、三豰[7]、三羌。

【著录】

(1) =《英藏》834　(2) =《合集》2496　(3) =《合集》34462　(4) =《合集》34103　(5) =《合集》378 正

【注释】

[1] 彘:《说文》:"豕也。"又:"豕,彘也。"《诗经·小雅·渐渐之石》毛传:"豕,猪也。"①《方言》:"猪,北燕、朝鲜之间谓之豭,关东西或谓之彘,或谓之豕。"

[2] 豚:《说文》:"小豕。"《礼记·曲礼下》:"豕曰刚鬣,豚曰腯肥。"有学者认为,甲骨文的"豚"不是小豕,而是特指"家畜化"的豕。

[3] 豭:《说文》:"牡豕也。"字又作"猳"。字形中标示出公猪的生殖器。

[4] 皆:全、遍。卜辞大意是,为商王举行祓除不祥的祭祀。祭祀的牺牲加以烹煮。牺牲的种类及数量,上甲之后的直系先王,各用九头白豭,旁系先王各用十头牛。这次占卜在父丁的庙中进行。

[5] [illegible]:和后面的"燎"、"卯",都是祭祀时处理牺牲的方式。具体

---

①《尔雅》:"豕子,猪。"《经义述闻》认为"子"是衍文。

待考。

[6] 豕:割去雄性生殖器的豕。阉割后的公猪,《说文》称之为"豮",又称之为"豨"。济南大辛庄甲骨有一片并列"彘"、"豕"等字(见延展阅读图 A①),可参看。

[7] 豰:《说文》:"小豚也。"《集韵》:"豕也。"卜辞作"壴",或读作"縠"。

【延展阅读】

大家都知道"豕"就是一种"猪",至于它到底是家猪还是野猪,先秦时人使用起来没有严格的界限。如《左传·庄公八年》,齐襄公"田于贝丘,见大豕。……射之,豕人立而啼"。《孟子·尽心上》说舜帝居深山之中,"与鹿豕游"。深山、野外的"豕",自然是野猪。《诗经·大雅·公刘》"执豕于牢",牢是圈养牲畜之所。《尚书·召诰》说在新邑祭社,用的牺牲有"牛一、羊一、豕一"。这两例圈养的、和牛羊并列的"豕",无疑是家猪。至于"猪"、"彘"二字,《孟子》说"鸡豚狗彘","彘"是家猪。《荀子》书中的"猪",和鸡鸭牛羊并举,也是家猪。

最近里耶秦简中有一方木牍(下图 B、C②),和这个问题有关。木牍正面上栏左起第二列写著:"毋敢曰猪曰彘。"一说是"不可把猪称作彘",意即不能用"彘",只能用"猪"。一说是"不可称猪,应该称作彘",意即只能用"彘",不能用"猪"。大胆猜想,这句牍文可能是在区分口语和书面语。据研究,"猪"是先秦秦汉时的口语。先秦典籍习用"豕"而"猪"、"彘"用例少。文中的"娄猪"出现于"野人之歌"(野人是指乡里村民),正好是当时的口语。因此这条秦代的规定不妨理解为:在书面语中用"彘"字,而不要用口语化的"猪"字。

经过秦代的立法规定之后,西汉人确实在书面语中保持用"彘"不用"猪"的习惯。西汉文献中,"彘"字使用较先秦多,而且可以替换先秦时表示野猪的"豕"字。上述《左传·庄公八年》齐襄公射"豕"的事,在《史记·

① 见《考古》2003 年第 6 期第 5 页。

② 见《简帛》第四辑第 15 页。

齐太公世家》写成襄公田猎“见彘……射之，彘人立而啼”。东汉以后，“猪”字使用渐多。学者研究东汉和三国翻译的佛教经典中豕、彘、猪三字使用情况，结论是“猪”字使用最多。有些佛经如《六度集经》等甚至只用“猪”而不用“豕”、“彘”。《六度集经》的内容主要是本生故事，这种故事在中国曾盛行一时。听众主要是百姓，讲经的人必然也要用口语词汇。

(A)

(B)

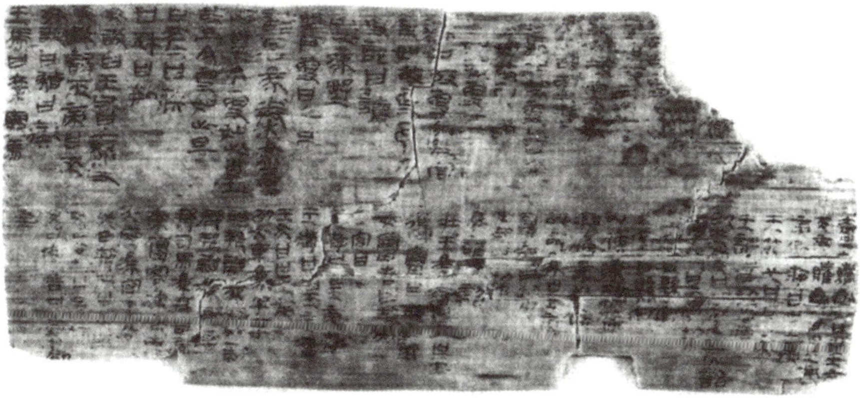

(C)

5. 鸡

【图版】

(1)

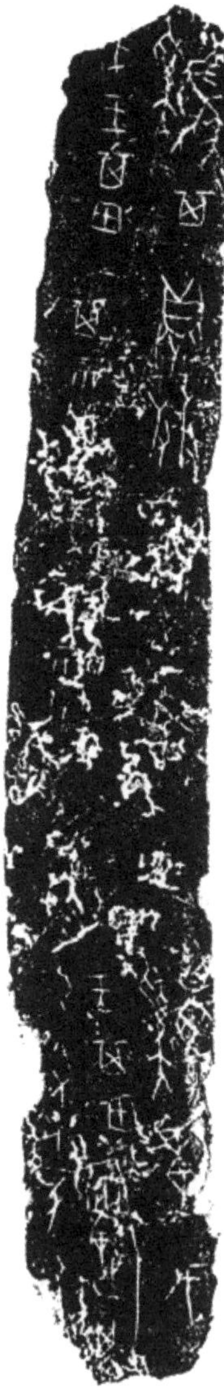

(2)

(2局部)

【释文】

（1）丁巳……三牢……

……燎鸡[1]

（2局部）乙丑卜，王其田鸡[2]，惠戊……

【著录】

（1）＝《合集》33686　（2）＝《屯南》4357

【注释】

[1] 鸡：象公鸡有鸡冠、尾羽。“燎”是祭祀动词，也用作一种祭祀名。其后所接的“鸡”当是作为牺牲的动物“鸡”。

[2] 此处“鸡”，甲骨文在象形的“隹”左边加“奚”旁。《说文》正体从奚从隹，籀文从奚从鸟。这种写法在卜辞中全都用作地名。此处是商王行猎之地。

【延展阅读】

甲骨文《合集》13342片上只有一个字，写作“”，一般也释为鸡。字形上看，是头上有冠、尾羽丰美。在这种写法的头顶部位加上“辛”、“丵”或“戠”的象形初文等偏旁，就成为凤凰的“凤”字，写作“”、“”、“”、“”等等，还有添加声符“凡”的写法，如“”。

《说文》：“凤，神鸟也。天老曰：凤之象也，鸿前麟后，蛇颈鱼尾，鹳嗓鸳思，龙纹龟背，燕颔鸡喙。五色备举，出于东方君子之国，翱翔四海之外，过昆仑，饮砥柱，濯羽弱水，暮宿风穴，见则天下大安宁。从鸟，凡声。凤飞，群鸟从以万数，故以为朋党字。”

上述这种描述，已经不是日常所能见到的动物形象。随着美术技巧的成熟，“凤”的形象日益华美而且多样化。因此现在我们看到“凤”，容易把它当成一种神异的鸟。不过，卜辞有“获凤”的记录。西周金文中也有“生凤”（《集成》2752），按郭沫若等先生的解释，就是“活凤”。他说：“本铭言‘生凤'，自是活物。或说古人所谓'凤'即南洋之极乐鸟，土名为Banlack，凤即Ban之对音，似近是。"不管是不是"极乐鸟"，总之，能够被捕获、赠送的"凤"，绝不是虚构的神鸟。

史书如《后汉书·光武帝纪》东汉光武帝建武十七年"有凤凰见于颍川之郏县"。沈约《宋书·符瑞志中》"凤凰"条对西汉至南朝时代出现凤凰的记录收集较全，便于参看。《资治通鉴》之《唐纪》载"杨国忠奏有凤皇见左藏库屋，出纳判官魏仲犀言凤集库西通训门"。《宋史·五行志二》建隆三年，"南唐李景献凤卵"；端拱元年，"清远县廨舍有凤集栢树，高六尺，众禽随之东北去"。最后这番画面感极强的描述，真让人有身临其境、耳闻目睹之感。

总的来看，甲骨、金文中作为动物名词的"凤"，所指的一定是当时能见到、捉到的动物。1991年，湖南澧县孙家岗14号墓出土的新石器时代透雕凤形玉佩，工艺精湛（下图A①），是南方凤鸟崇拜的代表造型之一。殷墟妇好墓所出的玉器中有一种鸟的造型（下图B②），头上有花冠，尾羽两根较长，尖端呈现出眼状斑的轮廓。战国帛画中也有凤鸟造型（下图C③），尾羽末端的眼状斑十分醒目。这种艺术造型和后世艺术构思中的凤凰，有所不同。

(A)

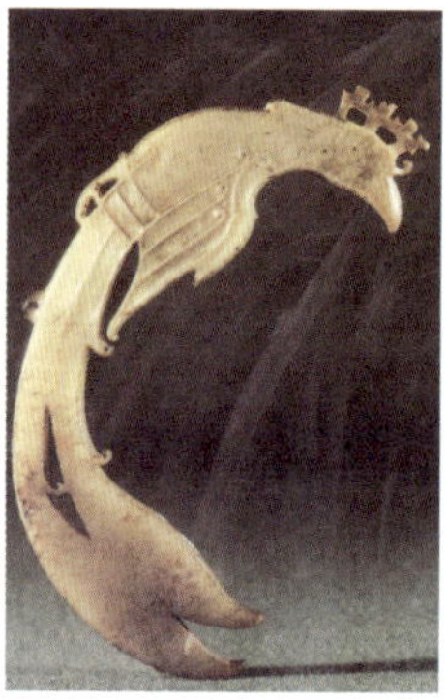
(B)

(C)

---

① 图见国家文物局编：《中国文物精华大辞典·金银玉石卷》，新石器时代第050号，第18页，上海辞书出版社，2005年。

② 线图见《殷墟妇好墓》第165页图八五—8，彩版三二—3。

③ 见中国美术全集编辑委员会编：《中国美术全集·绘画编·原始社会至魏晋南北朝绘画》，第50页。

狩　猎

1. 狐、狼

【图版】

(1)

(1 局部)

(2)

【释文】

(1) 戊午王卜，在羌贞：田旧[1]，往来亡火。兹孚。获鹿、狐[2]。

(2) 允(?)……狼(?)[3]……

【著录】

(1) =《合集》37434　(2) =《合集》11228

【注释】

[1] 旧：甲骨文字形从萑从臼，此处作地名。卜辞大意说，商王到“旧”地行猎，来回都顺利。事实证明的确很顺利，狩猎时捕获了鹿和狐狸。

[2] 狐：从犬从亡，古读无，与瓜音同在鱼部。即读阳部音，亦与瓜为对转也。”

[3] 狼(?)：拓片字形不清晰，或摹作“”形，从良从豕，或阙而不释。

【延展阅读】

甲骨文有“狈”字，从犬从贝。但有关卜辞都不完整，不能确定辞中“狈”字的具体含义。或许和今天狼狈的“狈”只是偶然同形。卜辞“狼”字也还有可疑之处。殷墟发掘似未见狼骨，上揭卜辞又不全，释“狼”之说可以存疑。

考古发掘所见殷代动物骨骼或艺术造型，食肉目动物还有熊(下图A，山西天马—曲村 M63 出土玉熊。[①] 下图 B，殷墟妇好墓出土玉熊。[②] 山西所出，或认为系周人伐灭商朝之后所得的战利品)。甲骨文中的“熊”，《新甲骨文编》收录一“”字。单育辰先生把(C)(《合集》10457)那样的甲骨文都释为“熊”。刘桓先生认为(D)字下端“乃熊之象形字”。刘先生认为，在常见的野兽中，虎豹鹿麋等都用四足奔跑，能直立行走者只有猿猴与熊罴。(D)的下部“恰是能直立行走的动物，身躯硕大，当即熊之象形文”。(D)上部从网字头，刘、单两先生都认为是“熊罴”的“罴”。《说文》：“罴，如熊，黄白文。”确实是一种和熊很像的动物。

至于《合集》309 的“”字，刘先生认为也是“能”(即“熊”)，但单先生认为也可能是“兔”字的“一种特别写法”。只就字形而言，学者所释的“熊”字字形和殷墟出土的玉熊造型有相似之处。遗憾的是卜辞都不完整，辞意不明晰。

---

① 见《文物》1994 年第 8 期图三一，第 20 页。

② 见《殷墟妇好墓》图版一三八：2。

(A)

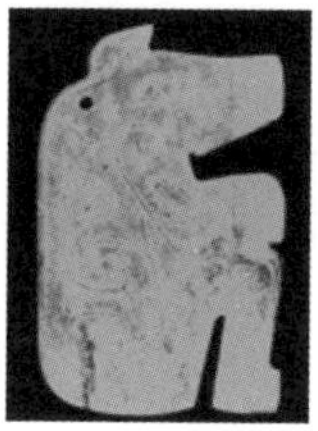
(B)

(C)

(D)

2. 虎、豹

【图版】

(1)

(2)

【释文】

(1) 辛酉,王田于鸡录(麓),获大霸虎[1]。在十月,隹(唯)

王三祀舂日[2]。

（2）……□，王往虣[3]虎，允亡灾。

……雍车马……京……

【著录】

（1）＝《合集》37848＝《怀特》1915　（2）＝《合集》11450

【注释】

［1］大霸虎：一种老虎。中间的字，或释为“白”。虎，老虎的象形文，突出老虎口中锋利的牙齿、长尾巴以及身上的斑纹。把“虎”字身上的条纹改成圆形斑纹，写作“”、“”等形，则是“豹”字。殷墟发掘有虎头骨、肢骨，豹头骨等。

［2］指商王三年十月举行“舂”组祭祀的这段时间。“舂”组祭祀包含商代周祭五种祭祀的三种，举行这三种祭祀的时间合称为“舂日”，请参看第一章“三报二示”条。

［3］虣：象持戈与虎搏击，即“暴虎冯河”之“暴”的本字。花东卜辞中有从虎从攴的字，也是搏虎之意，即“虣”的异体字。

【延展阅读】

阴山岩画中有虎的图案（如下A①）和商代金文“虎”字（如下B，《集成》2978），它们和甲骨文中象形程度较高的“虎”字写法如（C）（《合集》10216②），有着极大的相似之处。总的特点是突出老虎的爪牙、条纹。

（A）

（B）

（C）

① 盖山林著：《阴山岩画》，第406页，文物出版社，1986年。

② 甲骨上的文字原是纵向，此处为方便比较，笔者将其调整为横向。

上揭《怀特》1915 辞刻在一段虎骨制成的雕花柶上，该物为加拿大传教士怀履光所得，是殷墟出土的唯一一例虎骨刻辞。现藏加拿大皇家安大略博物馆。内容是记录商王在鸡录行猎，捕获老虎，当是商王捕获老虎之后，就用那只老虎的骨头，刻下了捕猎之事。

安大略博物馆馆内所藏甲骨资料大部分是明义士的藏品。

明义士(James Mellon Menzies)于 1885 年生于加拿大安大略省克林顿镇。1910 年，他从诺克斯神学院毕业，由加拿大长老会海外传教协会安排，到我国河南北部的加拿大长老会豫北差会工作。后调任安阳传教总站，并荣升为牧师。1914 年，他造访殷墟并开始寻访、收购甲骨，如他先后数次购买小屯村张学献家菜园内出土胛骨，总计获得甲骨“约在数万片以上”。1927 年军阀混战波及豫北，为躲避战火，他带着部分甲骨资料往京津一带撤退，并曾在北京的华北联合语言学校任教。未能及时运走的甲骨、陶器、铜器和古籍，大部分都毁于战火。据曾经担任明义士助手的曾毅公先生说，后来明义士返回安阳，见留存古物毁坏，放声大哭。1932 年秋，明义士应邀到齐鲁大学任教，1936 年回国，后供职于安大略博物馆。

明义士除在中国收集并整理甲骨资料外，还在齐鲁大学开设甲骨学、考古学课程，并有《殷墟卜辞》、《殷墟卜辞后编》、《甲骨研究初编》、《甲骨研究》等讲义。

明义士在甲骨学界的地位是比较高的。1917 年，《殷墟卜辞》出版，这是他个人、也是西方学者的第一部甲骨学著作。国内很多学者都对他的甲骨学研究给出很高评价，如陈梦家先生推许他为第一位注意甲骨缀合的学者，李济先生称他是甲骨辨伪的“先锋”。王宇信先生也评价说：“明义士在甲骨文断代方面作出了发凡起例的成绩……(和董作宾、郭沫若等)为甲骨学的形成奠定了基础。”

明义士归国之后，因为各种原因未能再到中国。他留下的甲骨片，也经历了一番传奇。据介绍，明义士回国之初，曾将个人藏品存放在他的朋友罗维灵医生处。罗维灵把较重要的甲骨、青铜器等存放在阁楼上，陶器等放在地下室。1937 年“七七事变”后，明义士的同事及友人将明氏在中国的藏品进行转移，一箱重要的甲骨藏在齐鲁大学金库，其他甲骨和文物分散埋藏在校园内。他们手绘两份英文藏宝图，一份寄给明义士，另一份由同是来自豫北差会的传教士安德鲁·托马逊保存，后来这份图纸转交给齐鲁大学代理校长、英国浸礼会传教士林深（字仰山）。不幸的是，太平洋战争爆发后，明义士的这些同事、友人随即被日军关进了潍县集中营，直到 1945 年 8 月才被美军伞兵解救。他们回齐鲁大学后，将大部分埋藏的文物取出、转移，剩下一部分仍埋藏地下。

1945 年 9 月，在齐鲁大学任教的胡厚宣先生获悉明氏藏品还留在学校，便致函请求查看这批甲骨，但到次年事情还没有进展，内战爆发。1948 年秋，明义士的同事将一批甲骨寄往加拿大，后入藏安大略博物馆（5170 片）。其它的甲骨，一部分寄存北京华北联合语言学校，后入藏故宫博物院（20364 片）；一部分滞留加拿大驻华大使馆，后入藏南京博物院（2390 片）；一部分始终埋藏于齐鲁大学校园。藏宝图中标示的甲骨，直到 1952 年林深回国前给出图纸才得以重见天日，后入藏山东博物馆（8168 片）。至此，明义士收集的甲骨资料分散入藏数个文博单位，各自有了归宿。胡先生曾经回忆说："我在齐大任教七年，日本投降后，随学校自成都迁返济南，因种种原因，此批材料，终没有得到一看，实在遗憾万分。"1953 年，胡先生终于在山东博物馆见到了这笔资料。

应该说，把甲骨资料寄回加拿大，并非明义士的个人意愿。根据后来公布的信件等资料，明义士一直希望把存放各处的藏品汇集起来捐赠给齐鲁大学。后来"三反"运动中把明义士定义为帝国主义文化侵略者，重要罪证就是这批被寄回加拿大的甲骨材料。对明义士本人而言，似乎有欠公平。

3. 象

【图版】

(1)

(1 局部)

【释文】

(1 局部)乙亥王卜,贞:田桑,往来亡灾。王占曰,吉,获象[1]七,雉[2]卅。

【著录】

(1) =《合集》37365

【注释】

[1] 象:亦称大象。字作“”、“”等,突出象的长鼻子。《吕氏春秋·古乐》:“商人服象,为虐于东夷。”

[2] 雉：通称野鸡。罗振玉先生释："象以绳系矢而射，所谓矰缴者也。"

【延展阅读】

商代青铜器、玉器中有十分精美的大象造型（下图A、B分别是湖南醴陵狮形山出土的象尊和殷墟妇好墓出土的玉象），都是人类艺术的瑰宝。

（A）

（B）

相传虞舜躬耕历山，大象曾助他一臂之力，见于《墨子》等古书。舜因被列在"二十四孝"之首而广为人知。作为插画，"二十四孝图"的第一幅，一般都会画出舜和大象的图样。今日浙江上虞、湖南九嶷山舜帝陵——有人认为这两地分别是舜帝诞生与安葬之处——的舜文化主题公园里，也都有美术作品展示舜和大象的关系。

浙江余姚河姆渡文化遗址出土过象牙，山东泰安大汶口文化遗址出土过象牙质的篦子。它们的年代距今6000年左右，已经在虞舜时代之前。殷墟考古发掘也出土过较完好的大象骨骼（图C，安阳五官村北地M35祭祀坑中的象骨①）。如果说青铜器、玉器等都只是艺术品，不足以证明当地有大象生活，那么祭祀坑中的象骨，比较确切地证明当地人和大象打过交道。所谓"商人服象"即商代人使用大象的问题，徐中舒等先生曾作了非常好的研究。考虑到甲骨文有捕获大象的记录，可见至少商王的狩猎区一定有大象生活。另外，至少在春秋时代，中南地区都还有象。《左传·定公四年》吴军攻入楚国都城，楚王曾派出大象队伍反击。

① 图见《考古》1987年第12期。

时过境迁，别说殷墟所在的河南安阳、象尊出土的湖南等地早已没有野生大象，泱泱华夏，也只有云南省有野生亚洲象生活。自然有人会问，殷墟发掘所得的象，究竟是本地的还是外来的？

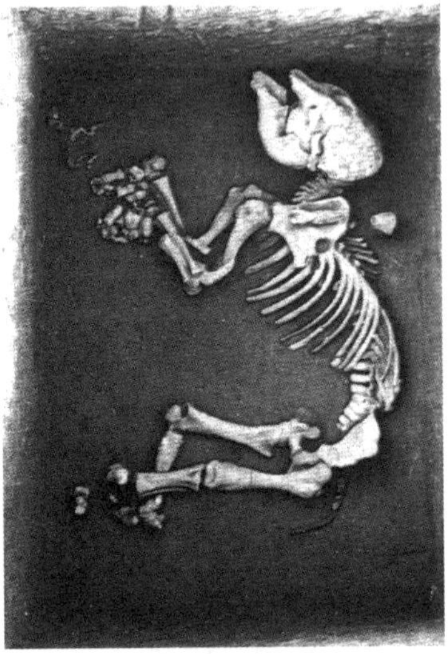

(C)

杨钟键、刘东生等先生说，殷墟发掘所获大象、犀牛骨骼等标本数量不多，“或自较远地方迁徙，或人工移捕而来”，不能排除是“供赏鉴好奇之用”。笔者倾向于接受此说。

在古代，帝王君主地位尊贵，境内地方进贡和境外交流、征战后带回的新鲜物品，史不绝书。作为皇帝游赏的主要去处，宫廷苑囿、御用猎场是这些“舶来品”的主要保护、展示区。例如汉武帝元鼎六年(公元前111年)平定南越王国后，数次把荔枝等岭南植物移栽到长安(《三辅黄图》有“扶荔宫”，1960年代出土有“夏阳扶荔宫令”字样的汉印。夏阳在今陕西韩城一带，汉武帝在当地有行宫)。荔枝树在长安虽未能结出果实，却也存活了几年。又如后文还会提到的麋鹿，也不是北方原生动物。但据古代文献记载，西周周文王的苑囿中，春秋战国时北方诸侯国如齐、魏等国的禁苑中，都养着大量的麋鹿。元代以后，麋鹿只存在于北方的皇家苑囿，在南方反而绝迹。

有人认为商代安阳的气候接近今日长江流域甚至更南部的气候，可是这些地区，今天实际也没有野生的大象。换句话说，殷墟埋存的大象遗骨(如前揭发掘的象骨伴随出土有铜铃，肯定不是在野生自然状态下生活的大象)，并不能证明大象是当地的原生物种。

4. 兕

【图版】

（1 局部）

（2）

（2 局部）

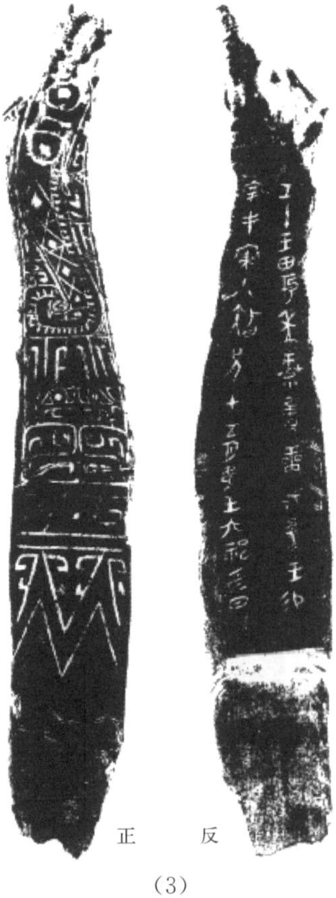

（3）

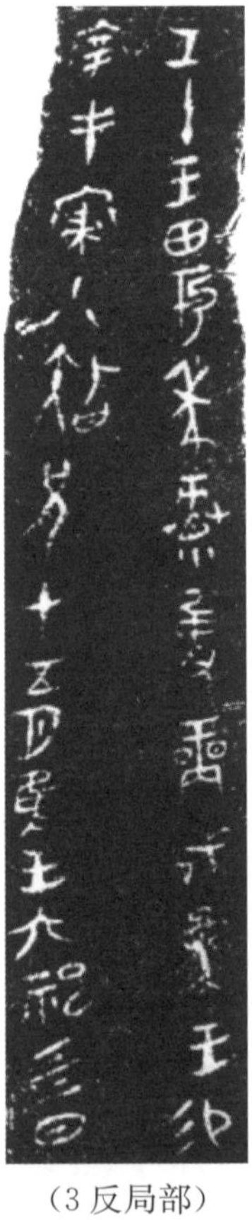

（3 反局部）

【释文】

（1 局部）王其田瀼，延射录（麓）兕[1]，亡灾，侃王[2]。吉。

（2）……兹孚，获兕十又二。

（3 反局部）壬午，王田于麦菉（麓），获商戠[3]兕。王赐宰丰，寝小𩛥兄[4]。在五月，隹（唯）王六祀彡日。

【著录】

（1）＝《屯南》1098　（2）＝《合集》37376　（3）＝《合补》11299 反

【注释】

[1] 兕：犀牛。卜辞中捕获兕，通常是一头、二头，有时也超过十头。《合集》10408 正获兕十一，33375 获兕卌，则是四十头。

[2] 侃王：使王喜乐。

[3] 商戠：或读为“苍埴”，苍黄色。《释名·释地》：“土黄而细密，曰埴。”也有学者把第二字读为奇异的“异”。

[4] 兄：此处或读为“贶”，卜辞说，商王在六年五月壬午这天举行彡祭，之后在田麓行猎，捕获一头较特别的兕。商王赏赐宰丰，由寝小𩛥把赏赐物交给他。或说“兄”读为“觥”，“王赐宰丰寝小旨觥”的意思是，商王把自己在寝室内使用的醴酒一觥赐给宰丰。《诗经·小雅·桑扈》：“兕觥其觩，旨酒思柔。”这是把“𩛥”读为“旨”。以“旨”为甘甜之意，故云“醴酒”，略与现代所谓甜酒相当。

【延展阅读】

据介绍，《合集》37398 是犀牛头骨拓片，头骨系中央研究院历史语言研究所第三次殷墟发掘时获得。头骨上这段刻辞的大意说，九月，王在举行肜祭的那天，到盂这个地方行猎，捕获一头“白兕”。在头骨拓片的中央位置刻着“获白兕”三个字（见下图 A）。

（A 头骨拓片全图）

（A 局部）

商承祚先生编的《殷契佚存》中还有三枚雕刻了花纹的兽骨，据说也是犀牛骨，其中第 427 片是这三枚兽骨的拓片之一，兽骨一面雕花，另一面刻字（见下图 B，《合补》11301 正、反①）。刻辞写的是，辛巳这天，商王举行祭祀之后在某处"获白兕"。

2005 年，考古工作者在安阳安钢第二炼钢厂西南发现一处墓葬，其中 M11 墓室北部二层台上发现三条骨片，一片用绿松石镶嵌成文。笔者未能见到清晰图版（下图 C 为彩图及刘钊先生摹本②），结合整理者及其他学者的释文来看，似可通读为："壬午，王迍于召台，延田于麦麓，获兕，亚赐……"就其残存形状即文字的位置来看，和上揭(3)即所谓"宰丰骨"类似。整理者并未说明骨片属何种动物，宋镇豪先生认为是兕的"长肋骨"。辞意大致可以理解为，壬午这天，商王驻跸于召地的台榭（或在召地的一座台发布敕令），之后顺便到麦麓行猎，捕获一兕。商王很高兴，赏赐了亚。具体赏赐物不详。

---

① 又参考《殷契佚存》第 47 页，《甲骨文献集成》第一册第 416 页。
② 彩图见《中国重要考古发现 2005 中英文本》第 60 页。

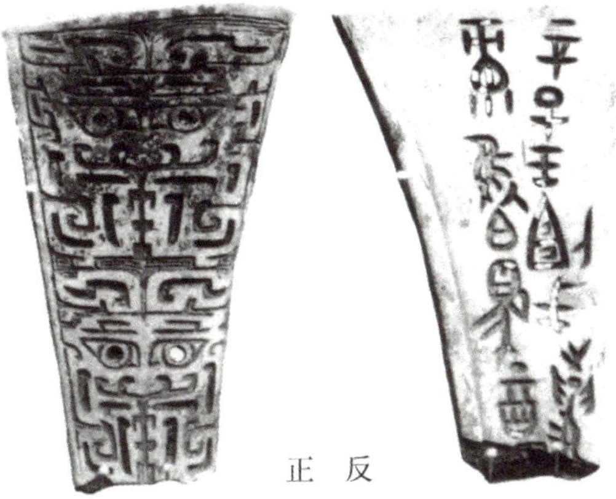

正　反

(B)

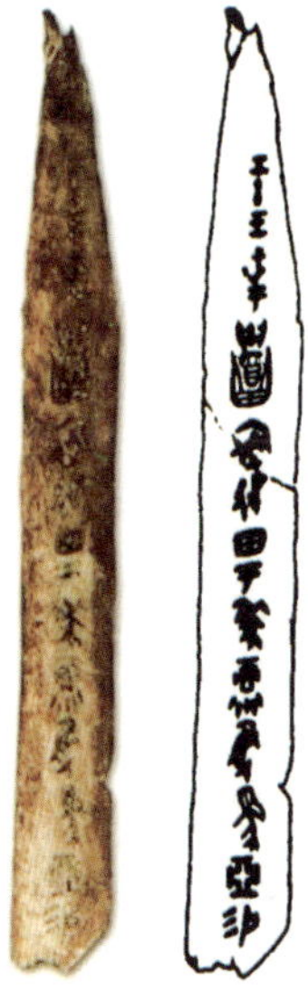

(C)

5. 鹿

【图版】

（1）

（2）

（2 局部）

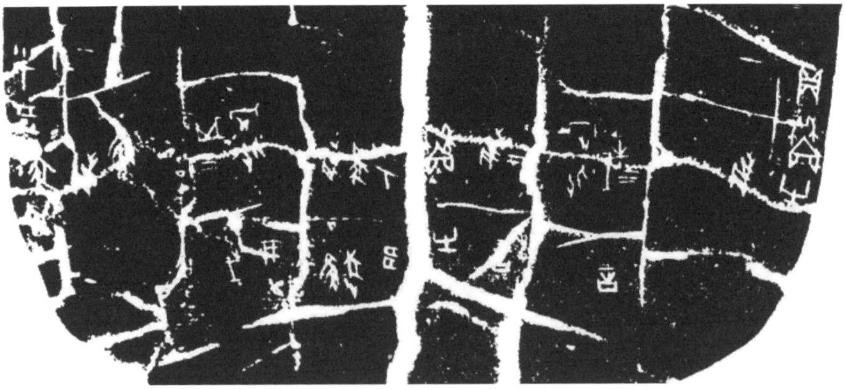

（1 局部）

（3）

（3 局部）

【释文】

(1) 贞:萅有鹿[1]。

呼多马[2]逐[3]鹿。获。

萅有鹿。二告。

呼多马逐鹿。获。

(2 局部) 惠鹿射[4],弗悔。

(3 局部) 甲戌卜,㱿,贞:呼多犬[5]网鹿于晨[6]。八月。

【著录】

(1)=《合集》5775 正 (2)=《合集》28353 (3)=《合集》10976 正

【注释】

[1] 鹿:《说文》:"兽也,象头、角、四足之形。"甲骨文作""、""、""、""、""等形,突出鹿头顶有巨大的犄角。至于犄角写法的不同,是否和鹿科动物的种属有关,尚不可知。《合集》28345 有"大鹿"。其它卜辞有""、""等,或释"麑",指幼小的鹿。《玉篇》及《集韵》所引《说文》:"麑,鹿子也。"或释为"麇",《说文》:"麇,麞也。"《周礼·考工记》注:"齐人谓麇为獐。"今俗称獐子。

[2] 多马:可理解为众位"马"。卜辞"马"为武官名,他们受命征伐、射猎,可能是马师。后世"司马"之职可能与此有关。

[3] 逐:追逐。甲骨文"逐"的对象都是兽类,"追"的对象则是人。

[4] 射:字形象人张弓注矢而射。卜辞的意思是,射猎这个地方的鹿,不会遇到不好的事。(?)字不识,此处或是地名。

[5] 多犬:即多位犬官(参看本章"狗"条)。

[6] 晨:字从林从辰,甲骨文中常用作晨昏之"晨"。这里似乎是地名。卜辞说,商王命多位犬官到晨这个地方张设罗网,捕捉当地的鹿。

【延展阅读】

卜辞中有时只能收获一两头鹿，有时也能猎获“四十”（《合集》10198正）、“五十又六”（《合集》10308）、“百六十二”（《合集》10307），可谓丰收。商人射鹿数量极多，且有用鹿头骨（下图A，《合集》36534＝《殷墟文字甲编》3940）和鹿角（《殷墟文字甲编》3942）刻写文字的例子。

（A）

同时捕获的，往往有所谓的“麑”。且大多数情况下，获“麑”的数量多于鹿。例如《合集》10197获鹿21、麑127；10198正获鹿40、麑159；20723获麋70、麑100等等。问题是，一个鹿群中，幼鹿的数量怎么会超过成年鹿这么多？按狩猎的意图来看，又为什么要猎杀这么多幼鹿？把所谓“麑”字改释为“麇”，这类问题就都不存在了。就字形而言，“”、“”和“鹿”字作“”、“”者相比，主要是头顶无犄角。虽然鹿科动物中无犄角或犄角不突出的还有“麂”、“麝”等，但已有研究者指出，“”、“”和“”

(《合集》4596)、“ ”(《合集》4601)等字所指为同一种动物。后面这类字形罗振玉先生释“麇”,学者普遍表示赞成。因此,把“ ”、“ ”释为“麇”是有道理的。杨钟健、刘东生先生说,殷墟发掘获得的獐即麇的标本数量超过100件,即便不是安阳本土所生,其来源距安阳也不会太远。

世界各地岩画中都有对鹿的狩猎图。下图(B)、(C)是西班牙拉文特地区岩画中的两幅狩猎图,两图都表现持弓箭的人对鹿群进行射击,有的鹿已身中数箭。[1] 图(B)是针对较大的鹿群狩猎,从画面描绘来看,收获应该也很多。特别是其中有雄鹿、雌鹿以及幼鹿。幼鹿比起成年鹿,体型小;比起雄鹿,无犄角。甲骨文只能表现出后一个特征。

(B)

(C)

① 李淼、刘方著:《世界岩画资料集》,第8、15页,中国工人出版社,1992年。

6. 麇

【图版】

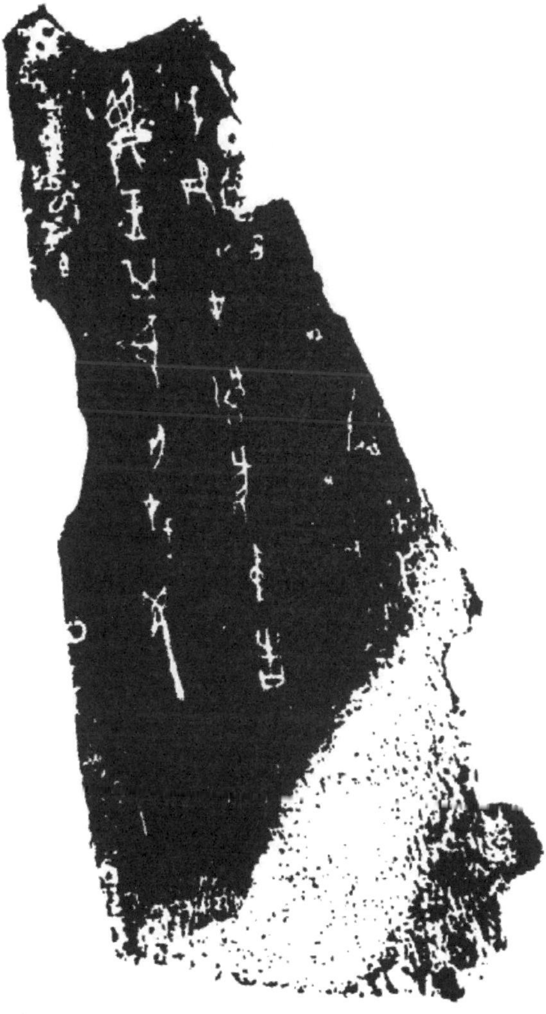

（1）

（2）

【释文】

（1）戊辰卜，在潢犬中[1]告麋，王其射，亡灾，擒。

（2）丙戌卜，在粪[2]，丁亥，王囮[3]，擒。允三百。

【著录】

（1）=《合集》27902　（2）=《怀特》1626

【注释】

[1] 在潢犬中：驻于潢这个地方、名叫中的犬官。参看“狗”条注。

[2] 粪：完整字形应作“”，或作“”，是用畚箕装垃圾。第二个字形中一手还拿着扫帚，扫除垃圾的意思更为完整。此处用作地名。

[3] 囮：字形表示一头麋鹿陷入坎中。这个字起初表示“坎麋”，也就是用坎坑捕捉麋鹿的意思。囮字外层半包围的结构“凵”，为“坎”字初文。“凵”中的“”，为麋鹿的象形文。

【延展阅读】

麋鹿的故乡本在长江流域的湖沼地带。甲骨文中有麋鹿，也是部分学者论证商代安阳一带气候接近今日长江流域的一个理由。

这种动物在古代，似乎主要活跃于北方。根据学者研究，汉代以后，野生麋鹿数量已经很少。元代以后，南方基本上已经没有麋鹿存留。元代人为满足狩猎需求，曾把南方遗留的麋鹿送到北方。到清代，本来生活在南方温暖湿润环境中的麋鹿，就只能在北京的皇家苑囿“南海子”中才可以看到。

科学史上第一位发现麋鹿的人，来自法国的神父阿芒·大卫（Armand David），①正是在北京发现了这种奇特的动物。大卫神父因为最早从科学角度观察、命名并研究大熊猫、金丝猴、珙桐等珍稀动植物而闻名于世。1865 年，他到北京天主教苦修会工作时，对京城皇家苑囿里面存

---

① 中文名谭征德。据曹克清：《麋鹿研究》，第 6 页。

在的珍禽异兽也充满兴趣。凭着长期从事生物学工作积累的学识和经验，他感觉自己趴在南海子围墙上看到的一种动物，很可能是稀世之宝。经历了一番周折后，他于1866年1月30日晚上，用二十两纹银，从南海子的士兵手中偷偷买到两张麋鹿皮和两个头骨。研究结论表明，他发现了一个新属新种（现称为麋鹿属达氏种，达氏就是David这个姓氏的一种中文翻译），轰动欧洲，以至于此后不断有欧洲国家向清政府购买、索要麋鹿。

史料记载，除运出国外的，南海子养殖的麋鹿，先是1894年被永定河洪水冲走一部分，成为灾民果腹之物。继而八国联军攻入北京，苑囿中剩余的麋鹿几乎踪迹全无。据说有一对幸存于某亲王官邸，进入民国后被移交给北京动物园，死于1921年之前。到此为止，作为麋鹿的故乡，中国已经没有麋鹿生活。1960年以来，英国伦敦动物学会两次向我国赠送麋鹿，但未能成功繁殖。直到1985年，在世界野生动物基金会、国际自然与自然资源保护同盟、濒危物种人民基金会等组织机构，以及英国泰维斯托克侯爵——其曾祖父贝福德公爵，曾拥有欧洲最大的，也是唯一能够成功繁殖后代的麋鹿群——的积极赞助下，首先在北京南海子旧址恢复麋鹿种群。此后我国又陆续建立原阳（河南）、石首（湖北）、大丰（江苏）等麋鹿自然保护区。麋鹿终于重返故乡。

2009年在洞庭湖江滋河口发现野生麋鹿，各大网站都加以报道。专家指出，这是从自然保护区逃脱之后野化的麋鹿。洞庭湖北面有石首天鹅洲麋鹿自然保护区。1996年长江流域爆发洪水，保护区的麋鹿被洪水冲出，之后一路南行来到洞庭湖安家落户。到科学工作者发现时，它们已基本完成自然野化。这就是报道所称有野生麋鹿的原因。也许，麋鹿在中国从未灭绝，它们只不过是为“避秦时乱”而进入桃花源，过着“不知有汉、无论魏晋”的生活。希望它们今后能一直在这片土地上繁衍生息。

7. 兔

【图版】

(1)

(1局部)

(2)

(3)

【释文】

(1 局部) 辛卯卜,𠱓贞:呼多羌逐兔[1],获。

(2) 甲申卜,争贞:兔[2]其有忧。

贞:兔其亡忧。

(3) 甲戌卜:翌乙亥至卯征冤[3],不往,往冤。

【著录】

(1) =《合集》154　(2) =《合集》4618　(3) =《合集》20775

【注释】

[1] 兔:甲骨文象兔形,大耳、豁唇、短身、厥尾。金文作""(如《集成》6881),更肖兔形。兔是商王行猎时经常捕获的动物之一。甲骨文部分"兔"字或释"龟",《说文》:"兽也。似兔,青色而大,象形。头与兔同,足与鹿同。"古人并没有说清楚这到底是何物。学者或认为从古文字资料来

看，以前所谓的“龟”都应改释为“兔”。

［2］兔：此处是人名。

［3］冤：字形表示罗网下有兔，即《尔雅·释诂》“兔罟谓之罝”的“罝”字。“冤”是会意字，“罝”是形声字。

【延展阅读】

今之打猎、狩猎，古人习称为田猎，或单称田，卜辞说商王“田于某处”，或“王其田”之“田”，都应这样理解。如《合集》28319“王其田于画”，“画”是地名。该辞卜问商王在画这个地方狩猎，会不会抓到狐狸。

捕杀之法，或用坎阱，或用罗网，或用弓箭等，姚孝遂先生皆有论述。据《车攻》“徒御不惊，大庖不盈”，毛传说，根据射箭水准的不同，猎物的肉质及其用处也有等级之别。箭自其左腹部射入，箭镞从右肩穿透而出，极可能穿透动物心脏，导致猎物迅速死亡，为“上杀”，这种肉最鲜美，用于宗庙祭祀。箭自其左肋射入，箭镞从右耳朵根穿透而出，猎物死亡不够快，为“次杀”，肉质稍差，用于宴飨宾客。箭自其左后腿射入，箭镞从右肋穿出，动物死亡最慢，为“下杀”，肉质最差，上不了台面。

用罗网捕猎，根据捕捉对象不同，罗网的专名用字也不同。捕鸟、鱼、兔之网异名特别多，看下表：

对象	罗网专名(出处举例)	甲骨文字例
鸟	率，捕鸟毕(《说文》)；罻，捕鸟网(《说文》)；罕，鸟网(《广韵》)；罗，鸟罟(《尔雅》)；罬，捕鸟覆车(《说文》)；罿，罬(《尔雅》)；罬，罦(《尔雅》)；罺，罿(《尔雅》)；罺，罼(《玉篇》)；罂，鸟网(《篇海类编》)	《合集》880 正
鱼	罛，鱼罟(《尔雅》)；罭，鱼网(《说文》)；罾，鱼网(《说文》)；罜，罜罏，小鱼罟(《说文解字系传》)；罺，罺罏，鱼网(《玉篇》)；罴，鱼网(《玉篇》)；罭，捕鱼网(《广韵》)；罺，取鱼网(《广韵》)；罯，鱼网(《广韵》)；罶罶，取鱼具(《广韵》)；罻，捕鱼具(《广韵》)；罬，鱼网(《集韵》)；罭，鱼网(《篇海类编》)；罻，捕鱼网(《篇海类编》)	《合集》28429
兔	罘，兔罟(《说文》)；罝，兔网(《说文》)；罤，兔网(《玉篇》)；罡，兔网(《广韵》)；毕，所以掩兔(《诗》毛传)；罼，兔罟(《字汇》)	《合集》20775

其它如捕雉之网名“罦”，或作“罠”（并见《玉篇》）、捕麋鹿之网名“罘”（见《尔雅》），训诂材料不如上表所列三类这样多。综合来看，针对飞禽和鱼类的网为多，用于捕捉走兽，主要是抓速度快而体格较小的兔子，或许是因为走兽的体格和力量不宜用网捕捉。不过甲骨文所见，多种走兽都有用网去捕获的。如甲骨文“”表示网下有豕，“”是网下有熊。从文字资料看，猎网的用途似乎和训诂材料略有不同。

8. 雉

【图版】

(1)

【释文】

(1) 甲戌卜,𧑒,围(?)[1],擒。获六十八。

甲戌卜,𧑒,围(?),不其擒。十一月。

庚戌卜,贯,获。网雉[2],获十五。

庚戌卜,探(?),获。网雉,获八。

甲寅卜，呼鸣网雉，获。丙辰，风。获五。

之夕风。

启入。[3]

【著录】

（1）=《合集》10514

【注释】

[1] 围：围猎。也有学者释为“征”，前去狩猎之意。

[2] 网雉：用罗网捕获野鸡。

[3] 启入：这是所谓“记事刻辞”。按胡厚宣先生的分类，本片这两个字属于“甲尾刻辞”。“启”字倒书。

【延展阅读】

禽鸟之中，和商人渊源最深的是燕子。可是甲骨文似乎没有“燕子”。有如下《合集》5280这类卜辞：

……贞……

壬子卜，史贞：王[1]，惠吉[2]，燕[3]。八月。

甲骨文“燕”是象形字。写作“”、“”，罗振玉先生释。在一些岩画中也有燕子，画成“”，①有剪刀状的尾羽。罗先生认为，卜辞“燕”多用作燕享之“燕”。又有“”，出现在“惠吉燕”中，大概是习惯用语。杨树达先生把这里的“燕”读为“曣”，表示晴天。张玉金先生把“”释为“奉”，上述四字连上文断读为“王奉，惠吉，曣”，意思是，王去进献某物以求得吉利，会不会是晴天。目前，甲骨文的“燕”没有指“燕子”的。

---

① 见《世界岩画资料集》第167页。

古人把燕子称为“玄鸟”，[1]所谓“天命玄鸟，降而生商”，是大家都熟知的话。《礼记·月令》郑玄注、《楚辞》王逸注都说“玄鸟”就是“燕”。《吕氏春秋·古乐》记载：“有娀氏有二佚女，为之九成之台，饮食必以鼓。帝令燕往视之，鸣若谥隘。二女爱而争搏之，覆以玉筐，少选，发而视之，燕遗二卵，北飞，遂不反。二女作歌一终，曰‘燕燕往飞’，实始作为北音。”

商人的先祖契，《史记·殷本纪》说是简狄吞嗌燕卵而生。《列女传·母仪》也说：“契母简狄者，有娀氏之长女也。当尧之时，与其妹娣浴于玄丘之水。有玄鸟衔卵，过而坠之，五色甚好。简狄与其妹娣竞往取之。简狄得而含之，误而吞之，遂生契焉。简狄性好人事之治，上知天文，乐于施惠。及契长而教之理顺之序。契之性聪明而仁，能育其教，卒致其名。尧使为司徒，封之于亳。……其后世世居亳，至殷汤兴为天子。君子谓简狄仁而有礼。《诗》云：‘有娀方将，帝立子生商。’又曰：‘天命玄鸟，降而生商。’此之谓也。颂曰：‘契母简狄，敦仁励翼。吞卵产子，遂自修饰。教以事理，推恩有德。契为帝辅，盖母有力。’”故事重点在体现简狄的贤德，把契教育得很好。吞食燕卵的情节，或许是从《殷本纪》借鉴来的。

吞食燕卵而生人，在现代人眼中是个神话，古人似乎也不大当真。如洪迈《容斋随笔》“姜嫄简狄”条：“夫适野而见巨迹，人将走避之不暇，岂复故欲践履以求不可知之祝祥？飞鸟堕卵，知为何物而遽取吞之？以古揆今，人情一也。今之愚人未必尔，而谓古圣人之后妃为之？不待辨而明矣。”认为像简狄这样贤淑的女性，不至于吞食来历不明的燕卵。朱熹一度说这些事“非可以常理论也……不可以言尽，当意会之可也”。又说：“当时恁地说，必是有此。今不可以闻见不及，定其为必无。”正所谓“非人者必有以易之”，既然拿不出新的解释，那就宁可信其有，不可断其无。后来朱子的态度似乎转变了。其弟子“问‘感生之义’。曰：‘如玄鸟卵、大人迹之类耳。’‘汉赤帝子事，果有之否？’曰：‘岂有此理！尽是鄙俗相传，傅会之谈’”。

---

[1] 近现代以来提出过很多不同说法，如郭沫若先生认为玄鸟是凤凰，郑杰祥先生认为是雄鸡，姜革文先生认为是乌鸦，叶舒宪先生认为是鸱鸮等，不一而足。参看姜革文《诗经“玄鸟”新探》（《民族艺术》2006年第1期），叶舒宪《玄鸟原型的图像学探源——六论“四重证据法”的知识考古范式》（《民族艺术》2009年第3期）。

顾炎武说:“读经传之文,终商之世无言祥瑞者。而大戊之祥桑,高宗之雊雉,惕于天之见妖而修德者有二焉。则知监于夏王之矫诬上天而栗栗危惧,盖汤之家法也。简狄吞卵而生契,不亦矫诬之甚乎?毛氏《传》曰:‘玄鸟,鳦鸟也。春分玄鸟降。汤之先祖有娀氏女简狄,配高辛氏帝,帝率与之祈于郊禖而生契。故本其为天所命,以玄鸟至而生焉。可以破史迁之谬矣。”顾氏大致意思说,商代人才不会说神奇古怪的故事,说简狄吞食燕卵而生契,这简直是侮辱殷商人的智商。《诗》毛传说,简狄生契的时候,正好是春分燕子飞回来的时节。司马迁却说简狄吞食燕子卵才生了契,简直是胡闹。

参考文献

B

[日]白川静著:《甲骨文的世界——古代殷王朝的构造》,平凡社,1972 年。

白玉峥著:《契文举例校读》,《中国文字》第 27～37 期、第 39～49 期、第 51～52 期连载,1974 年。

[日]贝塚茂树编:《古代殷帝国》,みすず书房,1957 年。

C

蔡哲茂著:《卜辞生字再探》,《中央研究院历史语言研究所集刊》第 64 本第 4 分,1993 年。

蔡哲茂著:《说殷人的始祖——契》,《高明教授百岁冥诞纪念艺术研讨会论文》,2008 年。

蔡哲茂、吴匡著:《释金文“[illegible]”“[illegible]”“[illegible]”“[illegible]”等字兼解〈左传〉的“谗鼎”》。《中央研究院历史语言研究所集刊》第 59 本第 4 分,1988 年。

曹定云著:《论“上甲廿示”及其相关问题——兼论卜辞中的“元示”与“二示”》,《文物》1990 年第 5 期。

曹定云著:《“帚好”乃“子方”之女》,《庆祝苏秉琦考古五十五年论文集》,文物出版社,1989 年。

曹锦炎著:《读甲骨文札记(二则)》,《上海博物馆集刊》第四辑,上海古籍出版社,1987 年。

曹锦炎、沈建华编著:《甲骨文校释总集》,上海古籍出版社,2006 年。

常玉芝著:《商代周祭制度》,中国社会科学出版社,1987 年。

常玉芝著:《太甲、外丙的即位纠纷与商代王位继承制》,《殷墟博物苑苑刊》创刊号,1989 年。

常玉芝著:《殷商历法研究》,吉林文史出版社,1998 年。

常玉芝著:《商代宗教祭祀》,中国社会科学出版社,2010 年。

常玉芝著:《是"司母戊鼎"还是"后母戊鼎"——论卜辞中的"司"、"毓"》,《中原文化研究》2013 年第 1 期。

陈秉新著:《释𣪊及从𣪊之字》,《古文字研究》第二十四辑,中华书局,2002 年。

蔡运章著:《甲骨金文与古史研究》,中州古籍出版社,1993 年。

陈剑著:《甲骨金文考释论集》,线装书局,2007 年。

陈剑著:《战国竹书论集》,上海古籍出版社,2013 年。

陈剑著:《试说甲骨文的"杀"字》,《古文字研究》第二十九辑,中华书局,2012 年。

陈絜著:《重论"咸为成汤说"》,《历史研究》2002 年第 2 期。

陈絜著:《商周姓氏制度研究》,商务印书馆,2007 年。

陈侃理著:《天行有常与休咎之变——中国古代关於日食灾异的学术、礼仪与制度》,《中央研究院历史语言研究所集刊》第 83 本第 3 分,2012 年。

陈梦家著:《殷墟卜辞综述》,中华书局,2004 年。

陈年福著:《甲骨文动词词汇研究》,巴蜀书社,2001 年。

陈全方著:《周原与周文化》,上海人民出版社,1988 年。

陈斯鹏著:《论周原甲骨和楚系简帛中的"囟"和"思"》,《文史》2006 年第 1 辑。

陈戍国著:《先秦礼制研究》,湖南教育出版社,1991 年。

陈伟湛著:《释甲骨文"妻""盪"二字》,《语言文字研究专辑》(《中华文史论丛》增刊),上海古籍出版社,1986 年。

陈伟湛著:《甲骨文简论》,上海古籍出版社,1987 年。

陈伟湛著:《甲骨文田猎刻辞研究》,广西教育出版社,1995 年。

陈贤一、李桃元、傅守平、陈春著:《论湖北地区早商文化》,《长江文化论集》第一辑,湖北教育出版社,1995 年。

陈旭著:《郑州商代小双桥遗址即隞都说》,《中原文物》1997 年第 2 期。

陈朝云著:《商代聚落体系及其社会功能研究》,科学出版社,2006 年。

陈遵妫著:《中国天文学史》,上海人民出版社,2006 年。

[日]成家彻郎著,宋镇豪、赵丛苍译:《甲骨文“星”与超新星的记录》,《故宫博物院院刊》2000 年第 6 期。

D

[日]大西克也著:《战国楚系文字中的两种“告”字》,《简帛》第一辑,上海古籍出版社,2006 年。

[日]岛邦男著,濮茅左、顾伟良译:《殷墟卜辞研究》,上海古籍出版社,2006 年。

邓云特著:《中国救荒史》,商务印书馆,1937 年。

丁山著:《古代神话与民族》,商务印书馆,2006 年。

丁骕著:《骨椢刻辞释》,《中国文字》新二期,艺文印书馆,1980 年。

董作宾著:《二十世纪学术经典 · 董作宾》,河北教育出版社,1996 年。

F

方辉著:《明义士和他的藏品》,山东大学出版社,2000 年。

傅斯年著:《民族与古代中国史》,河北教育出版社,2002 年。

范毓周著:《息器、妇息和息国》,《郑州大学学报》1986 年第 4 期。

冯时著:《中国天文考古学》,社会科学文献出版社,2001 年。

冯时著:《百年来甲骨文天文历法研究》,中国社会科学出版社,2011 年。

G

[日]冈村秀典著:《殷周时代的动物供牺》,见小南一郎编《中国的礼

制和礼学》,朋友书店,2001 年。

葛毅卿著:《说滴》,《中央研究院历史语言研究所集刊》第 7 本第 4 分,1938 年。

顾颉刚著:《〈周易〉卦爻辞中的故事》,《古史辨》第三辑,上海古籍出版社,1982 年。

管燮初著:《殷墟甲骨刻辞的语法研究》,科学出版社,1953 年。

郭静云著:《殷商自然天神的崇拜》,见《殷墟与商文化——殷墟科学发掘 80 周年纪念文集》,科学出版社,2011 年。

郭静云著:《古代亚洲的驯马、乘马与游战族群——兼说殷商文明马车的来源》,《中国社会科学》2012 年第 6 期。

郭沫若著:《殷契萃编》,科学出版社,1965 年。

郭沫若著:《殷契余论》,科学出版社,1982 年。

郭沫若著:《卜辞通纂》,科学出版社,1983 年。

郭沫若著:《两周金文辞大系图录考释》,科学出版社,2002 年。

郭胜强著:《商代的日食和月食记录》,《史学月刊》1987 年第 1 期。

H

韩江苏、江林昌著:《〈殷本纪〉订补与商史人物征》,中国社会科学出版社,2010 年。

胡厚宣著:《五十年甲骨发现的总结》,商务印书馆,1951 年。

胡厚宣著:《释殷代求年于四方和四方风的祭祀》,《复旦大学学报》(人文科学版)1956 年第 1 期。

胡厚宣著:《殷代的冰雹》,《史学月刊》1980 年第 3 期。

胡厚宣著:《甲骨学商史论丛初集(外一种)》,河北教育出版社,2002 年。

胡厚宣著:《甲骨入藏山东补记》,《文物天地》1986 年第 3 期。

湖南省博物馆编:《湖南出土殷商西周青铜器》,岳麓书社,2007 年。

胡平生著:《里耶秦简 8－455 号木方性质刍议》,《简帛》第四辑,上海古籍出版社,2009 年。

黄竞新、梁文伟著:《集合与象征——从甲骨文看殷人的集合观念与构字法则》,《华学》第九、十辑,上海古籍出版社,2008 年。

黄天树著:《黄天树古文字论集》,学苑出版社,2006 年。

黄天树著:《殷墟王卜辞的分类与断代》,科学出版社,2007 年。

J

[美]吉德炜著、沈培译:《中国古文字学导论·商代甲骨文》,中西书局,2013 年。

冀小军著:《说甲骨金文中表祈求义的𠦪——兼谈𠦪字在金文中车饰名称中的用法》,《湖北大学学报》1991 年第 1 期。

季旭昇著:《说文新证》,艺文印书馆,2002 年。

贾兰坡、盖培、尤玉柱著:《山西峙峪旧石器时代遗址发掘报告》,《考古学报》1972 年第 1 期。

蒋乐平等著:《跨湖桥遗址发现中国最早独木舟》,《中国文物报》2003 年 3 月 21 日。

江绍原著:《殷王亥惨死及后君王恒、上甲微复仇之传说》,氏著《江绍源民俗学论集》,上海文艺出版社,1998 年。

金祥恒著:《释物》,《中国文字》第三十册,1968 年。

金祥恒著:《甲骨文中的一片象胛骨刻辞》,《大陆杂志》1984 年第 4 期。

L

李伯谦著:《从灵石旌介商墓的发现看晋陕高原青铜文化的归属》,《北京大学学报》(哲学社会科学版)1988 年第 2 期。

李伯谦、郑杰祥著:《后李商代墓葬族属试析》,《中原文物》1981 年第 4 期。

李锋著:《商代前期都城研究》,中州古籍出版社,2007 年。

李广宇、何玉囡、张健、张培瑜著:《夏商周时期的天象和月相》,世界图书出版公司北京公司,2007 年。

雷焕章著:《兕试释》,《中国文字》新八期,艺文印书馆,1983 年。

[韩]李亨求著:《古代朝鲜青铜器文化之来源与所谓箕子及箕子朝

鲜》,《桃李成蹊集——庆祝安志敏先生八十寿辰》,香港中文大学中国考古艺术研究中心出版,2004 年。

李济著:《大龟四版的故事》,《李济文集》第五卷,上海人民出版社,2006 年。

李济著:《安阳侯家庄商代墓葬人头骨的一些测量特征》,《安阳殷墟头骨研究》,文物出版社,1985 年。

李零著:《三代考古的历史断想》,《中国学术》第十四辑,2004 年。

李民、朱桢著:《祖乙迁邢与卜辞井方》,《郑州大学学报》(哲学社会科学版)1989 年第 6 期。

李孝定著:《甲骨文字集释》,中央研究院历史语言研究所,1965 年。

李学勤著:《失落的文明》,上海文艺出版社,1997 年。

李学勤著:《夏商周年代学札记》,辽宁大学出版社,1998 年。

李学勤著:《当代学者自选文库·李学勤卷》,安徽教育出版社,1998 年。

李学勤著:《李学勤学术文化随笔》,中国青年出版社,1999 年。

李学勤著:《中国古代文明研究》,华东师范大学出版社,2004 年。

李学勤著:《李学勤早期文集》,河北教育出版社,2008 年。

李学勤著:《文物中的古文明》,商务印书馆,2008 年。

李学勤、王宇信著:《周原卜辞选释》,《古文字研究》第四辑,1980 年。

李雪山著:《商代分封制度研究》,中国社会科学出版社,2004 年。

李棪著:《殷墟斫头坑骷髅与人头骨刻辞》,《中国语文研究》第八期,1980 年。

[英]李约瑟著:《中国科学技术史》第三卷,科学出版社,1978 年。

李宗焜著:《卜辞"爯册"与〈尚书〉之"诰"》,《中央研究院历史语言研究所集刊》第 80 本第 3 分,2009 年。

李宗焜著:《甲骨文的发现与宁文之辨发覆——以王懿荣与陈介祺往来函札为例》,《古今论衡》2008 年第 18 期。

连劭名著:《卜辞中的月与星》,《出土文献研究续集》,文物出版社,1989 年。

梁彦民著:《商人服象与商周青铜器中的象装饰》,《文博》2001 年第

4 期。

林沄著:《林沄学术文集》,中国大百科全书出版社,1998 年。

刘次沅、马莉萍著:《中国历史日食典》,世界图书出版公司北京公司,2005 年。

刘钊著:《古文字考释丛稿》,岳麓书社,2005 年。

刘钊著:《安阳殷墟大墓出土骨片文字考释》,《古文字与古代史》第二辑,中央研究院历史语言研究所,2009 年。

刘忠伏、孔德明著:《安阳殷墟殷代大墓及车马坑》,《中国重要考古发现 2005 中英文本》,文物出版社,2006 年。

刘源著:《甲骨文中所见的豕牲》,《中国文物报》2002 年 11 月 8 日。

刘钊、洪飏、张新俊编纂:《新甲骨文编》,福建人民出版社,2009 年。

罗琨著:《殷商时期的羌和羌方》,《甲骨文与殷商史》第三辑,上海古籍出版社,1991 年。

罗琨著:《楚竹书本〈荣成氏〉与商汤伐桀再探讨》,《甲骨文与殷商史》新一辑,2008 年。

罗琨著:《商代战争与军制》,中国社会科学出版社,2010 年。

罗振玉著:《殷虚书契考释三种》,中华书局,2006 年。

M

孟世凯著:《甲骨学辞典》,上海人民出版社,2009 年。

P

彭裕商著:《卜辞中的"土"、"河"、"岳"》,《四川大学学报丛刊》第十辑,1982 年。

彭裕商著:《殷墟甲骨断代》,中国社会科学出版社,1994 年。

Q

齐文心著:《释读"沚戠爯册"相关卜辞——商代军事制度的重要史料》,《2004 年安阳殷商文明国际学术研讨会论文集》,社会科学文献出版社,2004 年。

裘锡圭:《裘锡圭学术文集》,复旦大学出版社,2012 年。

R

饶宗颐著:《卜辞中之危方与兴方》,《徐中舒先生百年诞辰纪念文集》,巴蜀书社,1998 年。

S

山东大学东方考古研究中心、山东省文物考古研究所、济南市考古所著:《济南大辛庄遗址出土商代甲骨文》,《考古》2003 年第 6 期。

山西省考古研究所、北京大学考古系著:《天马—曲村遗址北赵晋侯墓地第三次发掘》,《文物》1994 年第 8 期。

单育辰著:《说"熊""兔"——"甲骨文所见的动物"之三》,复旦大学出土文献与古文字研究中心,2009 年 9 月 23 日。

单育辰著:《说"麇""鹰"——"甲骨文所见的动物"之五》,复旦大学出土文献与古文字研究中心,2009 年 9 月 23 日。

单育辰著:《甲骨文中的动物之一——"虎"、"豹"》,《出土文献与古文字研究》第四辑,复旦大学出版社,2011 年。

商承祚著:《殷契佚存》,金陵大学中国文化研究所丛刊甲种,1933 年。

沈长云著:《殷契"王作三师"解》,《文史》第四十四辑,中华书局,1998 年。

沈建华著:《释殷代卜辞择日术语"易日"》,《古文字研究》第二十七辑,2008 年。

沈建华著:《〈保训〉所见王亥史迹传说》,《光明日报》2009 年 4 月 20 日。

沈建华著:《楚简"唐丘"与晋南夏商遗迹考》,《出土文献》第六辑,中西书局,2015 年。

沈培著:《殷墟甲骨卜辞语序研究》,文津出版社,1992 年。

沈培著:《申论殷墟甲骨文虚词"气"字的用法》,《北京大学中国古文献研究中心集刊》第三辑,北京大学出版社,2002 年。

沈之瑜著:《殷墟卜辞新获》,《上海博物馆集刊》第三期,上海古籍出版社,1986 年。

施谢捷著:《吴越文字汇编》,江苏教育出版社,1998 年。

石璋如著:《小屯》第一本,《遗址的发现与发掘:乙编(殷虚建筑遗存)》,中央研究院历史语言研究所,1959 年。

石璋如著:《殷代壇祀遗迹》,《中央研究院历史语言研究所集刊》第五十一本第三分,1980 年。

睡虎地秦墓竹简整理小组编著:《睡虎地秦墓竹简》,文物出版社,1990 年。

宋华强著:《释甲骨文中的"今朝"和"来朝"》,《汉字研究》第一辑,2005 年。

宋华强著:《试说甲骨文中一个可能读为"台"的字》,简帛网 2010 年 1 月 18 日。

[日]松丸道雄、高岛谦一编著:《甲骨文字字释综览》,东京大学出版社,1994 年。

宋镇豪著:《甲骨文"出日""入日"考》,《出土文献研究》,文物出版社,1985 年。

宋镇豪著:《夏商社会生活史》,中国社会科学出版社,1994 年。

宋镇豪著:《谈上甲至汤灭夏前商族早期国家的形成》,《殷都学刊》2007 年第 1 期。

宋镇豪著:《商代社会生活与礼俗》,中国社会科学出版社,2010 年。

宋镇豪、刘源著:《甲骨学殷商史研究》,福建人民出版社,2006 年。

孙华著:《陕西扶风县壹家堡遗址分析——兼论晚商时期关中地区诸考古学文化的关系》,《考古学研究》(二),北京大学出版社,1994 年。

孙亚冰、林欢著:《商代地理与方国》,中国社会科学出版社,2010 年。

T

谭其骧主编:《中国历史地图集》第一册,中国地图出版社,1996 年。

唐兰著:《殷虚文字记》,中华书局,1981 年。

唐兰著:《天壤阁甲骨文存并考释》,北京大学图书馆重印民国二十八年辅仁大学影印本,2009年。

佟伟华著:《垣曲商城兴衰始末》,《考古学研究》第10期,2012年。

W

王崇焕著:《清王文敏公懿荣年谱》,商务印书馆,1986年。

王恩田著:《从考古材料看楚灭杞国》,《江汉考古》1988年第2期。

王国维著:《观堂集林》,河北教育出版社,2002年。

王晖著:《殷历岁首新论》,《陕西师范大学学报》(哲学社会科学版)1994年第2期。

王晖著:《商周文化比较研究》,人民出版社,2000年。

王立新著:《早商文化研究》,高等教育出版社,1998年。

王鹏飞著:《殷代甲骨文时代卜辞的气象记录》,《王鹏飞气象史文选》,气象出版社,2001年。

王庆祥、萧立文校注,罗继祖审订:《罗振玉王国维往来书信》,东方出版社,2000年。

汪涛著:《甲骨文中的“”字与商代青铜器上的饕餮纹》,《夏商文明研究》,中州古籍出版社,1995年。

王彤伟著:《“豕”、“彘”、“猪”的历时演变》,《四川大学学报》(哲学社会科学版)2010年第1期。

王宇信著:《试论子渔其人》,《考古与文物》1982年第4期。

王宇信著:《西周甲骨探论》,中国社会科学出版社,1984年。

王宇信、杨宝成著:《殷墟象坑和“殷人服象”的再探讨》,《甲骨探史录》,三联书店,1982年。

王宇信、杨升南著:《甲骨学一百年》,社会科学文献出版社,1999年。

王宇信、杨升南、聂玉海著:《甲骨文精粹选读》,语文出版社,1989年。

王蕴智、门艺:《关于黄组祊祭卜辞的考察》,《郑州大学学报》(哲学社会科学版)2008年第9期。

王蕴智著:《殷商甲骨文研究》,科学出版社,2010年。

王震中著:《商族起源与先商社会变迁》,中国社会科学出版社,

2010 年。

王震中著:《商代都邑》,中国社会科学出版社,2010 年。

吴浩坤、潘悠著:《中国甲骨学史》,上海人民出版社,1985 年。

吴俊德著:《殷卜辞先王称谓综论》,里仁书局,2010 年。

吴其昌著:《殷墟书契解诂》,武汉大学出版社,2008 年。

X

席泽宗著:《马王堆汉墓帛书中的彗星图》,《文物》1978 年第 2 期。

[美]夏含夷著:《试论周原卜辞的囟字——兼论周代贞卜之性质》,《古文字研究》第 17 辑,中华书局,1989 年。

新亭著:《"车马遣逸王车"新说——读书闲志一则》,复旦大学出土文献与古文字研究中心,2011 年 3 月 2 日。

邢义田著:《画为心声》,中华书局,2011 年。

熊传薪著:《湖南醴陵发现商代铜象尊》,《文物》1976 年第 7 期。

徐宝贵著:《石鼓文研究》,中华书局,2008 年。

许进雄著:《中国古代社会——文字与人类学的透视》,中国人民大学出版社,2008 年。

许进雄著:《许进雄古文字论集》,中华书局,2010 年。

徐锡台著:《周原甲骨文综述》,三秦出版社,1991 年。

徐中舒著:《徐中舒历史论文选辑》,中华书局,1998 年。

Y

严一萍著:《甲骨古文字研究》第二辑,艺文印书馆,1989 年。

严一萍著:《甲骨古文字研究》第三辑,艺文印书馆,1990 年。

严一萍著:《殷商史记》,艺文印书馆,1991 年。

杨钟键著:《安阳殷墟之哺乳动物群》,《国闻周报》第十三卷第一期,1936 年。

杨钟键、刘东生著:《安阳殷墟之哺乳动物群补遗》,《中国考古学报》第四册,商务印书馆,1949 年。

杨善群:《杞国都城迁徙与出土铜器考辩》,《学术月刊》2000 年第

2 期。

杨升南著:《甲骨文商史丛考》,线装书局,2007 年。

杨升南著:《商代经济史》,贵州人民出版社,1992 年。

杨升南、马季凡著:《商代经济与科技》,中国社会科学出版社,2010 年。

杨树达著:《积微居小学金石论丛》,上海古籍出版社,2007 年。

杨树达著:《积微居甲文说 卜辞求义》,上海古籍出版社,2006 年。

杨希枚著:《河南安阳殷墟墓葬中人体骨骼的整理和研究》,《安阳殷墟头骨研究》,文物出版社,1985 年。

杨锡章著:《殷墟的年代和性质问题》,《中原文物》1991 年第 1 期。

姚孝遂著:《姚孝遂古文字论集》,中华书局,2010 年。

姚孝遂主编:《殷墟甲骨刻辞摹释总集》,中华书局,1988 年。

姚孝遂主编:《殷墟甲骨刻辞类纂》,中华书局,1989 年。

姚孝遂、肖丁著:《小屯南地甲骨考释》,中华书局,1999 年。

姚萱著:《殷墟花园庄东地甲骨卜辞的初步研究》,线装书局,2006 年。

[日]伊藤道治著、江蓝生译:《中国古代王朝的形成——以出土资料为主的殷商史研究》,中华书局,2002 年。

尹盛平著:《犬夷与犬戎》,氏著《周文化考古研究论集》,2012 年。

袁家荣著:《湖南道县玉蟾岩 1 万年以前的稻谷和陶器》,《稻作、陶器和都市的起源》,文物出版社,2000 年。

袁靖、唐际根著:《河南安阳市洹北花园庄遗址出土动物骨骼研究报告》,《考古》2000 年第 11 期。

袁珂著:《关于舜象斗争神话的演变》,《江海学刊》1964 年第 2 期。

于省吾著:《甲骨文字释林》,中华书局,1979 年。

于省吾主编:《甲骨文字诂林》,中华书局,1999 年。

虞万里著:《商周称谓与中国古代避讳起源》,《传统中国研究集刊》第一辑,2006 年。

岳洪彬、何灵毓著:《洹北商城花园庄东地商代遗存的认识》,《2004 年安阳殷商文明国际学术研讨会》,社会科学文献出版社,2004 年。

Z

曾宪通著:《秦汉时制刍议》,《中山大学学报》(社会科学版)1992 年第 4 期。

张光直著,张良仁、岳红彬、丁晓雷译,陈星灿校:《商文明》,辽宁教育出版社,2002 年。

张培瑜著:《三千五百年历日天象》,大象出版社,1997 年。

张培瑜著:《日月食卜辞的证认与殷商年代》,《中国社会科学》1999 年第 5 期。

张培瑜著:《殷墟甲骨文的天象记录与研究》,见庄威凤主编:《中国古代的天象记录与应用》,中国科学技术出版社,2009 年。

张政烺著:《甲骨金文与商周史研究》,中华书局,2012 年。

赵诚著:《甲骨文与商代文化》,辽宁人民出版社,2000 年。

赵诚著:《二十世纪甲骨文研究述要》,书海出版社,2006 年。

赵诚著:《甲骨文简明词典——卜辞分类读本》,中华书局,2009 年。

张文绪、顾海滨著:《湖南澧县城头山遗址古稻研究》,《作物学报》2005 年第 6 期。

张玉春著:《说外》,《东北师范大学学报》1984 年第 5 期。

张玉金著:《卜辞中"气"的意义和用法》,《文物研究》第五辑,1989 年。

张玉金著:《甲骨卜辞语法研究》,广东高等教育出版社,2002 年。

张玉金著:《释甲骨文中的""》,《古文字研究》第二十八辑,中华书局,2010 年。

赵平安著:《新出简帛与古文字古文献研究》,商务印书馆,2009 年。

赵平安著:《金文释读与文明探索》,上海古籍出版社,2011 年。

赵平安著:《"三楚先"何以不包括季连》,《邯郸学院学报》2011 年第 4 期。

赵平安著:《战国文字的来源考辨》,《深圳大学学报》2013 年第 1 期。

赵万里著:《民国王静安先生国维年谱》,商务印书馆,1978 年。

郑慧生著:《甲骨卜辞研究》,河南大学出版社,1998年。

郑杰祥著:《商代地理概论》,中州古籍出版社,1994年。

郑州大学文博学院、开封市文物工作队:《豫东杞县发掘报告》,科学出版社,2000年。

钟柏生著:《殷商卜辞地理论丛》,艺文印书馆,1989年。

钟柏生著:《论卜辞中与建筑有关的地名》,《商承祚先生诞辰百年纪念文集》,文物出版社,2003年。

中国科学院考古研究所安阳发掘队著:《1975年安阳殷墟的新发现》,《考古》1976年第4期。

中国社会科学院考古研究所编著:《殷墟妇好墓》,文物出版社,1980年。

中国社会科学院考古研究所编著:《殷墟发掘报告:1958—1961》,文物出版社,1987年。

中国社会科学院考古研究所编著:《偃师二里头:1959—1978年考古发掘报告》,中国大百科全书出版社,1999年。

中国社会科学院考古研究所编著:《安阳殷墟小屯建筑遗存》,文物出版社2010年。

中国社会科学院考古研究所编著:《中国考古学・夏商卷》,中国社会科学出版社,2003年。

周原扶风文管所著:《陕西扶风强家一号西周墓》,《文博》1987年第4期。

朱凤瀚著:《商人诸神之权能与其类型》,《尽心集》,中国社会科学出版社,1996年。

朱凤瀚著:《论殷墟卜辞中的"大示"及其相关问题》,《古文字研究》第十六辑,1989年。

朱凤瀚著:《商周家族形态研究》(增订本),天津古籍出版社2004年。

朱凤瀚著:《作册般铜鼋探析》,《中国历史文物》2005年第1期。

朱凤瀚著:《覣公簋与唐伯侯于晋》,《考古》2007年第3期。

竺可桢著:《中国近五千年来气象变迁的初步研究》,《考古学报》1972年第1期。

朱岐祥著:《殷墟卜辞句法论稿:对贞卜辞句型变异研究》,学生书局,1990年。

邹衡著:《夏商周考古学论文集》,文物出版社,1980年。

资料简称

中国社会科学院历史研究所编《甲骨文合集》——《合集》
中国社会科学院历史研究所编《甲骨文合集补编》——《合补》
中国社会科学院考古研究所编《小屯南地甲骨》——《屯南》
中国社会科学院考古研究所编《殷墟花园庄东地甲骨》——《花东》
李学勤、齐文心、[美]艾兰编著《英国所藏甲骨集》——《英藏》
中国社会科学院考古研究所编《殷周金文集成》——《集成》

后　记

上个月李总理访问清华大学，跟李学勤先生坐而论道，谈及古文字研究现状。总理问现在对甲骨文能释读到什么程度。李先生回答，能确定的甲骨文字不到一千五百个。

一百多年来，海内外数代学人呕心沥血研究到今天，就这么个情况。不知道总理会不会有点泄气。且慢，这还没完。一些人名、地名用字，尽管可以释读，又因传世文献缺乏对应材料，无法进一步落实；或者，传世文献有对应资料，甲骨文本身却没有提供多少新知。例如《史记·殷本纪》的商代帝王世系，根据甲骨文已经确定为信史（当然这并不等于说太史公当时看到过甲骨文之类的考古资料）。然而甲骨文中出现的绝大多数帝王，其实没有多少具体信息。比如其名讳、生卒和在位年月，又如，其生前有何事迹、都城何在、政绩如何、死后又在何处安葬，等等——没有这些信息，难怪太史公没办法为商王写"本纪"。

尽管如此，让三千年前的先民，一步走出神话故事和虚构伪造的泥潭。对我来说，这是甲骨文作为文献资料最大的魅力所在。

研究甲骨文的著作，专业、非专业的，确实是汗牛充栋。以我的学识来说，要推陈出新，并不现实。尽管如此，每个人看甲骨文，留下的印象不会一样。本文动笔之际，主要是回忆以前看甲骨文资料和研究论著时印象比较清晰的部分，据以列出大纲，然后填充一些内容。

最先想到的当然是商代的世系。十分粗略地，世系按先商、早商和晚商三段式排列，建立王朝之前为"先商"；此后到迁殷前，为"早商"；之后迄王朝覆灭，为“晚商”。早商、晚商的延展阅读主要围绕各条目的商王展开。例如，在商汤条补充介绍商汤的多种名号；在祖乙条介绍甲骨、金文中“祖乙”、“父乙”等称谓；在盘庚条补充介绍了“数字＋祖＋天干”的材料，诸如“三祖庚”、“四祖丁”之类；在武丁条补充商代名臣师般、傅说的两种材料；在祖甲条补充关于孝己的材料。

这里特别要说明一点。我并不想在关于“三五”的研究里面起哄，说这样是“民族感情作祟”，那样是“连祖宗都不认”。只是我个人感觉，甲骨文所见商汤以前那些先公也有好些世代，追溯起来，年代久远。不参考传世文献的记载，不容易描述。不然，如果我在注释中说，甲骨文某个文字可以释为“契”。就此结束。这对读者来说，无异于说“今天的新闻主要有如下内容”，然后“感谢收看”。权宜之计，就要写一点传世文献中关于“契”的记载，先秦古籍记载，契是商人先祖，曾任帝尧司徒。引用了这样的资料，才算有个眉目。

军事政治类，首先选的是“大邑商”，也就是都城；之后为“四土”。这两个条目的延展阅读，简单介绍考古发现的商城遗址。其后介绍中央王朝的大臣。依次介绍作为贵族群体的“多子”；负责甲骨占卜的“贞人”；既是皇室又是重要将领的“妇好”；在早商、晚商时代地位举足轻重的“伊尹”和“崇侯虎”。延展阅读补充了关于贞人和甲骨文断代等内容。

中央王朝和地方势力、异族势力的材料，区分为两大类。第一类所列工方、土方、羌方、夷方，和中央王朝的战争旷日持久，是十分强势的异族。第二类所列杞、髳、周、箕，在传世文献中各有一席之地。延展阅读简单谈到甲骨文、考古发掘所得和商代战争有关的若干资料。在“周”条目的延展阅读，填充了几件西周甲骨文例。

天文气象资料比较多。有时能看到十天甚至更长时间之内的阴和晴、下雨的时间以及降雨量。尽管有不少内容是占卜前的记录，不能等同于实际的天气情况。但在一定程度上仍然展现了当时人所掌握的天文气象知识。延展阅读部分，主要围绕日食、时制、星、霾、雷电等内容稍稍展开。

关于当时的自然环境，选择的材料只有山、河。在“山”的延展阅读部分，首先介绍了甲骨文中从草字头、木字旁的几个字例，想象当时的植被情况。河流方面，在“滳”的延展阅读部分简单谈“商”和“殷”的来历。自然经济所举的例子，有渔猎、农业、畜牧等。渔业只有一个条目，农业方面举了禾、粟、麦等作物，在“禾”的延展阅读谈到了和农作物、农业活动有关的一些资料。在“麦”的延展阅读，补充介绍和水稻有关的情况。

畜牧和狩猎，主要来自两种资料。一是甲骨文祭祀活动所用的牺牲，如牛、羊、猪等。马作为延展阅读，放在家犬条。二是田猎资料中的猎物，举例介绍了象、虎、鹿、兔多种野生动物。这两类资料比较多，独立成章。

因为文字考释意见不同，有些条目能否成立，还面临着根本上的问题。

例如在军政方面，选择“崇”。因为“崇”是晚商时代举足轻重的地方政权。周人灭崇之后，灭商大业才真正出现曙光。此外还以古文字和小说两种材料写了延展阅读。但是，“崇”字到底对应甲骨文的哪个字形，学者有不同看法。如果我所认同的这种文字解释错了，那这部分的叙述，不幸也将化作空中楼阁。又如，在河流方面选择“滳”。笔者深信把“滳”读为“漳”的意见，并在延展阅读中围绕“商”和“殷”的问题进行展开。但也有学者并不同意甲骨文的“滳”水和漳河有关。

如果把甲骨文看成史料，不难看出其局限，不宜过分夸大其史料价值。例如，部分材料虽然基本完整，内容却不免简单重复。“今天会不会下雨”，“明天会不会晴天”，诸如此类的记录很不少。非要说这种资料具有何等重要的史学或自然科学价值，不免有些矫情。要说自然科学方面价值比较大的，是日月食、星象的资料。然而相关研究，也并非总能得出公认的可靠结论。这与其说是现代的研究能力不够，不如说是资料本身有先天局限。关于军事的材料比较丰富。然而甲骨文提到的战争，大多数情况下，既不知道战争规模，也不知道战场的位置。有时连对手是谁都不得而知——当时的异国异族文明，也没有留下可供参考的文字资料，因此谈不到利用域外语言文字作对比（例如大家知道，研究中古史，就有佉卢文、粟特文、突厥文等异族文字资料可资对比）。正如俗话所说，巧妇难为无米之炊。

前辈时贤一直教诲我们：出土文献再多，也不能因此而轻视传世文献。话虽如此，传世文献中关于西周以前的记载，多数是周代以后追述，也是不争的事实。想进一步深化商史研究,恐怕也还要寄望于新资料。

甲骨片数量是很多。但平心而论,那些内容未必是大家最期待的内容。以前学者常说,一份长篇的西周青铜器铭文,敌得过一篇《尚书·周书》。对我来说,就期待着能出土一本称得上是书籍的商代文字,可以和《尚书·商书》匹敌,方才惬意。

在先秦出土文献的研究领域,简牍也已经成为一个热门,和甲骨文分庭抗礼。回溯数十年前,支离破碎的简牍,也曾万众瞩目。这些年,随着更多简牍特别是一些保存较为完好的书籍简、文书简大量发现,当年的那些残简断片,已经不再有昔日高高在上的地位。虽然无论甲骨文,还是早期的残简,在学术史上肯定不会被人遗忘,但商史研究要想有更宽阔的路可以走,恐怕还只能期待以后会出现更丰富的商代文字资料。我们拭目以待。